삼국지 영웅에게 리더의 길을 묻다

경희대학교 동아시아 서지문헌 연구소 서지문헌 연구총서 11

삼국지 영웅에게 리더의 길을 묻다

『삼국지 영웅에게 리더의 길을 묻다』, 이 책을 통하여 필자는 인문학은 무엇이며, 또 인문학이 왜 중요한지, 그리고 인문학을 왜 해야 하는지를 강변한다.

민관동 著

學古房

들어가는 말

　중국 고전소설 연구를 시작한 지 어언 40여 년이 지나가고 있다. 또 《삼국지》를 연구한 지는 30여 년이 지나간다. 그동안 《삼국지》를 연구하면서 《삼국지》를 10여 차례 읽었고 또 드라마는 5~6차례나 보았다.
　《삼국지》는 대략 15살 때부터 읽기 시작하였는데, 특이한 점은 읽을 때마다 읽는 맛과 느낌이 다르다는 것이다. 즉, 20대에 읽은 《삼국지》와 60대에 읽은 《삼국지》는 전혀 다른 소설로 다가왔다. 이러한 호기심에서 시작된 《삼국지》에 대한 관심은 급기야 연구로 이어져 지금까지 연구논문이 10여 편 나왔고, 저서로는 3권이 출간되었다.
　필자는 오랫동안 《삼국지》와 같은 중국 고전문학을 연구하면서 "인문학이 왜 중요한가?"라는 의문을 가져왔다. 아직도 주변 사람들은 나에게 "인문학을 왜 해야 하는가?"라고 묻는다. 그런데 묘하게도 이러한 의문이 갑자기 풀리기 시작한 것은, 내 나이 60살이 넘어서부터였다. 이때 인문학이 무엇이며 왜 인문학을 해야 하는지 그 이유가 어렴풋이 잡히기 시작하였다.
　사실 인문학을 해야 하는 이유는 간단하다.
　철학은 우리에게 사유하고 분석하는 사고력을 키워주고, 역사는 우리에게 옳고 그름을 판단할 수 있는 판단력을 키워주며, 문학은 우리에게 상상을 통한 창의력을 배양해 주기 때문이다. 그러기에 인문학이란 그저 단순한 지식의 탐구에 그치는 "학문적 인문학"이 아니라 우리의 실생활에 응용되고 또 활용되는 "실용 인문학" 또는 "응용 인문학"이 되어야만 하는 것이다.

이제 인문학은 기존의 인문학이란 틀을 깨고 나와야 한다. 즉, 인문학이 학문적 인문학에 그치는 것이 아니라, 인문학이 우리의 실생활에 녹아들어 실용적이고 활용적으로 응용되어야만 한다. 또 인문학은 미래의 비전까지도 제시할 수 있는 창의적 학문이 되어야 한다는 것이, 그동안 필자가 느꼈던 인문학에 대한 지론이다.

이러한 관점에서 필자는 최근에 인문학 시리즈로 《삼국지 인문학》(학고방)과 《초한지 인문학》(학고방) 그리고 《열국지 인문학》(디페랑스)을 출간하며 인문학의 저변 확장에 관심을 가지기 시작하였다. 또 2021년과 2024년에는 "삼국지 인문학"과 "초한지 인문학"이라는 테마로 K-MOOC에 선정되어 지금까지 시연 및 강의를 해 오고 있다.

이러한 취지에서 이번에 새로 준비한 책이 바로 《삼국지 영웅에게 리더의 길을 묻다》라는 책이다. 이렇게 인문학 시리즈로 출간하게 된 이유는 《삼국지》를 통하여 인문학은 무엇이며, 또 인문학이 왜 중요한지, 그리고 인문학을 왜 해야 하는지를 강변하고 싶었기 때문이다.

사실 《삼국지》는 흥미로움과 재미는 물론 많은 교훈과 지혜를 배울 수 있는 최고의 소설이다. 그러기에 최근 들어 독자들의 애호와 관심은 애니메이션·영상·유튜브·그림·창작·포스터·광고·영화·연극·노래·테마파크·공예 등의 다양한 문화콘텐츠에 활용되고 또 응용되고 있다. 이는 단순한 인문학 강좌에서 얻어지는 상상력과 창의력이 산업사회에 폭넓게 응용될 수 있음을 보여주는 실례이기도 하다.

이처럼 《삼국지》를 응용하여 만들어진 다양한 문화콘텐츠 제작은 인성교육은 물론 스마트 교육까지도 그 영역을 확대하고 있다. 또 인문학적 갈증과 인성교육의 방편으로 《삼국지》를 응용한 〈인문학 특강〉 등 다양한 강좌도 출현하고 있다. 이처럼 《삼국지》는 과거와 현재라는 시간과 공간을 뛰어넘어 미래를 향하여 여전히 진화하며 발전하고 있다.

본서는 제1강 프롤로그에서 《삼국지》 출현 배경과 구성 등 전반적 개황을 소개하였고, 제2강부터 제13강까지는 주로 소설 《삼국지》의 내용의 전개 순서에 따라 도원결의와 영웅시대·영웅본색과 영웅호색·관도대전과 조조의 리더십·삼고초려와 인재론·적벽대전과 병법론·형주쟁탈전과 명분론·삼국정립과 천하삼분론·이릉대전의 득과 실·오로공격과 남만정벌·출사표와 육출기산·천하통일과 수성론·영웅호걸의 삶과 죽음으로 나누어 단원 내용의 핵심 화제 위주로 논점을 전개하였다. 그리고 제14강 에필로그에서는 어떻게 살 것인가 하는 문제를 제기하며 마무리하였다.

부족한 학식으로 인하여 혹 독자들에게 누가 되지는 않을까 우려스러운 마음도 없지 않으나 겸허한 마음으로 독자들의 질정을 받고자 한다.

마지막으로 출판을 흔쾌히 허락해 준 학고방 하운근 대표님과 임직원 일동에게 감사를 드린다. 그리고 꼼꼼하게 교정을 봐준 제자 옥주 양과 양바름 군 그리고 곽형진 군에게도 감사의 마음을 전한다.

2025. 05. 05
필자 민관동 씀

목차

들어가는 말 ... 5

第 1 講   **[프롤로그 Prolog] 삼국지의 꿈** ... 13

---

　1. 삼국지 출현의 시대적 배경 ... 16
　2. 삼국지의 구성 ... 23

第 2 講   **도원결의**桃園結義**와 영웅시대**英雄時代 ... 27

---

　1. 도원결의桃園結義 ... 30
　2. 18로의 제후와 꿈꾸는 영웅호걸 ... 34
　3. 최가박당最佳拍檔 ... 40
　4. 꿈꾸는 자가 천하를 얻는다 ... 45

　📖 【故事成語와 名言名句】
　💡 【상식 한 마당】 십상시의 난(十常侍의 亂)

第 3 講   **영웅본색**英雄本色**과 영웅호색**英雄好色 ... 53

---

　1. 영웅론英雄論 ... 56
　2. 영웅英雄의 길, 간웅奸雄의 길 ... 60
　3. 성공한 영웅 관우와 실패한 영웅 여포 ... 65
　4. 영웅본색과 영웅호색 ... 71

　📖 【故事成語와 名言名句】
　💡 【상식 한 마당】 중국의 미녀와 미인박명

第 4 講　관도대전官渡大戰과 조조의 리더십 ... 83

1. 백마전투에서 관도대전으로 ... 86
2. 관도대전의 승리로 조조가 세상의 중심에 서다 ... 91
3. 조조의 리더십 ... 94
4. 조조의 인재 사랑 ... 98

📖【故事成語와 名言名句】
💡【상식 한 마당】리더의 조건과 자질

第 5 講　삼고초려三顧草廬와 인재론人材論 ... 107

1. 삼고초려三顧草廬의 의미 ... 110
2. 유비의 인재관리 ... 115
3. 인사人事가 만사萬事다 ... 121
4. 삼국의 인재들과 인재를 향한 각축전 ... 128

📖【故事成語와 名言名句】
💡【상식 한 마당】장판교 전투와 스타 탄생(조자룡 / 장비)

第 6 講　적벽대전赤壁大戰과 병법론兵法論 ... 137

1. 적벽대전赤壁大戰의 배경 ... 140
2. 적벽대전의 전략과 전술 ... 144
3. 적벽대전의 득실 ... 149
4. 적벽대전의 승리로 유비가 세상의 중심에 서다 ... 154

📖【故事成語와 名言名句】
💡【상식 한 마당】36계와 삼국지 병법

第 7 講　형주쟁탈전荊州爭奪戰과 명분론名分論 … 165

1. 형주를 얻는 자가 천하를 지배한다 … 168
2. 유비가 형주를 빌리다劉備借荊州 … 170
3. 제갈량과 주유의 지략대결 … 174
4. 명분名分인가? 실리實利인가? … 178

📖 【故事成語와 名言名句】
💡 【상식 한 마당】 빌려 쓰기 명수 유비, 그리고 굴욕을 뒤집어쓴 조조

第 8 講　삼국정립三國鼎立과 천하삼분론天下三分論 … 189

1. 천하삼분론 … 192
2. 유비가 익주를 얻다 … 195
3. 삼국 군주의 창업론 … 199
4. 삼국 군주의 통치 철학 … 206

📖 【故事成語와 名言名句】
💡 【상식 한 마당】 오호대장군五虎大將軍

第 9 講　이릉대전夷陵大戰의 득과 실 … 221

1. 이릉대전의 배경 … 224
2. 이릉대전의 승리로 손권이 세상의 중심에 서다 … 229
3. 유비의 리더십과 손권의 리더십 … 233
4. 삼국지 3대 대전의 승패와 득실 … 237

📖 【故事成語와 名言名句】
💡 【상식 한 마당】 현상 수배자에서 신이 된 관우

第10講 5로공격五路攻擊과 남만정벌南蠻征伐 ... 247

1. 5로공격과 심리전 ... 250
2. 남만정벌과 심리전 ... 254
3. 심리전이란 무엇인가? ... 259
4. 리더의 리더십과 쇼맨십 ... 264

📖【故事成語와 名言名句】
💡【상식 한 마당】 소설《삼국지》의 역할분담과 바꿔치기

第11講 출사표出師表와 육출기산六出祁山 ... 275

1. 출사표出師表 ... 278
2. 육출기산六出祁山 ... 284
3. 제갈량과 사마의의 지략대결 ... 288
4. 제갈량 집안과 사마의 집안의 삶과 죽음 ... 295

📖【故事成語와 名言名句】
💡【상식 한 마당】 제갈량 집안의 옥의 티, 제갈각

第12講 천하통일天下統一과 수성론守成論 ... 305

1. 수성론 – 창업이 어려운가? 수성이 어려운가? ... 308
2. 마지막 황제들의 삶과 죽음 ... 316
3. 미완의 책사인가? 최후의 승자인가? ... 322
4. 천하통일 그리고 최후의 승자와 패자 ... 327

📖【故事成語와 名言名句】
💡【상식 한 마당】 삼국 영웅들의 승기勝氣와 기운氣運

第 13 講　**영웅호걸**英雄豪傑**의 삶과 죽음** ... *339*

　　1. 공수래 공수거空手來, 空手去의 의미 ... *340*
　　2. 군주의 삶과 죽음 ... *342*
　　3. 참모의 삶과 죽음 ... *348*
　　4. 장수의 삶과 죽음 ... *361*

第 14 講　**【에필로그 Epilogue】** ... *371*

　　1. 삼국지 영웅에게 리더의 길을 묻다 ... *372*
　　2. 어떻게 살 것인가? ... *378*

부록 [삼국지 문화상식] ... *388*

집필을 끝내며 ... *405*

第 1 講

【프롤로그 Prolog】

삼국지의 꿈

삼국지 영웅에게 리더십을 묻다

삼국지로 배우는 인문학...
삼국지로 배우는 리더십...
리더를 꿈꾸는 자에게 손권이 보여준 완벽한 리더십...

오나라 손권이 신임하는 장수 가운데 주태라는 장수가 있었다.
주태는 손권의 신임으로 빠르게 출세를 하였지만, 출신이 미천하여 주변의 견제를 많이 받았다. 한번은 주태가 유수 지방에 주둔하고 있을 때, 부하 장수인 주연과 서성 등이 노골적으로 상관인 주태의 명령에 불복종하는 사건이 발생하여 군의 위계질서에 큰 문제점을 드러냈다.
이러한 하극상을 보고받은 손권은 어느 날 순시를 마치고 연회를 베풀었다. 그리고 손권은 주태를 연회석의 상석에 앉히고 술을 따라주며 특급 대우를 해주었다. 술로 인하여 취기가 오르자, 이번에는 주태에게 상의를 벗어보라고 하였다. 손권은 온몸이 상처투성이인 주태의 상처를 가리키며 하나하나 그 상처의 연유를 물었다.
주태는 이 상처는 어느 전투에서 주군 손책을 위해 싸우다가 입은 상처이고, 저 상처는 어느 전투에서 주군 손권을 구출하기 위해 입은 상처라며 하나하나씩 설명하였다. 그러자 손권은 주태의 상처를 어루만지며

"그대의 충성이 아니었다면 동오는 없었을 것이다. 내 평생 어찌 장군의 공로를 잊을 수 있겠는가!"라고 하며 감격의 눈물을 흘리자, 갑자기 연회장의 분위기가 숙연해 졌다.

그리고 손권은 주태에게 의도적으로 장수의 도포를 하사하며 주태를 챙기기 시작하였다. 이 모습을 지켜보며 분위기를 파악한 주연과 서성은, 그 후부터 주태를 깍듯하게 상관으로 섬기며 복종하였다.

이처럼 손권의 리더십은 겉으로 드러나게 주태 장군에게 힘을 실어주었고, 또 드러나지 않게 주연과 서성을 감화시켜 인화단결을 끌어내는 최상의 리더십을 발휘하였다. 만일 손권이 평범한 리더였다면 위계질서를 잡는다며 주연과 서성을 파직시키거나 좌천을 시켰을 것이며, 또 반대로 주태 장군에게는 지휘능력의 문제점을 문제 삼아 파면하였을 것이다. 그러나 손권은 쌍방에 전력 손실이 전혀 없는 리더십을 발휘하였다. 오히려 탁월한 쇼맨십으로 전력을 극대화하는 원원의 리더십을 구사하였다.

이것이 바로 리더십의 기본원리이며 리더십의 힘이다. 그러기에 대업을 준비하는 자는 리더십이 필수조건이다. 그러기에 최고의 리더를 꿈꾸는 자는 적절한 쇼맨십도 구사할 줄 알아야 한다.

1

삼국지 출현의 시대적 배경

한나라를 무너트린 외척과 환관들

한나라의 멸망원인은 크게 두 가지로 꼽는다.

하나는 외척세력의 득세이고, 또 하나는 환관의 발호에 있었다. 외척과 환관 사이는 묘한 함수관계가 있다. 한나라 초·중기에는 외척세력들이 크게 세력을 떨치다가 후기로 오면서 그 기득권을 환관들이 빼앗기 시작하였다. 이렇게 만들어진 외척과 환관의 세력다툼은 결국 한나라를 멸망으로 몰고 갔다.

여태후부터 시작된 외척 문제

외척의 문제는 한나라 건국 초기부터 시작되었다.

그 주인공이 바로 여태후 여치였다. 한 고조 유방이 죽고 유영(혜제)이

즉위하면서, 유방의 부인 여치는 태후가 되어 어린 혜제의 수렴청정을 시작하였다. 여태후는 당나라의 측천무후 그리고 청나라의 서태후와 함께 중국 삼대 악녀로 꼽히는 여인이다. 그중에서 가장 악독한 여인이 바로 여태후이다.

여태후는 역사에서 '인간 돼지人彘' 사건으로 악명이 높은 여인이다. 그녀는 자신의 소생인 혜제가 황위에 오르자, 가장 먼저 세자 승계분쟁의 당사자인 척비의 아들 유여의를 독살하였다. 그리고 척비의 사족과 눈과 귀를 도려내고, 또 그녀를 돼지우리에 내던진 사건이 바로 인체人彘 사건이다.

정권을 장악한 여태후는 친정인 여씨 일족을 등용하기 시작하여 급기야 조정의 중요 관직을 모두 여씨 일족이 장악해 버렸다. 이러한 외척 문제는 여태후가 죽어서야 진평과 주발 등의 공신들이 여씨 일족을 주살하고, 유방의 5남인 유항(문제)을 새로운 황제로 옹립하면서 마무리되었다.

외척의 등용은 후대에 나쁜 전례를 만들며 심각한 후유증을 남겼다. 급기야 외척의 발호는 왕망王莽에 이르러서는 황제를 몰아내고 자신이 황제로 등극하는 일까지 벌어졌다. 그가 바로 신新나라를 세운 장본인 왕망이다. 후대에 광무제가 천신만고 끝에 나라를 되찾아 후한을 재건하였지만 후에도 외척의 득세는 좀처럼 수그러들지 않았다.

한나라의 외척 득세 원인은 바로 황제의 단명에 있었다. 후한 시대 14명의 황제 가운데 40살을 넘긴 황제는 단 3명에 불과하였다. 이렇게 단명으로 죽다 보니, 세자들의 나이는 대부분 10세 미만인 경우가 많았다. 심지어 3살에 취임한 황제도 있었다. 이러한 상황에서 어린 황제의 어머니가 수렴청정하는 방법 외에는 특별한 대안이 없었다. 또 수렴청정하는 태후의 관점에서 가장 믿을 수 있는 사람이 바로 자신의 친정 사람이었기에 자연스레 외척의 발호로 이어졌다.

외척을 견제하려고 환관을 키우다

환관을 일명 내시內侍라고도 부른다.

외척과 환관은 뗄 수 없는 함수관계를 가지고 있다. 때로는 서로 연합하여 권력을 나누기도 하고, 때로는 대치되어 피의 보복을 부르기도 한다. 이들은 대개 권력을 나누기보다는 대치되어 암투를 벌이는 경우가 더 많았다.

후한 시기에 어린 세자가 황위에 오르면 주로 어머니가 수렴청정의 통치를 하며 외척을 끌어들였다. 세월이 흘러 어린 황제가 성인이 되어 직접 친정을 하려고 하면, 이미 권력의 핵심은 외척에게로 넘어가 황제는 그저 허수아비인 경우가 많았다. 그러기에 성인이 된 황제가 잃어버린 권력을 회수하기란 그리 쉬운 일이 아니었다. 또 신하들도 항상 외척의 눈치를 살피기 급급하기에 황제에게 진정한 신하는 오직 어린 시절부터 함께한 내시뿐이었다.

중국의 역사에서 대표적 내시라고 하면 지록위마指鹿爲馬로 유명한 진나라의 조고와 후한 말기에 정권을 장악하고 매관매직을 일삼은 10명의 환관 십상시가 떠오른다. 이처럼 내시라고 하면 부정적 이미지가 강하다. 그렇다고 내시 모두가 간신은 아니다. 내시 중에는 한나라 때 제지술을 발명한 채윤이 있고, 명나라 때 황제의 명을 받고 아라비아는 물론 아프리카까지 원정하며 나라의 위상을 제고시킨 정화도 있다.

그렇지만 내시의 이미지는 긍정적인 부분보다는 부정적인 이미지가 더 강했다. 특히 내시는 자신의 성 능력에 대한 콤플렉스를 권력과 돈으로 만회하려는 경우가 많았다. 그러기에 외척들에게 잃어버린 권력을 회수하고자 하는 어린 황제와 이러한 기회를 통하여 재물과 세력을 잡으려는 내시와의 이해관계가 절묘하게 맞아떨어졌다.

예전이나 지금이나 조정에 가장 필요한 것은 정치자금이다. 이때 정치적 브로커로 등장한 사람이 바로 내시였다. 그들은 황제의 묵인 아래 거액의 자금을 받고 매관매직을 하며 황제의 정치자금을 조달하였다. 이렇게 정치에 참여하기 시작한 내시들은 점점 대담해지기 시작하였다. 급기야 자기의 일에 걸림돌이 되는 정치인을 제거하는 일까지 도모하기 시작하였다. 그들의 업무는 단순한 궁중의 내시 업무에서 관료들의 부정과 비리를 캐는 것이나 혹은 신료 사이의 이간질과 고자질을 하는 업무로 바뀌었다.

또 신권을 누르고 황권을 강화하려는 황제의 관점에서도 일거양득의 효과가 있었기에 오히려 황제들은 이러한 내시들을 적절히 이용하였다. 이러한 대표적 사건이 바로 '당고黨錮의 화禍'이다.

'당고의 화'는 두 번에 걸쳐 일어났는데 황제는 번번이 내시의 손을 들어 주었다. 두 차례의 탄압으로 문인과 관료들은 크게 데미지를 입었지만, 반면에 내시들의 위상은 크게 제고되었다. 그중 장양을 비롯한 10명의 내시가 세력을 잡았는데, 이를 십상시十常侍라고 하였다.

정치 브로커가 된 십상시十常侍

권력을 장악한 십상시는 매우 조직적으로 움직이며 조정을 농락하였다.

특히 어린 시절부터 십상시의 곁에서 훈육된 어린 황제 영제는 십상시의 수장인 장양을 아버지라 부르고, 부 수장인 조충을 어머니라 부르며 따랐다고 하니 가히 그 위세를 짐작할 수 있다. 또 《후한서》의 기록에 "당시 십상시들은 많은 봉토를 거느렸을 뿐만 아니라 그들의 부모 형제까지도 높은 관직에 올라 그 위세가 대단하였다."라고 쓰여 있다.

십상시의 전횡은 매관매직에 있었다. 특히 그들은 매관매직을 통하여 정치자금을 조달하고 자신의 조직을 관리하며 세력을 확대하였다. 매관매직으로 인한 더 큰 피해는 엄청난 돈을 주고 관직을 구매한 관리들에 있었다. 그들은 빠른 기간에 투자한 원금을 회수하려는 심리가 발동하면서 탐관오리로 변하였다. 즉, 높은 가격에 관직을 구매한 관리는 이것을 벌충하고자 백성들에게 무거운 세금을 매기어 징수하였고 마구 수탈하였다. 폭정에 시달리던 백성들은 이내 파탄으로 이어지며 사회는 빠르게 붕괴하였다. 더 이상 갈 곳을 잃은 백성들은 결국 반란의 대열에 합류하였는데, 이것이 바로 '황건적의 난'이다.

황건적의 난이 일어나자, 십상시들은 국난을 이용하여 정적을 제거하는 방편으로 삼았다. 다시 말해, 권력에 장애가 되는 인물들은 황건적과 연루되었다고 모함해서 제거하였다. 또 뇌물을 바치지 않는 자들에게는 오히려 적과 내통하였다고 무고해서 제거하였다. 이러한 피해자가 바로 유비의 스승 노식이다.

이러한 전횡으로 세력을 구축한 십상시와 외척 출신인 대장군 하진 세력이 드디어 극렬하게 대립하였다. 궁지에 몰린 십상시는 급기야 하진의 암살을 주도하면서 '십상시의 난'을 일으켰다. 이러한 십상시의 난과 황건적의 난으로 한나라는 급격히 기울어져 갔다. 그나마 원소가 군대를 이끌고 궁궐에 입성하여 십상시를 제압하면서 십상시의 시대는 막을 내렸다.

도탄에 빠진 백성들이 황건적의 난(黃巾賊의 亂)을 일으키다

내시의 발호와 매관매직은 경제의 파탄으로 이어져 결국 백성들은 도탄에 빠지게 되었다. 이러한 경제 붕괴는 급기야 서기 184년에 '황건적黃巾賊의 난'을 초래하였다. 황건적의 난은 태평도太平道라는 종교 결사의 수령 장각張角이 일으킨 농민 반란으로 누런 두건을 착용했다고 하여 황건적이라 불린다.

도탄에 빠진 백성들이 신흥종교를 통해 새로운 이상 국가를 세우고자 일으킨 황건적의 난은 한나라의 멸망을 재촉하였고 급기야 삼국시대를 알리는 도화선이 되었다. 황건적이 외쳤던 구호는:

창천이사蒼天已死, 황천당립黃天當立, 세재갑자歲在甲子, 천하대길天下大吉.
(푸른 하늘이 죽고 누런 하늘이 일어나니, 갑자년에 천하가 크게 길하리라.)

의미는 "한나라는 망하고 태평도가 흥성하니, 갑자년(서기 184년)에 천하가 크게 길할 것이다."라는 뜻으로 장각은 이러한 구호로 교도들을 선동하였다. 장각은 스스로 대현량사大賢良師라 부르며 "한나라를 대신하여 자신이 제위에 오른다."라고 예언하면서 세력을 끌어모았다. 황건적의 난이 일어나자, 사태의 심각성을 감지한 조정에서는 황보숭과 노식 장군을 파견하여 진압하려고 하였으나 영천에서는 황보숭의 군대가 오히려 황건적에 포위되는 위기에 빠졌다. 이때 조조曹操의 구원병이 달려와 황보숭을 구해주었다. 또 노식의 군대는 하북에서 장각의 군대를 물리쳤으나 환관에게 뇌물을 주지 않아 해임되었다. 이 틈을 이용하여 동탁董卓이 관군의 수장으로 치고 나왔다.

그 후 황건적의 수장인 장각이 병사하면서 황건적의 세력은 급격히 쇠락하였다. 이 내란의 중심에 있던 장각의 태평도는 황제黃帝와 노자老子의 사상을 추앙하는 황로학黃老學파의 사상과 여러 민간사상을 융합하여 새로운 방향으로 발전하였다. 후에는 장릉張陵의 오두미교와 결합하며 중국 도교의 근간으로 발전하였다.

오두미교에서 중국 도교로 ...

중국의 도교는 '신선방술'과 '황로학'에 뿌리를 두고 있는 중국 고유의 민족 종교이다. 또 도교는 불교와 함께 중국의 양대산맥을 이루는 종교이기도 하다. 이 도교의 전신이 바로 태평도太平道와 오두미교五斗米敎이다. 이처럼 초기 도교는 신비한 방술과 장생불사를 추구하는 교파종단으로 출발을 하였다.

여기에서 태평도란 후한 우길于吉의 《태평청령서太平靑領書》에서 유래하였는데, 184년 태평도 교주 장각이 황하 이북에서 신도를 선동하여 반란을 일으킨 난이 바로 황건적의 난이다.

또 오두미교란 그 교단에 들어갈 때 쌀 5두斗를 바친데서 유래하였다. 후대에 천사도天師道라고 부르다가 13세기경에는 정일교正一敎라고도 불렀다. 오두미교는 장릉·장형·장로로 대통을 이었으나 215년에 장릉의 손자인 장로가 조조에게 투항하였다. 그 후 조조의 위나라에서 천사도라는 이름으로 활동하였으나 교단은 크게 위축되었다.

그 뒤 동진이 건국되면서 오두미교는 강서성 용호산으로 거점을 옮겨 겨우 명맥만 유지하였다. 그 뒤 당송시대를 거치면서 오두미교는 다른 교파들과 흡수 통합하면서 교세를 크게 확충하였다. 원나라 때에는 정일교라는 이름으로 불리며 발전하였다. 도교는 명·청 시대를 거쳐 비약적으로 발전하다가 1949년에 위기를 맞이하였다. 즉, 종교를 인정하지 않는 중국 공산당이 본토를 장악하자 할 수 없이 국민당을 따라 대만으로 교단을 옮겼다. 정일교는 오늘날 전진교全眞敎와 함께 도교에서 가장 큰 종파를 이루고 있다.

이처럼 종교적 측면에서 도교는 불교와 함께 중국의 양대산맥을 이루고 있고, 사상적 측면에서 도가사상은 유가사상과 함께 2,000여 년 동안 중국문화를 주도해온 중국 고유의 철학사상으로 정착하였다. 급기야 주변국으로까지 전파되어 동양문화의 근간으로 뿌리를 내렸다.

2

삼국지의 구성

필자는 이 책의 구성을 총 14개 부분으로 나누어 기술하고자 한다.

1. 에필로그: 삼국지의 출현 배경과 구성에 대하여 약술하였다.

2. 도원결의와 영웅시대(제1회-제7회): 황건적의 난과 십상시의 난으로 이어지는 어지러운 정국에 역적 동탁이 정국을 장악하면서 큰 혼란에 빠진다. 그즈음 유비·관우·장비는 도원결의를 맺고 난리를 평정하고자 이 대열에 합류한다. 동시에 동탁 제거를 위한 18로의 제후들이 연맹하며 이합집산의 국면이 펼쳐진다. 즉, 유비 그룹을 포함하여 조조 그룹, 손견 그룹, 원소 그룹, 원술 그룹 등의 수많은 영웅호걸이 붕당을 만들며 자신의 세력을 확장한다.

3. 영웅본색과 영웅호색(제8회-제21회): 왕윤의 미인계로 동탁을 제거하나 이각과 곽사가 나타나 다시 정국의 혼란은 가중된다. 어지러운 국면을

틈타 전국은 영웅호걸들이 본색을 드러내는 각축장이 되어버렸다. 초반에는 원소가 두각을 드러내며 선두주자로 나왔으나 이내 리더의 한계를 보인다. 그 틈을 이용하여 조조는 황제를 끼고 정국의 주도권을 장악하며 선두주자로 등장한다.

4. 관도대전과 조조의 리더십(제22회-제34회): 조조는 백마전투의 승리에 이어 관도에서 원소와 전면전을 벌인다. 병사는 물론 군수물자까지 부족한 상황에서 조조는 화공으로 오소에 있는 원소 군의 식량창고를 불태우며 전세를 극적으로 뒤집는다. 관도대전의 승리를 계기로 조조는 드디어 명실상부한 북방의 실권자로 우뚝 선다.

5. 삼고초려와 인재론(제35회-제42회): 융중 지방에 제갈량이 거처한다는 정보를 확인한 유비는 삼고초려 끝에 제갈량을 책사로 영입하는 데 성공한다. 책사 제갈량을 얻은 유비는 초반에 승승장구하며 자신의 기반을 확대하기 시작한다. 그러나 조조의 집요한 공격으로 유비 일행은 형주 일대의 기반마저 잃고 남방으로 피난을 떠난다.

6. 적벽대전과 병법론(제43회-제50회): 조조의 추격으로 궁지에 몰린 유비와 제갈량은 오나라의 주유와 연합하여 적벽대전을 일으킨다. 연환계와 고육지계 등의 기상천외한 병법들이 등장하며 숨 막히는 지략대결을 펼친 끝에 유비와 손권 연합군은 화공으로 조조의 군대를 대파하며 승리를 거둔다. 제갈량과 주유의 지혜 대결과 심리전 또한 긴장감과 긴박감을 불러온다.

7. 형주쟁탈전과 명분론(제51회-제59회): 주유와 조인이 서로 대치하는 사이 유비는 남군과 형주를 점령한다. 또 이를 기반으로 삼아 다시 형남 4

군까지 공략한다. 화가 난 주유가 거짓 결혼 계략과 가도멸괵지계로 대응하나 제갈량에게 간파당하며 실패로 돌아간다. 이로 인하여 주유는 화병으로 요절한다. 결국, 유비가 형주를 점거하면서 삼국정립의 교두보를 마련한다.

8. 삼국정립과 천하삼분론(제60회-제73회): 형주와 남군 땅을 얻은 유비는 내친김에 익주까지 영역을 확대하여 천하는 결국 조조의 위나라, 유비의 촉한, 손권의 오나라로 재편된다. 또한, 촉한은 관우·장비·조자룡·황충·마초 등 오호대장군을 얻으며 승승장구한다. 그러나 낙봉파에서 방통이 목숨을 잃는 위기도 겹친다.

9. 이릉대전의 득과 실(제74회-제85회): 관우의 죽음에 이성을 잃은 유비는 무모한 이릉대전을 일으킨다. 이릉대전 준비 중 장비마저 부하에게 죽임을 당하는 불행이 찾아온다. 이릉대전 초기에는 유비 군이 선전을 하였으나 무더위와 지구전으로 전황은 점점 불리해진다. 급기야 육손의 화공으로 촉나라 군은 크게 대패하여 철수한다. 결국, 유비는 백제성에서 목숨까지 잃는다.

10. 오로공격과 칠종칠금(제85회-제91회): 유비로부터 후사를 부탁받은 제갈량은 유선을 황제로 옹립하고 본격적인 북벌을 준비한다. 그러던 중 갑자기 위나라의 5로공격을 받게 되는데, 제갈량은 기상천외한 심리전으로 이들을 간단하게 무찌르고, 또 남방의 맹획이 침략을 하자, 제갈량은 맹획을 칠종칠금으로 평정하여 후방의 방비를 튼튼히 한다.

11. 출사표와 육출기산(제91회-제104회): 제갈량은 조비의 오로공격과 남방을 평정한 후, 마침내 출사표를 내고 북벌을 시작한다. 제갈량은 육출

기산을 하면서 결정적 기회를 여러 번 잡았으나 그때마다 불운이 겹친다. 또 사마의의 지구전에 걸려 고군분투하다가 결국에는 과로로 죽음을 맞는다.

12. 천하통일과 수성론(제105회-제120회): 제갈량의 유업을 강유가 이어받아 구벌중원하며 분투하나 끝내 대업을 이루지 못하고 촉나라는 위나라에 항복한다. 또 위나라와 오나라도 진나라에 항복하며 결국 진나라의 사마염이 천하를 통일시키며 삼국시대는 종말을 맞는다.

13. 영웅호걸의 삶과 죽음: 서기 210년에서 223년 사이에 오나라에서는 주유와 노숙 및 여몽 등이 죽고, 위나라에서는 순욱과 조조 등이 죽는다. 그리고 촉나라는 관우와 장비, 그리고 유비 등이 차례로 죽으며 자연스레 세대교체가 이루어진다. 특히 군주의 삶과 죽음, 참모의 삶과 죽음, 장수의 삶과 죽음에 대하여 집중적으로 조명한다.

14. 에필로그: 삼국지의 영웅에게 리더의 길을 묻다. 그리고 어떻게 살 것인가? 라는 화두를 가지고 마무리하며 끝맺음을 하였다.

第 2 講

도원결의桃園結義 와
영웅시대英雄時代

– 꿈꾸는 자가 천하를 얻는다

key word

도원결의桃園結義·황건적黃巾賊의 난亂·십상시十常侍의 난亂·반동탁연합反董卓聯合·
18로제후諸侯·최가박당最佳拍檔·수어지교水魚之交·선양禪讓

꿈꾸는 자가 천하를 얻는다

【소설 배경】(제1회-제7회)

소설《삼국지》의 시작은 도원결의桃園結義부터 시작된다.
한나라 말기, 외척과 환관으로 인해 세상이 도탄에 빠지자, 황건적의 난이 일어난다. 이에 놀란 한나라 조정에서는 관군을 파견해 제압하려 하였으나 혼란은 점점 확대되었다. 이때 전국의 영웅호걸들이 나라를 구하고자 의병을 일으켰는데, 유비도 관우·장비와 함께 도원결의를 맺고 의병대열에 합류하였다. 의병대열에는 유비 그룹을 포함하여 동탁과 여포 그룹·조조 그룹·손견과 손책 그룹·원소 그룹·원술 그룹 등의 다양한 영웅호걸이 붕당을 이루며 자신의 세력기반을 확장 시키고자 동분서주한다.
영웅호걸들의 선전으로 황건적의 난이 겨우 진정되어가자, 이번에는 궁궐에서 환관 십상시들이 난을 일으키며 발호하게 된다. 여기에 하진·동탁·원소 등의 야심가들은 정국의 혼란을 틈타 권력의 장악에 혈안이 되며 정국은 점점 혼미해진다.
원소에 의해 겨우 십상시의 난이 평정되자, 이번에는 동탁이 권력을 장악하여 임의대로 황제를 폐위시켜 교체하는 등 그 횡포가 날로 심해진다. 이때 조조가 처음으로 동탁의 암살을 시도하였으나, 결국 실패하여 도망치게 된다. 조조는 도망치던 중, 아버지 친구인 여백사의 집에 잠시 도피하였다가, 여백사의 식솔은 물론 여백사까지 죽이는 실수를 범하게 된다.

허겁지겁 고향으로 도망친 조조는 동탁을 토벌하라는 황제의 거짓 조서를 조작하여 전국의 제후들을 소집시킨다. 이렇게 반 동탁 연합으로 연맹한 18로의 제후들은 원소를 토벌군 맹주로 추대한다. 이들은 초반에 막강한 세력을 과시하며 위세를 떨쳤으나, 시간이 지나면서 제후들 간의 불신으로 분열되기 시작한다. 그때 손견이 우연히 궁궐 우물에서 옥새를 습득하자, 이를 숨기고 황급히 고향으로 귀환한다. 고향으로 돌아온 손견이 형주의 유표와 싸우다 전사하는 바람에 아들 손책이 대통을 이어받는다. 나머지 여러 제후도 거사의 명분을 잃고 뿔뿔이 귀향한다.

한나라 조정에서는 동탁의 폭정이 거듭되자, 군신들 사이에서는 동탁을 제거하려는 음모가 다시 은밀하게 진행된다.

1

도원결의 桃園結義

이상세계를 꿈꾸며...

도원결의桃園結義 란?

"도원에서 유비·관우·장비가 의형제를 맺고 서로 의기투합한다."라는 뜻으로, 소설《삼국지》제1회에 나온다. 제1회의 회목에 "연도원호걸삼결의宴桃園豪傑三結義, 참황건영웅수립공斬黃巾英雄首立功"이라고 언급되어 있으며, 또 장비의 집 후원에 있는 복숭아밭에서 세 사람이 모여 분향 재배하며 다음과 같이 선언하는 장면이 나온다.

도원에서 유비·관우·장비가 결의 형제를 맺다

도원결의 선언문

"고하건대 유비·관우·장비는 비록 성은 다르나 이렇게 결의 형제를 맺어, 한 마음으로 협력하여 어려운 사람들을 도와주며, 위로는 나라에 보답하고 아래로는 백성을 편안하게 하려고 합니다. 비록 우리가 동년 동월 동일에 태어나지는 않았지만, 바라건대 동년 동월 동일에 죽기를 원합니다. 천지신명께서는 이 마음을 진실로 굽어살펴 주시고, 만일 의리를 저버린 배은망덕 자가 있다면 하늘과 사람이 함께 나서 죽여주시옵소서!"

念劉備·關羽·張飛, 雖然異姓, 旣結爲兄弟, 則同心協力, 救困扶危; 上報國家, 下安黎庶; 不求同年同月同日生, 但願同年同月同日死. 皇天后土, 實鑒此心. 背義忘恩, 天人共戮!

위 문장은 유비·관우·장비가 도원에서 결의하면서 발표한 선언문이다.

소설 《삼국지》에서 시작된 결의結義 문화는 후대 중국 사회에 지대한 영향을 끼쳤다. 특히 도원결의의 선언문은 후대에 크게 유행하여 부자 혹은 형제간에 결의 문화의 전형을 만들어 주었다. 지금까지도 중국은 물론 우리나라에서도 이러한 문화와 풍습이 잔존하고 있는데, 특히 권력에 관심이 많은 야심가나 심지어는 조직폭력배 사이에서도 이러한 방식을 활용하여 계파를 만들거나 조직을 강화하는 데에 활용하기도 한다.

도원결의 선서문 가운데 특히 "동년 동월 동일에 태어나지는 않았지만, 동년 동월 동일에 죽기를 원합니다."라는 부분은 후세에 강호의 세력이나 조폭들이 많이 애용했던 문구로 지금도 중국 영화에서 흔히 보이는 문구이다.

그러면 왜 하필 '도원桃園'에서 결의를 하였을까?

이는 아마도 위진남북조 문인 도연명陶淵明이 쓴 〈도화원기桃花源記〉에서 유래된 것으로 추정할 수 있다.

〈도화원기〉의 이야기는 다음과 같다. 위진남북조의 진晉나라 때, 무릉武陵에 사는 한 농부가 나무를 하러 산속에 들어갔다가, 숲속 냇가를 따라 흘러오는 복숭아꽃을 보게 된다. 신기한 마음에 그 복숭아꽃의 발원지를 따라갔다가 별천지 신세계를 만나게 된다. 이들은 약 400년 전, 진秦나라 진시황의 폭정을 피하여 피난 온 사람들이었다. 그들은 이미 신선이 되어 수백 년을 근심 걱정 없이 행복하게 살아오고 있었다.

이곳에서 잠시 머물다가 고향으로 돌아온 나무꾼은 인근 사람들과 함께 다시 이 파라다이스를 찾아 나섰으나 끝내 찾지 못했다는 내용이다. 여기에서 '무릉도원武陵桃源'이라는 이상향이 유래하였다.

이상향理想鄕이란?

서양에서는 토머스 모어Thomas More의 《유토피아》가 연상되지만, 동양에서는 흔히 세상과 멀리 떨어진 별천지의 무릉도원武陵桃源이란 어휘를 사용한다. 실제 무릉이라는 지명은 중국 후난성湖南省에 있는 이름으로, 창더常德의 타오웬桃源과 인근에 있는 장자지에張家界의 우링웬武陵源을 말한다. 관광지로 유명한 장가계(한나라 개국공신 장량이 은퇴 후 이곳에 살았다고 하여 장가계라는 지명이 붙음)가 바로 그곳이다.

도탄에 빠진 나라와 백성을 구한다는 대의명분을 가지고 유비·관우·장비가 복숭아밭에서 의형제를 맺는 이야기가 바로 도원결의이다. 이러한 연유에서 '도원桃園'은 도탄에 빠진 나라와 백성을 구하고 새로운 이상세계를 꿈꾸는 유비·관우·장비에게는 가장 적합한 장소가 되었다.

그런데 도원에서 결의 형제를 맺었다는 기록이 역사《삼국지》에는 어디에도 보이지 않는다. 아마도 도원결의 부분은 흥미를 고조시키기 위하여 후대에 나관중이 꾸며 넣은 허구로 추정된다. 즉, 송·원대에 나돌던 이야기꾼의 강의 노트 화본이나 연극에 회자되던 이야기를 나관중이 소설《삼국지》의 첫 부분에 배치하여 그럴듯하게 포장한 것으로 추측할 수 있다.

2

18로의 제후와
꿈꾸는 영웅호걸

반 동탁 연합과 군웅할거(4회~19회)

　황건적의 난과 십상시의 난이 겨우 수습되자, 이 틈을 이용해 동탁이 정국을 휘어잡고 횡포를 부리기 시작한다. 동탁의 만행이 점점 지나치자, 각지의 제후들이 서로 연합하여 반 동탁 연합을 구축한다. 가장 먼저 동탁의 암살에 실패한 조조는 고향으로 도피하여 황제의 이름으로 된 가짜 조서를 만들어 의병을 모집하였다. 이에 호응하여 전국에서 17로의 제후들이 달려와 조조와 회맹을 하였다. 이때 공손찬도 유비 일행과 함께 이에 동참하였다.

18로 제후

제1진 남양태수 원술	제2진 기주자사 한복
제3진 예주자사 공주	제4진 연주자사 유대
제5진 하내태수 왕광	제6진 진류태수 장막
제7진 동군태수 교모	제8진 산양태수 원유
제9진 제북상 포신	제10진 북해태수 공융
제11진 광릉태수 장초	제12진 서주자사 도겸
제13진 서량태수 마등	제14진 북평태수 공손찬 (평원현령 유비)
제15진 상당태수 장양	제16진 장사태수 손견
제17진 발해태수 원소	제18진 효기교위 조조

18로의 반 동탁 연합군은 소설 《삼국지》의 구성에 매우 중대한 의미를 던진다. 즉, 이때부터 본격적인 영웅시대의 서막을 연 것이기 때문이다. 영웅호걸들이 총집결하여 마치 전초전을 치르는 상견례의 장을 만들어 버렸다. 동탁의 연합 세력으로는 동탁과 여포가 등장하였고, 반 동탁 연합으로는 원소·조조·원술·손견(손책/손권)·유비(관우/장비) 등의 영웅들이 총집결하며 본격적 서바이벌 게임이 시작되었다.

이 회맹에서 조조는 전면에 나서지 않고 반 동탁 연합군의 맹주로 원소를 추대하였다. 여기에서 조조는 초반부터 전면에 나서 영웅호걸들의 견제를 받기보다는 오히려 한 발짝 뒤로 빠져 기회를 살피는 지혜를 발휘한다.

이렇게 원소를 중심으로 구성된 반 동탁 연합군은 낙양을 향하여 총진 군하였다. 그러나 "사공이 많으면 배가 산으로 간다."라는 말처럼 영웅호걸들로 구성된 연합군은 얼마 되지 않아 서로의 이권 문제와 견제로 반목과 대립이 시작되어 결국 동탁 군과 싸우기는커녕 자신들끼리 서로 갈등을 초래하며 분열하였다.

반 동탁 연합을 주도하는 원소와 원술

    원인은 바로 원소의 무능력에 있었다. 한마디로 리더십 부족이었다. 원소는 이복동생 원술에게 군량을 관리하게 하고, 손견을 선봉에 내세워 사수관으로 진격하였다. 그러나 원술이 손견을 견제하려고 군량을 끊어 버리는 바람에 손견 군이 굶주림에 시달리면서 본격적인 내분이 시작되었다.

    사수관 전투에서 관우는 적장 화웅을 죽이는 공을 세우고, 호뢰관 전투에서는 유비의 의형제들이 여포를 견제하면서 영웅의 출현을 예고하였다. 그러자 수세에 몰린 동탁은 장안으로 천도를 강행하였다. 이에 조조가 동탁을 뒤쫓자고 연합군에게 호소하지만 다들 주저하였다. 결국, 조조만 자신 군대를 이끌고 동탁을 추격하였으나 동탁의 매복에 걸려 대패하

유비 삼형제와 여포가 대결을 펼치다

고 돌아온다.

 이때 손견의 군대가 궁궐의 우물에서 십상시의 난 때 유실된 전국 옥새를 발견하게 된다. 천자에 등극하라는 하늘의 계시九五之分라고 생각한 손견은 옥새를 수중에 숨긴 채 강동으로 돌아간다. 손견의 귀환은 곧 연합군의 해체로 이어졌다. 그러자 원소는 은밀하게 형주자사 유표에게 손권이 가져간 옥새를 빼앗으라는 밀명을 내렸다.

영웅의 출현을 기다리며...

"난세에 영웅이 나온다."라는 말이 있다.

실제로 역사에서 난세에 영웅이 나타나 위기에 빠진 나라를 구하는 경우가 종종 보인다. 임진왜란 때 나라를 구한 이순신 장군이 대표적인 실례라고 할 수 있다. 사실 시대가 어려울수록 백성들은 영웅이 혜성처럼 출현하여 어려운 시국을 구원해 주길 염원하는 기대심리가 있다.

이러한 영웅들의 이야기를 가장 효율적으로 담아낸 소설이 바로 소설 《삼국지》이다. 소설 《삼국지》에도 이러한 염원이 반영되어 초반부터 영웅의 출현으로 서막을 연다. 사회의 혼란과 더불어 혼돈의 시기에는 수많은 영웅이 출현하여 그 능력의 자웅을 가리다가 사라지곤 하였다. 이러한 서바이벌 게임을 통하여 승자와 패자가 나오고 또 성공한 영웅과 실패한 영웅이 출현하게 되었다.

> 도원결의를 통해 나타난 영웅: 유비와 관우 및 장비
> 황건적의 난을 통해 권력을 장악한 영웅: 동탁과 여포
> 십상시를 제거하고 새롭게 등장한 영웅: 원소와 원술
> 동탁 타도를 외치며 등장한 영웅: 조조와 손견(손책/손권)

이처럼 초반에는 동탁과 여포의 연합 세력, 그리고 반 동탁 연합으로는 원소·조조·손견·유비 등의 군주형 영웅들이 대거 등장하였다. 또 중반으로 들어서면서 새로운 스타의 탄생을 예고하는데, 이들이 바로 참모형 영웅들과 장수형 영웅들의 등장이다.

> 삼고초려를 통해 정계에 입문한 영웅: 제갈량
> 적벽대전을 승리로 이끈 영웅: 주유과 노숙

유비의 아들 유선을 구하며 등장한 영웅: 조자룡

관우를 제압하고 이릉대전을 승리로 이끈 영웅: 여몽과 육손

제갈량의 뒤를 이어 구별중원의 영웅: 강유

위나라의 견제를 인내하며 후일을 도모한 영웅: 사마의와 사마염

이 모두가 그 시대의 영웅들이다. 여기에 등장하는 영웅들은 세상의 주목을 받으며 화려하게 등장하였지만, 일순간에 사라지기도 하였다. 그리고 어떤 영웅은 지금까지 인구에 회자되며 두터운 매니아 층을 형성하기도 하였다. 또 어떤 사람은 영웅이 되었고 어떤 사람은 간웅이 되었으며, 그리고 누구는 충신이 되었고 누구는 역신이 되었다.

이러한 기준은 어디서 나오는 것일까?

이것의 해답은 본인이 영웅의 길로 갔는가? 간웅의 길로 갔는가? 또 충신의 길로 갔는가? 역신의 길로 갔는가? 에 따라서 스스로 운명을 갈랐다.

3

최가박당 最佳拍檔

함께 할 수 있는 자와 함께 할 수 없는 자

최가박당最佳拍檔이란?

환상의 콤비 혹은 최상의 콤비라는 의미이다.

최가박당이라는 어휘는 1980년대 홍콩에서 나온 영화 제목으로 홍콩뿐만 아니라 아시아의 전 지역에서 높은 인기를 끌었던 영화이다.

인생을 살다 보면 어떤 사람하고는 단짝이 되어 환상의 콤비를 이룰 수 있는 사람이 있고, 어떤 사람하고는 늘 부딪쳐서 함께 할 수 없는 사람이 있기 마련이다. 이러한 현상은 대부분 성격이나 인상에서 오는 경우가 많다. 연인이든 부부지간이든 혹은 직장의 동료나 상사이든 간에 화합에 항상 걸림돌이 되었던 것은 바로 성격이다. 세상에는 운명을 함께 할 수 있는 자와 함께 할 수 없는 자가 있다. 또 세상에는 고생은 함께 할 수 있으나 영화는 같이 할 수 없는 사람이 있고, 반대로 영화는 같이 할 수 있으나 고생은 함께 할 수 없는 사람이 있다.

또 대사를 도모할 때 우리는 그 돌파구를 자신에게서 찾는 사람이 있고 또 남에게서 찾는 사람이 있다. 남에게 그 힘을 빌려 나의 돌파구를 찾는 것, 이것이 바로 환상의 콤비이다. 환상의 콤비란 바로 세상을 함께 할 수 있는 최상의 파트너를 의미하는 것이다.

환상의 콤비

　일반적으로 환상의 콤비는 양자 간의 성격이나 취향 및 이상적 목표 등에서 나오는데, 사실 인생을 살면서 최고의 단짝을 만난다는 것은 그야말로 신의 축복이기도 하다.

　관포지교管鮑之交로 유명한 춘추시대 제나라의 관중과 포숙아는 막역한 단짝 친구이면서 최고의 정치적 파트너였다. 또 그들은 환공을 도와 제나라를 반석에 올려놓은 인물이기도 하다. 그 외에도 유방이 한나라를 세우기 위해서 장량·한신·소하와 같은 인재가 필요했듯이 대사를 도모하기 위해서는 반드시 단짝의 파트너가 필요한 것이다.

　《삼국지》에서 환상의 콤비로는 유비와 제갈량의 관계를 최상으로 꼽을 수 있다. 수어지교水魚之交라는 고사성어가 바로 유비와 제갈량의 관계에서 유래되었다. 수어지교는 "서로 떨어질 수 없는 친밀한 사이"를 말하며 유비와 제갈량의 사이를 비유한 데서 비롯되었다.

　《삼국지》 제39회에서도 유사한 내용이 나온다. 즉, 유비가 공명을 너무 감싸고돌자 장비와 관우는 노골적으로 시기와 불평을 하게 된다. 이때 유비는 관우와 장비에게 "내가 공명을 만난 것은 물고기가 물을 만난 것과 같다."猶魚之得水也 라고 타이르는 장면이 나온다. 후대에 이 말이 수어지교水魚之交로 바뀌어 사용되고 있다.

　유비와 제갈량은 한나라 황실의 재건이라는 서로의 이상과 목표가 같았고, 또 위임형 리더 유비와 책임형 참모 제갈량의 통치 스타일이 상호 보완관계를 유지하기에 최고의 콤비를 이룰 수 있었다. 또한, 유비의 단짝으로는 관우와 장비를 빼놓을 수가 없다. 그들은 도원결의로 의기투합하여 죽는 날까지 의리를 지키며 최상의 콤비를 이루며 살았다. 급기야 이들은 죽음조차도 함께할 정도로 뜨거운 의리와 우정을 나누며 살다간 환상의 콤비들이다. 그러기에 죽음마저도 비슷한 시기에 세상을 하직하였다.

또 조조의 환상의 콤비로는 곽가와 가후를 꼽을 수 있다. 조조와 곽가가 최고의 호흡을 이룰 수 있었던 것은 곽가가 순종적인 성격이기에 카리스마가 강한 조조와 부딪칠 일이 별로 없었다. 곽가는 책사로서 노련하고 치밀한 책략을 제시한 것도 많았지만 그는 항상 조조의 심리를 꿰뚫고 처신을 하였기에 매사가 이심전심으로 소통할 수 있었다. 또 가후는 다양한 계책과 책략을 제시하여 조조의 신망을 두텁게 받았던 공신이다. 그러함에도 불구하고 그는 항상 겸손하고 신중하게 처신하였다. 특히 사리사욕을 버리고 절제하면서 주군을 섬기었기 때문에 최고의 콤비를 이룰 수 있었다.

그리고 손권에게 최고의 콤비는 단연코 주유를 꼽을 수 있다. 유비에게 제갈량이 있다면 손권에게는 주유가 있다고 할 정도로 주유는 손권에게 환상의 파트너였다. 주유는 손책에서 손권으로 대를 이어가며 주군을 모신 명참모이다. 손권과 주유의 가장 큰 장점은 상호 간의 믿음에서 출발한다. 즉, 손권이 위임형 통치 스타일이기에 성실하고 책임감이 강한 주유와는 최고의 파트너십을 이룰 수가 있었다.

그 외 군신지간이 아닌 신하 신분의 관계로 최상의 콤비를 꼽으라면 제갈량과 조자룡의 관계를 꼽을 수 있다. 평소 제갈량이 가장 믿고 신임하였던 장수가 바로 조자룡이었다. 조자룡은 유비 사후에도 제갈량 주변에 있으면서 제갈량을 성실하게 보좌하였다. 이들은 비록 군신지간이 아닌 승상과 장수의 관계였지만 업무의 수행에 있어서 최상의 콤비를 이루었다. 이는 원리원칙을 중시하는 제갈량의 통치 스타일과 청렴결백하고

깔끔한 조자룡의 기질이 상호 시너지 효과를 일으키며 만들어 낸 최고의 하모니라고 할 수 있다.

최악의 콤비

인생에서 최고의 불행은 '함께 할 수 없는 자' 즉 최악의 파트너를 만나는 경우이다. 《삼국지》에서는 바로 동탁과 여포가 가장 대표적 케이스라 할 수 있다. 그 외에도 여포와 진궁의 케이스, 원소와 전풍의 케이스, 조조와 양수의 케이스, 조조와 순욱의 케이스, 제갈량과 위연의 케이스 등 부지기수로 많다.

최악의 콤비로 이어지는 가장 큰 원인은 상호불신에 있었다.

믿음이 없는 콤비는 지속적인 관계유지가 불가능하다. 바로 불신으로 믿음이 무너지기 때문이다. 이러한 예가 바로 동탁과 여포의 조합이다. 동탁과 여포는 각자의 욕망과 야욕이 너무 컸으며 상호 간의 성격도 맞지 않았다. 또 미녀 초선의 등장은 믿음이 약한 둘 사이를 최악의 콤비로 만들어 놓았다.

두 번째 요인으로 개성 차이를 꼽을 수 있다.

너무나 강한 개성 차이로 조화를 이룰 수가 없었던 케이스가 바로 여포와 진궁의 조합이다. 이들은 비록 군신의 관계를 이루고 있었지만 상호 성격상의 차이로 함께 대사를 도모하기가 어려웠다. 이는 도모하는 일마다 번번이 의견이 충돌되었기 때문이다. 원소와 전풍의 케이스도 이와 유사하다고 할 수 있다.

세 번째 요인으로 경거망동을 꼽을 수 있다.

이러한 조합이 바로 조조와 양수의 관계이다. 양수는 조조의 책사로 전도가 유망했지만, 정도를 넘는 경거망동이 자신의 발목을 잡았다. 즉, 결정적인 사건이 바로 한중전투에서 발생한 계륵 사건으로 주군의 심리를 너무 꿰뚫고 경솔하게 행동하였기에 스스로 몰락의 길을 자초한 것이다.

결국, 양수는 주군 조조의 심기를 건드리는 바람에 참수를 당하는 비운을 맞았다. 그 외 관도대전에서 발휘한 자신의 공로를 너무 과시하며 경거망동을 한 허유도 이에 해당한다. 허유는 결국, 조조의 부하에게 죽임을 당하며 스스로 불행을 불러들였다.

네 번째 요인은 각자가 추구하는 이상과 목표가 달랐다는 점이다.

이러한 경우로는 조조와 순욱의 조합과 조조와 사마의의 조합을 들수 있다. 순욱은 한나라 황실을 재건한다는 이상으로 조조와 의기투합하였으나 시간이 지날수록 조조가 영웅에서 간웅의 길을 가게 되자, 관계가 틀어지기 시작하였다. 결국, 순욱은 자의반 타의반으로 자결을 선택하였다.

또 조조와 사마의 조합은 유비와 제갈량의 조합과 극명하게 반대의 길을 걷게 된다. 그 원인은 바로 사마의의 야심에 있었다. 즉, 일인자의 길을 가고자 끊임없이 갈망하는 사마의를 조조와 조비 입장에서는 견제하지 않을 수 없었다. 결국, 사마의는 몸을 낮추고 기회를 살피다가 결정적인 순간에 쿠데타를 성공시키며 사마씨의 왕국을 건국하였다.

이처럼 새로운 운명을 개척한 영웅들은 항상 최고의 콤비와 호흡을 맞추며 최고의 성과를 이루기도 하였고, 또 최악의 콤비를 만나 대사를 망치기도 하였다. 세상에 태어나 환상의 콤비를 만나 대사를 도모한다는 것은 그야말로 신의 축복이라 할 수 있다. 그러나 이러한 신의 축복은 단순히 운이 좋아서만 이루어지는 것은 아니다. 오직 끊임없는 자아개발과 부단한 노력에 의해서만이 가능하다는 것을 명심해야 한다. 그리고 그에 따른 책임 또한 운명으로 돌리지 말고 자신에게서 찾아야 할 것이다.

4

꿈꾸는 자가 천하를 얻는다

　천하를 통일시킨 진시황이 자신의 위용을 과시하기 위해 화려한 수레를 타고 천하를 주유할 때, 이 거창한 모습을 지켜본 두 영웅이 있었다. 이들이 바로 후대에 한나라의 황제가 된 유방과 서초 패왕이 된 항우였다. 그때 유방은 "사나이 대장부로 태어나 한 번쯤은 저 정도는 되어야지."라고 하였고, 항우는 "저놈의 자리를 내가 꼭 대신하리라."라고 하며 황제의 꿈을 키웠다.

　이처럼 두 영웅은 모두 황제가 되겠다는 꿈을 꾸었지만, 유방은 그 꿈을 간접적으로 완곡하게 표현하였고, 항우는 매우 노골적이고 직설적으로 표현하였다. 결국, 유방은 황제皇帝의 꿈을 이루었다. 그러나 항우는 패왕霸王은 되었지만, 황제의 꿈은 이루지 못하였다. 그 이유는 바로 각자의 성격에서 결정되었다고 할 수 있다. 즉, 감정이 앞선 항우는 실패하였고, 이성이 앞선 유방은 결국 황제의 꿈을 성취하였다.

　옛말에 "될성부른 나무는 떡잎부터 알아본다."라는 말이 있다. 이는 어릴 때부터 '싸가지'가 있느냐와 없느냐의 문제이며, 또 사람의 됨됨이와 그릇의 크기에서 결정되기 때문이다.

천하는 꿈꾸는 자의 몫이다

영웅은 과연 어떠한 꿈을 가지고 천하를 얻고자 하였을까?
일반적으로 성공한 사람들은 어린 시절부터 일반 사람과는 다른 모습을 보였다. 그렇다면 유비·조조·손권은 어떤 꿈을 꾸었을까?

유비의 꿈 :

유비가 살던 누상촌은 커다란 뽕나무가 마치 황제가 타는 수레의 지붕과 같았고 해서 붙여진 이름이다. 그는 어린 시절부터 누상에 올라 "나는 천자가 되어 이런 수레를 탈 것이다."라고 하였다. 또 유비의 야망은 아들 이름에서도 드러난다. 즉, 수양아들 이름은 유봉劉封이라 하였고, 친아들의 이름은 유선劉禪이라 지었다. 이들의 이름을 합치면 바로 봉선封禪이 된다. 봉선이란 선양禪讓의 의미와 관계가 있다. 즉, 겉으로는 한실 부흥을 외쳤지만, 내심으로는 끊임없이 천자의 야망을 꿈꾸고 있었다.

조조의 꿈 :

조조는 어려서부터 환관의 후손이라는 콤플렉스에 시달렸으며, 또 아버지는 하후씨夏候氏 집안에서 조씨 집안으로 양자 온 사람으로 환경이 평탄하지는 않았다. 그러함에도 불구하고 조조는 어린 시절부터 영민하고 총기를 보이며 야망을 꿈꿔왔다. 그는 처음에 충성을 다해 한 왕실을 부흥시키려는 꿈을 키웠지만, 나중에는 역신으로 바뀌게 되었다. "치세의 영웅이요, 난세의 간웅이라."라고 말한 어느 점쟁이의 말처럼 그의 야망은 영웅에서 간웅으로 방향을 틀어 버렸다.

천하를 얻으려 꿈꾸는 유비 그리고 그 가족

손권의 꿈:

　손권은 아버지 손견과 형님 손책이 다져놓은 기반 위에 자신의 꿈을 펼친 행운아이다. 그의 총기는 어린 시절부터 두각을 나타내어 손견은 물론 손책까지 그를 각별하게 아꼈다. 어느 점쟁이가 "손씨 집안은 귀하나 수명이 짧고 오직 손권만이 지극히 귀하여 천수를 누린다."라고 하였듯이 정말 손견과 손책은 요절하였다. 임종에 있던 손책은 "어찌 범의 새끼가 나이가 어리다고 범이 아니겠는가?"라며 후계자로 손권을 지명하였다. 이처럼 손권은 어릴 때부터 큰 야망과 포부를 가지고 있었다.

　이처럼 유비·조조·손권은 어린 시절부터 야망과 지혜를 가지고 꿈을

第 2 講　도원결의桃園結義와 영웅시대英雄時代　47

키우며 미래를 준비하였다. 그러기에 꿈꾸는 자가 천하를 얻을 수 있는 것이며, 또 천하는 바로 꿈꾸는 자의 몫인 것이다.

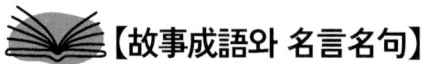

【故事成語와 名言名句】

분구필합 합구필분分久必合, 合久必分

"천하대세란 분열이 오래되면 반드시 통일되고, 통일이 오래되면 반드시 분열된다."라는 의미로《삼국연의》제1회에 나오는 말이다. 分久必合은 초·한에서 한나라로 통일됨을 암시하고, 合久必分은 한나라에서 삼국시대로의 분열됨을 암시하는 말이다. 120회 말미에는 반대로 합구필분 분구필합合久必分, 分久必合 으로 묘사되어 있다.

도원결의桃園結義

도원결의는 "도원에서 유비·관우·장비가 의형제를 맺고 서로 의기투합한다."라는 뜻으로, 후한 말기에 황건적의 난이 일어나 전국에서 의병을 모집하자, 유비·관우·장비도 이에 호응한다. 이들은 장비의 집 뒤뜰 복숭아밭에서 결의 형제를 맺었는데, 이것이 바로 도원결의의 유래이다.

불구동년동월동일생, 단원동년동월동일사

不求同年同月同日生, 但願同年同月同日死.

도원결의의 선언문으로 "우리가 한날한시에 태어나지는 못했지만, 죽기만은 같은 해 같은 달 같은 날에 죽기를 바랍니다."라는 의미로 보통 결의 형제나 혹은 의기투합을 요구하는 의식에 많이 사용되는 문구이다.

무릉도원武陵桃源

무릉도원은 복숭아나무가 있는 언덕이라는 뜻이다. 즉 무릉도원은 속세를 떠난 아름답고 평화로운 이상향으로 선경仙境 또는 파라다이스를 말한다. 위진남북조 시대의 문인 도연명의 〈도화원기〉에서 유래되었다.

수어지교水魚之交

수어지교는 물과 물고기의 교류라는 뜻으로, 서로 없어서는 안 될 매우 깊은 우정이나 친밀한 관계를 의미한다. 유비가 공명을 너무 감싸고 돌자, 장비와 관우는 노골적으로 시기와 불평을 하게 된다. 이때 유비가 관우와 장비에게 말하길, "내가 공명을 만난 것은, 물고기가 물을 만난 것과 같다."猶魚之得水也 라고 타이른 데서 유래되었다. (《삼국지》·蜀志·諸葛亮傳)

유사한 고사성어로 관포지교管鮑之交·문경지교刎頸之交·교칠지교膠漆之交·금석지교金石之交·단금지교斷金之交 등이 있다.

최가박당最佳拍檔

최가박당은 환상의 콤비 혹은 최상의 콤비라는 의미이다. 최가박당이라는 어휘는 1980년대 홍콩에서 만든 영화의 제목에서 유래하였다.

선양禪讓

선양은 군주가 혈연관계 아닌 사람에게 제위를 물려주는 제도로, 원래는 중국의 삼황오제 신화시대에 요堯·순舜·우禹가 차례로 제위를 물려주었다는 전설에서 유래하였다. 그러나 하夏나라 때부터 선양제도는 세습제로 바뀌었다.

구오지분九五之分

구오지분은 구오지위九五之位라고도 한다. 《주역》에서 나온 말로 천자天

子의 자리를 말한다. 《삼국연의》(제6회) 가운데 제일 먼저 낙양에 입성한 손견은 우연히 옥새玉璽를 손에 넣는다. 이때 한 신하가 "지금 하늘이 옥새를 주공에게 준 것은 곧 주공이 황제에 오른다는 것을 계시하는 것입니다."今天授主公, 必有登九五之分라고 언급한 데서 유래하였다.

【상식 한 마당】

십상시의 난(十常侍의 亂)

십상시+常侍 란?

십상시는 장양·조충·건석·곽승·단규·후람·조절·하운·정광·봉서 등 10명의 환관을 지칭하는 말이다. 이들이 후한 189년에 일으킨 난이 바로 십상시의 난이다. 십상시의 난으로 무려 2,000명에 달하는 환관과 관원들이 죽었으며 대장군 하진도 여기에서 죽었다. 한편 동탁은 십상시의 난을 이용하여 권력을 잡는 계기로 만들었다.

후한 영제의 병이 깊어지자, 십상시 중 한 명인 건석은 후계자 구도에 방해되는 하황후의 오빠인 하진 대장군을 죽일 계획을 도모한다. 얼마 후 후한 영제가 갑자기 승하하자, 하진은 자신의 조카인 유변(하황후 아들)을 황제로 세우기 위해 사예교위 원소에게 궁궐을 범하도록 지시한다. 그리하여 하진은 태자 유변을 후한 제13대 황제(소제)로 즉위시킨다. 그 뒤 하진과 하태후는 모략하여 진류왕 유협의 어머니 왕미인을 독살시킨다.

그리고 원소는 각지의 세력들과 모의하여 십상시를 제거할 계획을 은밀히 준비하고, 반대로 십상시의 수장 장양은 역으로 하진을 죽일 계획을 세운다. 이 소식을 들은 서량 자사 동탁은 대군을 이끌고 수도 인근으로 접근하였다.

189년 십상시들은 하태후의 명령을 위조해 하진을 장락궁으로 불러들인 다음 하진을 죽여버린다. 하진이 죽었다는 사실이 알려지자, 하진의 부하 오광과 진군교위 조조 그리고 사예교위 원소가 군사를 이끌고 궁궐로 쳐들어간다. 이때 십상시는 물론 십상시의 가족들까지 모두 2000여 명이 살해당했다고 한다. 이것을 일명 '십상시의 난'이라고 한다.

십상시들 가운데 겨우 살아남은 장양과 단규 일행은 황제(소제)와 진류왕 유협을 납치하여 낙양 북망산 일대로 피신한다. 이후 황제(소제)와 유협은 선비 최의의 도움으로 구출되었고, 이어 원소와 조조 및 왕윤 등의 신하들이 달려와 겨우 구출된다.

이때 서량 자사 동탁이 대군을 이끌고 낙양으로 들어와 단숨에 병권을 장악하였다. 그리고 동탁은 원소를 발해 태수로 내쫓아 버리고, 또 하진의 일족을 모두 멸족시키는 만행을 저지른다. 그리고 동탁은 진류왕 유협을 새 황제로 세우려 음모를 꾸민다. 이때 병주 자사 정원이 양아들 여포를 내세워 이를 저지하려고 하였으나, 오히려 동탁의 참모인 이숙은 여포를 회유하여 정원을 죽이고 동탁에게 투신하도록 만들었다. 결국, 동탁은 황제 유변과 하태후를 폐위시켜 살해하고, 진류왕 유협을 후한 제14대 황제(헌제)로 옹립하면서 권력을 장악한다.

第 3 講

영웅본색英雄本色과
영웅호색英雄好色

– 난세에 영웅이 나온다

key word

영웅본색英雄本色 · 영웅호색英雄好色 · 월단평月旦評 · 미인계美人計 · 도회지계韜晦之計/韜光養晦 · 인중여포, 마중적토人中呂布, 馬中赤兔 · 영웅英雄과 간웅奸雄 · 이인위본以人爲本 · 영웅난과미인관英雄難過美人關

영웅시대와 꿈꾸는 영웅들…

【소설 배경】 (제8회-제21회)

충신 왕윤은 자신의 양녀養女 초선을 이용하여 동탁과 여포 사이를 이간시키는 미인계를 꾸민다. 동탁은 초선과 은밀한 관계를 맺고 있던 여포를 발견하고 크게 분노한다. 이러한 계기로 두 사람의 사이는 서서히 벌어지고 결국 여포는 동탁을 황궁에서 주살한다. 그리하여 동탁 제거는 성공하나 정권은 오히려 이각과 곽사에게 넘어가고, 여포는 떠돌이 신세가 된다.

한편 연주에 정착한 조조는 서주에 계신 아버지가 도겸의 부하에게 피살당했다는 소식을 듣자 아버지의 원수를 갚으려 서주 공격을 감행한다. 그러나 그 틈을 이용해 여포가 연주를 공격하는 바람에 조조는 황급히 회군하여 여포와 일전을 벌인다. 겨우 여포를 몰아낸 조조는 여세를 몰아 이각과 곽사를 물리치고, 황제를 옹립하여 황제를 끼고 정치하는 계략을 구사하며 정국운영의 주도권을 잡는다.

얼마 후, 서주의 도겸이 죽자, 백성의 염원에 따라 유비가 서주를 승계한다. 이때 조조에게 쫓기고 있던 여포가 유비에게 찾아와 몸을 의탁한다. 그러나 야심가 여포는 장비의 과실을 역이용하여 서주를 빼앗아버리고 오히려 유비에게는 변방 소패 땅을 떼어 준다.

　세월이 지나, 원술과 유비 사이에 전투가 벌어지자, 여포가 중재하여 휴전을 시켜준다. 얼마 후 이번에는 원술과 여포 사이에 전투가 벌어져 여포가 승리를 거둔다. 또 조조는 장수를 치러갔다가 장수 진영의 책사 가후의 활약으로 참패하고 돌아온다. 이처럼 기득권을 찾이하기 위한 영웅 호걸들의 서바이벌 게임은 지속된다.

　한편 여포와의 분쟁으로 기반을 잃은 유비는 부득불 조조 진영에 잠시 의탁한다. 그리고 유비는 조조와 함께 여포를 토벌하여 그를 죽음에 몰아넣는다. 조조 진영에 반 인질 상태에 있던 유비는 원술을 정벌한다는 명분으로 조조 군사를 빌려 탈출한다. 조조에게서 탈출한 유비는 마침내 원술의 정벌에 성공한다. 이때 근거지를 잃은 원술도 전사한다.

1

영웅론英雄論

영웅英雄이란 무엇인가?

영웅은 영어로 'Hero'이며, 한자로는 '英雄'으로 표기한다.

영웅이라는 어휘를 한자의 의미로 풀어보면 '뛰어날 영英자'와 '수컷 웅雄자'의 결합으로 '뛰어난 수컷(남자)'이란 뜻이다.

그렇다면 여자는 영웅이 될 수 없는가?

우리말에 "자웅雌雄을 가린다."라는 말이 있다. 자웅이란 암컷 자雌와 수컷 웅雄이 합쳐서 만들어진 어휘이다. 그러기에 한자의 의미대로 하면 유관순 여사나 프랑스의 잔다르크 같은 여성들은 영웅英雄이 아니라 영자英雌라고 해야 정확한 표현이 된다. 이는 남존여비가 강하게 남아있는 한자의 모순이기도 하다.

영웅이란?

사전적 의미로 보면 "남다른 용기와 지혜 및 재능이 뛰어나고 용맹하여 보통사람이 하기 어려운 일을 해내어, 대중들에게 추앙을 받는 사람" 또는 "재능과 지혜가 비범하여 대중을 영도하고 세상을 경륜할 만한 사람" 정도의 의미가 있다. 이처럼 영웅에 대한 정의는 시대에 따라, 또 판단의 기준에 따라 그 의미가 약간씩 다르게 변형되어 사용되고 있다. 그리고 영웅의 유형에는 일반적인 영웅 외에도 사납고 용맹스러운 영웅을 효웅梟雄이라 하고, 간사하고 꾀가 많은 영웅을 간웅奸雄이라 분류하기도 한다.

오래전 홍콩 영화에 영웅본색英雄本色이란 영화가 있었다. 본색本色이란 본래의 품격 혹은 자질을 말한다. 즉, 영웅의 품격 혹은 영웅의 자질이란 의미이다. 소설《삼국지》에서는 도원결의로 맺어진 유비·관우·장비 외에도 조조·원소·원술·동탁·여포·손견·손책·손권 등 수많은 영웅호걸이 출현하여 그야말로 영웅시대를 열었다. 영웅들은 서서히 자신의 본색을 드러내며 승승장구하는 영웅이 있는가 하면, 또 일순간에 추락하여 사라지는 영웅도 있었다.

무엇이 그들의 운명을 갈랐을까?

동탁의 폭정이 점점 심해지자, 왕윤은 초선을 이용한 이간계로 동탁을 제거하였다. 동탁이 제거되자, 이번에는 이각과 곽사가 정국을 장악한다. 그러던 중 조조가 이들을 물리치고 황제를 옹립하며 막강한 권력을 손에 넣게 되었다. 또 그 힘을 이용해서 여포와 도겸 및 원술 등 여러 군벌을 정벌하여 정국운영의 주도권을 쥐었다. 한편 여포와의 분쟁으로 기반을 잃은 유비는 잠시 조조 진영에 의탁하는 신세가 되었다. 그러던 어느 날 조조는 유비를 불러 연회를 베풀며, 이 시대의 진정한 영웅이 누구인지에 대하여 담론을 나눈다.

조조와 유비가 영웅英雄을 논하다

소설《삼국지》제21회에는 갈 곳 없는 유비가 조조의 휘하에 의탁하여 지내던 어느 날 조조가 유비의 야심과 속내를 알아보기 위해 주연을 베풀며 영웅에 대한 의견을 주고받는 장면이 나온다.

유비가 원술·원소·유표·손책·유장 등의 인물을 영웅으로 꼽자, 조조는 손을 저으며 이들은 영웅으로서 자질이 부족하다고 말한다. 그리고 그는 영웅이란 "가슴에는 큰 뜻을 품고 뱃속에는 훌륭한 계책을 가지고 있어야 하며 또 능히 우주를 감싸고 감출 만한 기지와 천지를 삼켰다 토했다 할 만한 큰 뜻을 겸비한 자"가 진정한 영웅이라고 말하였다.

그러면서 조조는 "천하에 많고 많은 사람과 영웅이 있지만, 이 시대의 진정한 영웅은 유비 그대와 나 두 사람뿐이다."라며 유비를 지목하자, 이에 속마음을 들킨 유비는 깜짝 놀라 당황하였다. 때마침 천둥 번개가 치자, 유비는 의도적으로 젓가락을 땅바닥에 떨어뜨리며 나약한 모습을 연출하였다. 이때 유비의 소심한 모습을 본 조조가 유비에 대한 경계심을 풀었다는 이야기가 나온다.

유비가 일부러 자신의 야망을 드러내지 않고 자신의 몸을 낮춘 도회지계韜晦之計의 계략이 여기에서 유래되었다. 도회지계는 후대에 도광양회韜光養晦라는 고사성어로 바뀌어 사용되고 있다. 이 말의 의미는 자신의 능력이나 야심을 드러내지 않고 때를 기다리며 실력을 배양한다는 의미로 근래에 많이 사용되고 있는 고사성어이다.

사실 도광양회는 청대 말기에 간헐적으로 사용되었으나 일반적으로 널리 알려진 것은 1980년대 덩샤오핑鄧小平의 대외정책 때문이다. 덩샤오핑은 개방개혁정책을 취하면서 도광양회를 대외정책의 근간으로 삼았다. 왜냐하면, 처음 개방개혁을 시작하는 중국은 자본주의 경제방면에 매우 취약하였다. 그러기에 덩샤오핑은 어느 정도 국력이 생길 때까지 침묵을 지키며 때를 기다리자는 일종의 외교 전술이었다. 1997년 덩샤오핑은 100년 동안 미국에 맞서지 말고 도광양회에 힘쓰라는 유언을 남기고 죽었다.

후세 지도자 장쩌민과 후진타오 주석은 비교적 이 노선에 충실하였다. 그러나 2013년 주석에 오른 시진핑은 도광양회의 노선을 버리고 일대일로一帶一路와 중국 굴기中國崛起를 통해서 중국몽中國夢의 비전을 제시하였다. 특히 일대일로를 내세우면서 미국과의 갈등이 격화되기 시작하였다.

여기에서 일대일로는 일대와 일로의 합성어이다. 즉, 일대는 한나라부터 개척하였던 실크로드를 말하고, 일로는 명나라 때 정화가 남아시아와 아라비아 및 아프리카까지 원정을 떠나며 개척하였던 해상의 길을 의미하는 말이다.

과연 덩샤오핑이 제시한 도광양회가 옳은지, 아니면 G2 Group of Two에서 G1 Group of one으로 가려는 시진핑의 중국 굴기가 옳은 판단인지는 훗날 역사가 말해줄 것이다.

중국의 실크로드와 해상로드를 합하여 만들어진 일대일로

第3講 영웅본색英雄本色과 영웅호색英雄好色 59

2

영웅英雄의 길, 간웅奸雄의 길

치세의 영웅이요, 난세의 간웅이라…

후한말 여남에 허소許劭라는 관료가 있었다.

그는 사촌 허정과 함께 매달 초하루에 고향의 인재들에 대한 인물평을 하였는데, 여기에서 월단평月旦評이란 말이 유래되었다.

조조가 이 소리를 듣고 자신에 대하여 평가하라고 하였다. 처음에 그는 우물쭈물하다가 조조가 빨리 말하라고 윽박지르자, 허소는 조조에게 "치세의 능신이요, 난세의 간웅이다."治世之能臣, 亂世之奸雄라고 말하였다. 이 말을 들은 조조는 호탕하게 웃으며 기뻐하였다고 한다. 후대에 이 말은 "치세의 영웅이요, 난세의 간웅이다."라고 바꾸어 사용하고 있다.

그러면 영웅과 간웅의 차이는 어디에서 나오는가?

간웅이란?

간사한 꾀를 부리는 영웅으로 어떤 이익을 위해서는 정의롭지 못한 수

단과 방법일지라도 모두 동원해서 자신의 목적을 달성하는 영웅을 말한다. 그러기에 영웅과 간웅의 차이는 "자신의 이익을 앞에 두는가? 뒤에 두는가?" 혹은 도모하는 일이 "의로운 일인가? 비겁한 일인가?"에 따라 구분된다.

소설 《삼국지》에서 대표적인 간웅이라 하면, 조조의 이미지가 가장 먼저 떠오른다. 그러면 조조는 왜 이런 이미지를 뒤집어썼을까?

가장 대표적인 간웅의 케이스가 소설 《삼국지》 제17회에 나온다.

조조는 적군과 대치 중인 전쟁터에서 군량의 보급이 끊어져 곤경에 처한다. 이때 군량관 왕후는 군량이 불과 수일밖에 버틸 수 없다고 보고한다. 조조는 군량관 왕후에게 배급을 반으로 줄이라고 지시한다. 얼마 후 굶주림에 지친 군사들이 폭동을 일으키려 하자, 조조는 군량관 왕후에게 희생양이 되어 줄 것을 요구한다. 즉, 조조는 왕후를 효수시키고 "군량관 왕후가 그동안 군량을 빼돌려 병사들이 배불리 먹지 못한 것이다."라며 군사들의 분노를 군량관 책임으로 전가시켰다.

그리고 다음 날 배불리 밥을 먹여 병사들의 사기를 끌어 올린 다음, "이제 우리는 식량이 다 떨어졌다. 굶어 죽을 수밖에 없다. 그러나 만일 적과 싸워 이기면 적의 식량으로 우리는 살 수 있다."라고 배수진을 쳤다. 결국, 병사들이 죽기 살기로 싸우는 바람에 승리를 거둘 수 있었다.

이렇게 조조는 죄 없는 군량 장교를 희생양으로 삼아 위기에서 벗어날 수 있었다. 물론 조조는 나중에 그 군량관 가족에게 후하게 보상을 하였다고 한다. 역시 간웅 조조다운 기발한 발상이다.

이처럼 조조의 간사한 행동은 수없이 많다. 수많은 전투에서 조조는 교묘한 지략과 지혜로 위기를 기회로 만들었다. 특히 관도대전의 승리는 그를 영웅의 경지로 올려놓았다. 그러함에도 불구하고 우리는 그를 영웅이라고 하지 않고 간웅이라는 표현을 주로 쓴다. 혹은 효웅梟雄이라고 하는 사람도 있다. 효웅이란 사납고 용맹스러운 영웅을 의미하는 것이다. 이러한 연유에서 조조는 지금까지 간웅 혹은 효웅이라는 이미지를 뒤집어쓰고 살아야만 했다.

영웅英雄의 길과 간웅奸雄의 길

영웅의 조건에서 가장 중요한 것이 있다면 그것은 바로 도덕성이다.
즉, 남을 배려하지 않는 영웅은 진정한 영웅이 아니라 호걸豪傑에 불과하기 때문이다. 그러기에 영웅은 인仁과 덕德을 겸비해야 한다.
처음부터 조조와 유비 두 영웅은 가고자 하는 길이 달랐다. 유비는 진정한 영웅의 길을 갔지만, 조조는 간웅의 길을 택하였다. 목적지가 달랐기 때문에 종착역도 달라질 수밖에 없었다.
여기에 조조와 유비가 남긴 명언이 있다. 이 명언을 통해서 두 영웅이 바라보는 세상과 두 영웅이 가고자 했던 길은 극명히 구분된다.

차라리 내가 세상을 버릴지언정, 세상이 나를 버리게 하진 않겠다.
寧敎我負天下人, 休敎天下人負我 소설《삼국지》제4회

큰일을 할 사람은 항상 백성을 근본으로 삼아야 한다. 이렇게 백성들이 나를 믿고 따르는데 내 어찌 이들을 버린단 말인가!"
擧大事者必以人爲本. 今人歸我, 奈何棄之! 소설《삼국지》제41회

이상의 명언은 소설《삼국지》제4회에 나오는 말이다. 동탁을 암살하려다 실패하여 도망치던 조조가 잠시 아버지의 친구인 여백사의 집에 머물게 되었다. 조조는 자신을 접대하려고 돼지를 잡는 것을 자기를 죽이려는 줄 오인하여 여백사의 식솔을 죽이는 실수를 저지른다. 실수를 확인

영웅의 길과 간웅의 길을 고민하는 조조

한 조조가 황급히 도망치다가 술을 사서 돌아오는 여백사를 만난다. 당황한 조조는 급기야 여백사 마저 죽이고 만다. 이를 지켜본 진궁이 여백사의 식솔을 죽인 것도 죄송한데 하필 여백사까지 죽일 필요가 있느냐고 추궁하자 조조가 "내가 세상을 버릴지언정 세상이 나를 버리게 하진 않겠다."라고 대답한 장면에서 나온 말이다. 평생 뜻을 같이하려던 진궁은 이를 계기로 조조에게서 떠나갔다. 여기부터 조조의 간웅적 이미지가 본격적으로 시작된다.

또 다음 명언은 소설《삼국지》제41회에 나온다.
유비가 조조에게 쫓기어 신야를 버리고 도주하게 되었는데, 유비를 따르는 백성들도 유비를 따라 피난을 떠났다. 조조의 추격이 급박해지자, 참모들은 백성을 포기하자고 건의한다. 이때 유비가 한 말이 바로 "큰일을 할 사람은 항상 백성을 근본으로 삼아야 한다. 이렇게 백성들이 나를 믿고 따르는데 어찌 그들을 저버린단 말인가!"라고 말하였다.

여기에서 두 영웅의 운명은 명확하게 갈리게 되었다. 유비와 조조 두 영웅은 비록 성취하고자 하는 대업을 모두 성취할 수는 있었으나, 그 명예는 극명하게 달라졌기 때문이다. 여백사를 죽이고 "차라리 내가 세상을 버릴지언정 세상이 나를 버리게 하진 않겠다."라고 당당하게 외쳤던 조조는 아이러니하게도 오히려 세상에 철저히 버려진 채 오늘에 이르고 있다.

영웅과 간웅의 사이에서…

아직도 억울한 영웅의 명예회복을 기다리며…

3

성공한 영웅 관우와
실패한 영웅 여포

성공한 영웅 관우의 삶과 죽음

영웅은 과연 타고나는 것일까? 아니면 만들어지는 것일까?

이에 대한 의견은 다양하다. 그러나 필자는 "영웅은 타고나는 것이 아니라 만들어지는 것이다."라고 말하고 싶다. 영웅이 만들어지기 위해서는 시운도 따라야 하고 주변 여건도 유리하게 조성되어야만 가능하다. 그렇지만 더 중요한 것은 끊임없는 노력과 철저한 준비가 선행되어야만 된다. 특히 기회가 왔을 때 그 기회를 정확히 포착해야만 가능하기 때문이다.

성공한 영웅이라 하면 우선 관우를 꼽는데 이의를 제기할 사람은 하나도 없을 것이다. 관우는 산서성 운성 사람으로 젊은 시절 악덕 소금장수를 죽인 현상 수배범이었다. 도망치던 중 유비와 장비를 만나 도원결의를 맺으며 세상 밖으로 나온 사람이다.

살아서는 살인 현상범에서 장군으로, 장군에서 한수정후漢壽亭侯에 이르

성공한 영웅 한수정후 관우

렀으며, 또 죽어서는 제후에서 공公으로, 공에서 왕으로, 왕에서 황제로, 급기야 황제에서 신으로 추존되었다.

관우의 성공배경은 출중한 무예에서 시작된다. 특히 화웅·안량·문추 등과 같은 명장들을 단칼로 제압한 전쟁영웅이다. 그러나 그보다도 그를 성공한 영웅으로 만든 것은 바로 충忠과 의義이다.

또 관우는 살아 있을 때 보다 오히려 죽어서 더 승승장구하였다. 북송 휘종 때에는 무안왕으로 격상되었고, 명대 신종 때에는 충의대제라는 황제의 신분까지 격상되었다. 또 유교에서는 문무이성文武二聖으로 추존되어 문묘에는 공자를, 무묘에는 관우가 추존되는 최고의 영광을 누렸다.

이처럼 관우가 영웅이 된 배경에는 소설 《삼국지》의 영향도 있었지만,

특히 송·원·명·청대의 정치적 의도와 종교적 영향이 지대하였다. 유교에서는 나라를 수호하는 충의의 무신武神이 되었으며, 불교에서는 사찰을 지키는 가람신伽藍神이 되었다. 또 도교에서는 재난과 고통에서 벗어나게 해주는 삼계복마대제三界伏魔大帝가 되어 삼교三敎를 두루 통괄하는 만능수호신이 되었으니 관우야말로 가장 성공한 영웅임에 틀림이 없다. 현재에도 관우는 무신은 물론 문신 그리고 수호신과 재물신 등으로 전지전능한 만능 신이 되어 중국인들의 마음속에 강한 뿌리를 내리고 있다.

관우의 성공은 비단 중국에만 국한되지 않았다. 명장 관우는 어느새 신이 되어 여러 나라에 뿌리를 내렸다. 우리나라의 경우에는 임진왜란 때 명나라 장수 진인陳寅이 1598년 남대문 밖 남산기슭에 관우 사당을 최초로 세운 이래 수십 곳에 관우 사당이 건립되었다. 현재 남아있는 가장 대표적인 곳이 바로 동대문 근처의 동묘東廟이다.

조선의 제왕 중에는 "충忠과 의義"의 상징인 관우를 수호신으로 수용하여 왕권을 공고히 하는 정치적 의도로 이용하기도 하였다. 이후 관우 신앙은 점차 민간으로 확대되어 조선 후기에는 관우 신이 민간신앙과 무속신앙으로 이어져 급기야 종교화하는 양상을 보이게 된다. 이것이 바로 선음즐교善陰騭敎과 증산교甑山敎 및 관성교關聖敎가 출현하는 계기가 되기도 하였다.

이처럼 관우가 갔던 영웅의 길은 실제 역사에서도 일부는 확인할 수 있다. 그러나 관우의 영웅담은 상당수가 고향 후배 나관중이 만들어 준 영웅의 길이었다.

실패한 영웅 여포의 삶과 죽음

실패한 영웅 1순위를 꼽는다면 제일 먼저 여포를 꼽을 수 있다.

사실 여포에 대해서는 "인중여포, 마중적토." 人中呂布, 馬中赤免 라고 하는 말이 있는데, 이는 "사람 중에는 여포가 최고이고, 말 중에는 적토마가 최고이다."라는 뜻이다. 그야말로 장수 여포에 대한 최고의 찬사이다. 또 그는 신기에 가까운 무예로 일찌감치 천하의 명성을 얻었던 장수였다. 그는 원문에서 150보 거리에 놓아둔 화극의 곁가지를 화살로 맞춘 원문사극轅門射戟의 장본인이다.

이처럼 여포는 충분히 영웅적 자질이 있는 장수였다. 그러나 순간적인 잘못된 선택이 그를 영웅에서 나락으로 떨어트렸다.

"지혜로운 새는 나무를 가려서 깃들고 현명한 신하는 주인을 가려서 섬긴다."라는 명언은 소설 《삼국지》 제3회에 나오는 명언이다. 동탁의 참모 이숙이 여포에게 비전 없는 정원을 버리고 동탁을 주군으로 모시라고 회유한 말이다. 이숙은 여포에게 "지혜로운 새는 나무를 가려서 깃들고 현명한 신하는 주인을 가려서 섬긴다고 합니다. 적당한 기회가 왔을 때 잡지 않으면 후회해도 소용이 없습니다."良禽擇木而棲, 賢臣擇主而事, 見機不早, 悔之晚矣.라고 회유하였다.

그러자 여포는 이 명언과 또 적토마까지 준다는 말에 솔깃하여 의부 정원을 죽이고 동탁을 의부로 삼아 모시게 되었다. 그래서 후대에 여포를 일컬어 자신의 본래 성 여씨와 정원의 정씨, 그리고 동탁의 동씨 등 3개 성을 가진 삼성가노三姓家奴라고 장비 등에게 조롱을 받기도 하였다.

결국, 여포는 왕윤의 미인계에 걸려 결국에는 동탁을 살해하였다. 그후 여포는 떠돌이 신세가 되어 다시 원소와 장막을 거쳐 서주의 유비에 의지한다. 그러나 여포는 유비와 원술이 싸우는 틈을 이용하여 유비의 본거지인 하비성을 빼앗는 만행을 저지른다. 이렇게 서주에 자리를 잡은 여포는 원술과 결탁하며 자신의 세력을 키워나갔다. 이에 위협을 느낀 조조가 유비와 함께 여포를 공격하여 사로잡는다. 조조가 여포의 처리문제를

미인계로 동탁과 여포 사이를 이간하는 초선

놓고 고민할 때, 유비가 정원과 동탁을 배신한 여포의 과거사를 상기시키자, 조조는 여포의 배신을 우려하여 그를 사형에 처하였다.

이처럼 여포는 영웅적 자질을 갖췄음에도 불구하고 세상을 바라보는 혜안이 부족하였다. 그저 목전의 이익만을 추구하다가 불행을 자초하였다. 결국, 의리와 신의를 저버린 여포의 말로는 비참했다. 그리하여 여포는 인덕이 부족한 실패한 영웅으로 낙인찍혀 지금에 이르고 있다.

물론, 여포의 관점에서 억울한 부분도 없지 않다. 즉, 그가 몽골 지방 출신이기에, 또 나관중이 이 소설을 편찬할 시기인 원말명초 시기는 반원 감정이 팽배했던 시기였기에, 여포에게 불리하게 묘사된 것은 사실이다. 그러나 나관중의 허구보다도 역사적인 사실에서 그가 보인 신의와 불의는 아무리 변명해도 설득력이 부족하기에 실패한 영웅으로 남을 수밖에 없었다.

이상에서처럼 《삼국지》에는 수많은 영웅이 혜성처럼 등장하였다가 유성처럼 추락하는 경우가 허다하였다. 이들의 삶과 죽음을 살펴보면 영웅은 결코 하늘에서 타고나는 것이 아니라 자신이 어떠한 길로 가느냐에 따라 결정되었다는 점이다. 물론 천운이 함께하여 잠시 영웅이 된 사람도 있었다. 그러나 결국에는 자신이 선택한 길에 의하여 영웅의 길과 간웅의 길이 갈렸고, 또 성공한 영웅과 실패한 영웅으로 남게 되었다. 그러기에 영웅은 하늘에서 타고나는 것이 아니라 스스로 끊임없이 노력하고 꿈꾸는 자의 몫인 것이다.

그러면 이 시대의 진정한 영웅은 누구일까?

4

영웅본색과 영웅호색

영웅英雄**과 미인**美人

"영웅은 미녀를 좋아한다."라는 말이 영웅호색英雄好色이다.

또 "영웅 뒤에는 항상 미인이 있고, 미인 뒤에는 항상 영웅이 있다."라고 하는 말도 있다. 그러기에 영웅과 미인은 뗄 수 없는 묘한 함수관계가 있는 듯하다. 중국 속담에 "영웅은 미인을 그냥 스쳐 넘어가기 어렵다."英雄難過美人關라는 말도 있다.

그렇다면 과연 영웅은 호색일까?

어느 시대를 막론하고 미인은 늘 있었다. 특히 혼란한 시대에 미인이 두드러지게 많이 나타나는 것은 역사의 아이러니이다.

영웅 뒤에 항상 미인이 있었기 때문일까? 아니면 미인 뒤에 항상 영웅이 있었기 때문일까?

그러기에 "난세에 영웅이 출현한다."라는 말과 "난세에 미인이 나온다."

라는 말 사이에도 모종의 함수관계가 있는 듯하다.

예를 들면 은나라의 주왕과 달기, 주나라의 유왕과 포사, 춘추시대의 오 부차와 서시, 초나라의 항우와 우미인, 한나라의 여포와 초선, 당나라의 현종과 양귀비, 송나라의 휘종과 이사사, 명나라의 오삼계와 진원원 등 모두가 나라의 흥망에 영향을 끼쳤던 영웅과 미인들이다. 이러한 것처럼 영웅이 미인을 그냥 스쳐 가기는 매우 어려운 듯하다. 영웅의 뒤에는 항시 미인이 존재하였으니까!

중국의 역사에서는 미인의 출현을 항상 부정적인 시각으로 보는 경우가 많았다. 또 미인박명美人薄命이라는 고사성어도 이러한 묘한 함수관계에서 나온 것이기에 나름의 설득력이 있어 보인다. 중국의 4대 미녀를 보아도 바로 증명이 된다. 일반적으로 중국의 4대 미녀는 서시西施·왕소군王昭君·초선貂蟬·양귀비楊貴妃를 말한다.

서시는 춘추시대 월 구천이 오 부차에게 미인계로 이용하였던 여인이며, 왕소군은 한나라 때 북방 흉노 선우와 평화를 유지하기 위해 미인계로 시집보낸 여인이다. 또 초선은 후한대에 왕윤이 동탁과 여포 사이를 이간시킬 목적으로 이용된 미인이며, 양귀비는 당 현종이 총애한 여인으로 특히 나라를 기울게 한 경국지색傾國之色으로 잘 알려진 여인이다.

그중에서 서시와 왕소군 그리고 초선은 미인계로 이용된 비운의 여성이다. 그나마 당 현종과의 세기적 사랑으로 주목받던 양귀비도 결국에는 나라를 기울게 한 여인으로 낙인찍혀 죽임을 당하였다. 중국의 4대 미녀뿐만 아니라 중국의 미녀들 대부분은 모두가 자신의 의지와는 상관없이 타인들의 운명에 따라 불행하고 박복하게 살다간 여인들이 많았다. 그러기에 미인박명이라는 말이 더 설득력이 있어 보이기도 한다.

초선貂蟬의 최후

소설 《삼국지》의 특징 중 하나가 사랑을 묘사하는 부분이 거의 없는 소설이라는 점이다. 그나마 몇 군데 보이는 부분도 애정묘사가 아닌 여인을 이용한 미인계가 전부이다. 대표적인 미인계가 바로 왕윤이 미인 초선을 이용하여 여포와 동탁 사이를 이간시키는 이야기이다.

그러면 중국의 4대 미녀 중 하나인 초선의 최후는 어찌 되었을까?
초선의 최후에 대한 문제는 후대에 뜨거운 화두가 되기도 하였다.
첫 번째는 불교 귀의설이다.
잡극雜劇, 錦雲堂暗定連環計에서는 초선이 미인계로 인한 자신의 공헌을 세상에 알린 후, 암자로 들어가 천수를 다하고 죽는다는 내용이다.
두 번째는 초선이 수절을 하며 살았다는 설이다.
여색을 좋아하지 않은 관우가 초선을 그녀의 고향인 목이 촌으로 돌려보내자, 초선은 평생을 수절하며 살아갔다는 이야기이다.
세 번째는 관우가 죽였다는 설이다.
또다른 잡극雜劇, 關公月下斬貂蟬에서는 조조가 관우를 미혹시키려 관우에 보낸다. 그러나 관우는 초선의 유혹에 흔들리지 않고 그녀를 제거한다. 또 곤극昆劇, 斬貂에서는 여포가 참수된 후, 초선은 관우에게 보내지나, 관우는 초선을 더럽혀진 미녀라며 거절하고 검을 뽑아 죽여버린다. 즉, 관우가 초선을 죽였다는 버전이다.
네 번째는 자결하였다는 설이다.
명대의 다른 버전에서는 관우의 도움으로 살아난 초선은 삭발하고 불가에 귀의한다. 그러나 조조가 사람을 보내서 추적하자, 초선은 자신으로 인한 인명피해를 막기 위해 스스로 자결한다는 내용이다.
다섯 번째는 관우의 첩이 되었다는 설이다.

왕윤이 초선을 이용하여 주도한 미인계

초선은 관우의 첩이 되어 성도에 살게 된다. 관우는 원래 초선과 함께 백년해로하려고 하였으나, 관우가 형주에서 패하여 사망하는 바람에 초선은 촉나라에서 외롭게 늙어 죽는다는 내용이다.

이처럼 초선은 기이하게도 관우와 인연이 많은 것으로 각색되었다. 특히 명나라 이후에 유교의 기준에 맞게 초선과 관우의 이미지를 각색하다 보니 더욱 유교적인 도덕률에 근접하여 처리하였다.

그러면 정작 소설《삼국지》에서는 어떻게 각색을 하였을까?

초기 판본에서는 초선이 동탁과 여포 사이를 이간하는 미인계가 성공하자, 초선은 바로 자결하는 것으로 묘사되었다. 그러나 모종강 통행본에서는(제8회부터 초선이 등장) 미인계로 동탁이 여포에게 죽자, 초선은 여포의 부인이 되어 서주에서 살다가, 여포가 조조에게 죽은 후에 초선은 조조가 있는 허도로 보내진 후 모습이 홀연히 사라진다. 이러한 미온적 결말은 후대에 많은 버전을 만들며 혼선을 불러 왔다.

간추려 보면 초선의 최후는 자결설·수절설·불가 귀의설·관우 살해설·관우의 첩이 되었다는 설 등 다양하다. 그러나 문학적 관점에서 가장 황당한 버전은 관우의 후처설과 관우의 살해설이다. 이는 관우의 명성을 크게 훼손시키는 결과를 가져왔다. 명장 관우가 아녀자를 죽인다는 것도 문제이지만 첩으로 데리고 산다는 자체가 관우의 명예에 흠집을 내기 때문이다.

또 초선의 관점에서 보면, 이 또한 중국의 4대 미녀인 초선을 너무 욕보이는 일이기도 하다. 즉, 초선의 명예를 전혀 배려하지 않은 처사이다. 명색이 중국의 4대 미녀인 초선이 이 남자 저 남자의 품으로 전전하는 것으로 각색한 것은, 그야말로 문학성을 전혀 고려하지 않고 오직 독자의 흥미에만 영합한 것이기 때문이다.

문학적인 관점에서 초선의 최후는 오히려 자결설이 합당해 보인다. 이것이 바로 미녀 초선에 대한 깨끗한 이미지를 지켜주는 것과 또 천하 명장 관우의 명예를 지켜주는 것이기 때문이다.

【故事成語와 名言名句】

약은 새는 나무를 가려서 깃들고, 현명한 신하는 주인을 가려서 섬긴다. 良禽擇木而棲, 賢臣擇主而事

이 명언은 소설《삼국지》제3회에 나온다. 이 말은 동탁의 참모 이숙이 여포를 만나 정원을 버리고 동탁을 주군으로 모시라고 회유하면서 한 말이다. "약은 새는 나무를 가려서 깃들고 현명한 신하는 주인을 가려서 섬긴다고 합니다. 적당한 기회가 왔을 때 잡지 않으면 후회해도 소용이 없습니다." 良禽擇木而棲, 賢臣擇主而事, 見機不早, 悔之晚矣. 라고 하였다. 이 명언과 적토마를 준다는 말에 솔깃하여 여포는 정원을 죽이고 동탁을 의부로 모시게 되었다.

사람 중에는 여포가 으뜸이고, 말 중에는 적토마가 최고이다.
人中呂布, 馬中赤兔

이 명언은《삼국지》제5회에 나오는 이야기로 원소는 제후들과 호뢰관에서 동탁 군과 대치한다. 이때 동탁 군의 선봉장으로 여포가 적토마를 타고 당당한 모습으로 나타나는데 이 모습을 묘사하는 부분에서 나온 말이다.

삼성가노 三姓家奴

삼성가노의 의미는 세 개의 성을 가진 종놈의 자식이라는 뜻으로 여포를 의미한다. 여포 자신의 성인 여씨와 그리고 첫 번째 양 아버지 정원의 정씨, 두 번째 양아버지 동탁의 동씨를 합하여 3개의 성씨를 말한다. 장비가 경망스럽고 의리 없는 여포를 욕하는 장면에서 나온 말이다.

자주론영웅煮酒論英雄

소설《삼국지》제21회에 나오는 말로 "술을 데우며 영웅을 논한다."라는 일화에 나온다. 어느 날 조조가 자신에 의탁하고 있는 유비를 불러 영웅에 대한 담론을 나눈 고사에서 유래하였다.

도회지계韜晦之計

소설《삼국지》제21회에 나오는 고사성어이다. 유비가 장래를 내다보고 일부러 자신의 야망을 드러내지 않고 자신의 몸을 낮춘 계략에서 연유하였다. 후대에 도광양회韜光養晦라는 고사성어로 바뀌어 사용되었다. 이 말의 의미는 "자신의 능력이나 야심을 드러내지 않고, 힘이 강해질 때까지 때를 기다리며 실력을 배양한다."라는 의미이다.

월단평月旦評

월단평은 후한말 여남에 사는 허소許劭가 사촌 허정과 함께 매달 초하루에 인물평을 한데서 유래된 고사성어이다. 조조가 이 소문을 듣고 자신에 대하여 평가하라고 하면서 더 유명해졌다. 유사어로 하마평下馬評 이라는 말도 있다.

치세의 능신이요, 난세의 간웅이다.治世之能臣, 亂世之奸雄

이 말은 월단평으로 명성이 높은 허소에게 조조가 자신에 대해 평하라고 하자, 허소가 한 말이다. 이 말을 들은 조조는 호탕하게 웃으며 내심 기뻐하였다고 한다. 최근에는 "치세의 영웅이요, 난세의 간웅이다."라고 바꾸어 사용되고 있다.

차라리 내가 세상을 버릴지언정, 세상이 나를 버리게 하진 않겠다.

寧敎我負天下人, 休敎天下人負我

소설《삼국지》제4회에 나오는 말이다. 조조는 동탁을 암살하려다 실패하여 아버지의 친구인 여백사의 집에 잠시 머물게 되었는데, 조조는 자기를 죽이려는 줄 오인하여 여백사의 식솔을 죽이고 급기야 여백사 마저 죽인다. 이를 지켜본 진궁이 하필 여백사까지 죽일 필요가 있느냐고 추궁하자, 후환을 없애려 이렇게 하였다고 한 말이다.

큰일을 할 사람은 항상 백성을 근본으로 삼아야 한다. 이렇게 백성들이 나를 믿고 따르는데 내 어찌 이들을 버린단 말인가!"

擧大事者必以人爲本. 今人歸我, 奈何棄之!

소설《삼국지》제41회에 나오는 말이다. 유비가 조조에게 쫓기어 백성들과 함께 피난을 떠났다. 조조의 추격이 급박해지자, 참모들이 백성을 포기하고 도망쳐야만 살 수 있다고 건의하자, 유비가 한 말이다. 보통 "사람을 근본으로 삼는다."以人爲本라는 말로 축약하여 쓰고 있다.

영웅은 미인을 보고 그냥 스쳐 지나가기 어렵다. 英雄難過美人關

중국 속담에서 나온 말이다. "영웅은 미인을 보고 그냥 스쳐 지나가지 않는다."라는 말로 보통 영웅호색英雄好色이라는 말과 함께 사용되고 있다.

광세일재曠世逸材

"세상에 보기 드문 빼어난 인재"를 말한다. 왕윤은 미인계로 동탁을 제거하였는데, 평소 동탁에게 후대를 받았던 채옹이 동탁의 시체를 끌어안고 통곡하였다. 이를 본 왕윤은 채옹을 옥에 가두고 죽이려 하였다. 이때 태부 마일제가 왕윤에게 "채옹(백개)은 세상에 보기 드문 인재이고 한나라 역사에 정통한 사람이니, 그에게 역사서를 계속 쓰게 한다면 실로 대단한 경전을 만들어 낼 것입니다."伯喈曠世逸材, 若使續成漢史, 誠爲盛事.라고 한데서 유래되었다. (소설《삼국지》제9회)

기대취소棄大就小

 기대취소는 "큰 것을 버리고, 작은 것을 취한다."라는 의미이다. 도겸이 죽으면서 서주를 유비에게 넘겨주었다. 이에 분노한 조조가 서주를 공격하려 하자, 순욱이 "주공께서 연주를 버리고 서주를 취하려 하시는 것은 곧 큰 것을 버리고 작은 것을 얻으려 하는 격이요."明公棄兗州面取徐州, 是棄大而就小라고 한 말에서 유래되었다. (소설 《삼국지》 제12회)

종호귀산縱虎歸山

 종호귀산은 "호랑이를 풀어 산으로 돌아가게 한다."라는 의미이다. 본의는 적을 본거지로 돌려보냄으로 재앙의 화근을 남기게 되는 것을 말한다. 여포에게 패하여 잠시 조조에 의탁한 유비는 다시 조조로부터 탈출을 준비한다. 유비는 원술을 치겠다는 구실을 대고 출정의 허락을 받았다. 유비가 출정하자, 책사 정욱이 "이전에 제가 유비를 죽이라 진언하였을 때 승상은 듣지 않았습니다. 지금 그에게 병마를 주는 것은 용을 바다에 풀어주고 또 호랑이를 산으로 돌려보내는 것과 같습니다."某等請殺之, 丞相不聽, 今日又與之兵, 此放龍入海, 縱虎歸山也라고 한데서 유래되었다. (소설 《삼국지》 제21회)

【상식 한 마당】

중국의 미녀와 미인박명

 과연 미인은 박명인가?

중국의 역사에서는 수많은 영웅을 탄생시켰지만 수많은 미녀도 탄생시켰다. 역대 중국 미녀들의 삶과 죽음을 살펴보면 다음과 같다.

1. 달기妲己: 달기는 상商나라를 파멸로 이끌었던 주왕의 여인이다. 주왕과 달기 사이에서 유래된 고사성어가 주지육림酒池肉林이다. 그녀는 주왕과 함께 방탕한 생활을 즐기다가 결국 처형을 당했다.

2. 포사褒姒: 중국 서주西周의 마지막 왕인 유왕幽王의 총희이다. 유왕은 포사를 웃기기 위하여 거짓 봉화를 올리는 등 폭정으로 나라를 위기에 빠트렸다. 천금을 내고 웃음을 산다는 뜻의 천금매소千金買笑가 여기에서 유래되었다. 견융犬戎에게 공격을 받아 다시 봉화를 올렸을 때는 제후가 아무도 달려오지 않아서 결국 유왕은 물론 포사도 여기에서 죽었다.

3. 서시西施: 서시는 춘추전국시대 월나라의 미녀로 월 구천이 오 부차에게 미인계로 이용한 여인이다. 와신상담臥薪嘗膽으로 유명한 오 부차와 월 구천의 고사에 등장하는 여인으로 미인계로 희생되어 죽음에 이른다.

4. 우미인虞美人: 우미인은 초나라 항우의 여인이다. 서초패왕 항우는 우미인을 사랑하였지만, 사면초가四面楚歌로 항우가 위기에 몰리자, 우미인은 항우의 부담을 덜기 위해 자결을 한다.

5. 이부인李夫人: 이씨 부인은 한무제漢武帝의 여인으로 아름답고 춤을 잘 춰 한무제의 총애를 받았던 여인이다. 문인 이연년李延年의 누이동생으로 이연년이 시가 유명하다.("북쪽에 한 미인 있어, 절세가인으로 홀로 우뚝하네. 한번 돌아보면 성곽이 기울고, 두 번 돌아보니 나라가 기운다네." [北方有佳人 絶世而獨立 一顧傾人城 二顧傾人國]) 이 부인은 비교적 천수를 누린 행복한 여인이었다.

6. 왕소군王昭君: 왕소군은 한나라 원제 때의 후궁으로 흉노의 선우에게 미인계로 보내진 여인이다. 침어낙안沈魚落雁이라는 고사성어에서 침어沈魚는 서시를 가리키고, 낙안落雁은 왕소군을 가리킨다. 당대唐代의 문인들은 왕소군이 미인계로 북방에 시집을 가서 외로운 삶을 살았다며春來不似春: 봄은 왔으나 봄 같지 않고 춥다.) 비운의 여성으로 분류하지만 비교적 유복한 삶을 살았다.

7. 초선貂蟬: 초선은 동탁과 여포 사이를 이간시키기 위해 미인계로 이용하였던 여인이다. 폐월수화閉月羞花라는 고사성어에서, 폐월閉月은 초선을 지칭하고, 수화羞花는 당나라의 미인 양귀비를 지칭한다.(폐월수화의 의미는 미인을 보면 "달이 부끄러워 구름 뒤로 숨고, 꽃들이 부끄러워 고개를 숙인다."라는 뜻) 초선은 위에서 언급하였듯이 미인계로 이용당해 불우한 삶을 살다가 죽었다.

8. 양귀비楊貴妃: 양귀비는 당나라 때 현종의 여인으로 경국지색傾國之色으로 잘 알려진 여인이다. 절세미인으로 현종의 총애를 받았지만 '안사의 난'이 일어나자 나라를 기울게 한 책임을 뒤집어쓰고 죽게 된다.

9. 이사사李師師: 이사사는 송나라 휘종의 총애를 받았던 명기名妓이다. 기녀 신분으로 황제와 세기적 사랑을 한 것으로 유명하다. 금나라가 송나라를 침략하자 그녀의 명성을 듣고 금나라 군사들이 달려왔으나 그녀는 절개를 지키며 죽었다고 한다.

10. 진원원陳圓圓: 진원원은 명나라 말기 장군 오삼계의 여인이다. '이자성의 난'이 일어나자 이자성의 부하 장수가 진원원을 데리고 갔다고 한다. 그 후 진원원의 행방은 묘연하다. 일설에는 오삼계가 진원원을 데리

고 갔다고도 하고, 또 도교에 귀의하였다고도 한다.

　이상 중국 대표적 미인의 삶과 죽음을 살펴보면 행복하게 천수를 누린 미인보다는 불행하게 살다가 미인이 더 많다. 즉 이부인李夫人과 왕소군王昭君 정도가 비교적 행복한 삶을 살았다고 볼 수 있다. 왕소군은 미인계로 이용되었음에도 비교적 천수를 누렸다. 그러나 달기妲己·포사褒姒·서시西施·우미인虞美人·초선貂蟬·양귀비楊貴妃·이사사李師師·진원원陳圓圓 등의 미녀들은 순탄하지 않은 삶을 살다간 비운의 여인으로 분류된다. 대부분 자신의 의지와는 상관없이 영웅의 운명에 따라 비명횡사한 미인이 더 많았다.

第 4 講

관도대전 官渡大戰 과 조조의 리더십

- 지혜로운 새는 나무를 가려서 깃들고
현명한 신하는 주인을 가려서 섬긴다

key word

백마전투白馬戰鬪 · 낭중취물囊中取物 · 오관참육장五關斬六將 · 단기주천리單騎走千里 · 관도대전官渡大戰 · 조조曹操의 리더십Leadership · 망매지갈望梅止渴 · 說曹操, 曹操就到.

지혜로운 새는 나무를 가려서 깃들고,
현명한 신하는 주인을 가려서 섬긴다

【소설 배경】(제22회-제34회)

동승은 헌제의 밀명을 받들어 조조를 암살하려 시도했으나 발각되는 바람에 일족이 모두 처형당한다. 조조는 유비도 이 사건에 연루된 사실을 알고 크게 분노하여 유비를 기습적으로 공격한다. 유비는 조조의 기습에 대패하여 북방의 원소에게 잠시 의탁을 한다. 이렇게 혼란한 와중에 유비와의 소식이 두절된 관우는 하비성에 홀로 남은 유비 가족을 지키기 위해 잠시 조조에게 조건부 투항을 한다.

원소와 조조가 중원을 놓고 싸운 전초전이 백마전투인데, 당시 조조의 휘하에 있던 관우는 원소의 부하 안량과 문추를 죽이는 전공을 세우며 명성을 날린다. 그러나 후에 유비의 거처를 확인한 관우는 다섯 관문을 뚫고 여섯 명의 장수를 무찌르며 五關斬六將 유비에게로 돌아간다.

그리하여 유비는 뿔뿔이 흩어졌던 관우 및 장비와도 다시 만나고 또 조자룡까지 합류하며 전열을 정비한다. 그러나 세력기반이 없는 유비 일행은 형주의 유표에 잠시 의탁하며 재기를 도모한다. 또 강동에서는 손견에 이어 그의 아들 손책도 요절하는 바람에 결국 손권으로 대권이 승계된다.

한편 북방에서는 원소가 대군을 이끌고 내려와 관도에서 조조 군과 대치한다. 그때 식량문제로 궁지에 몰린 조조에게 원소의 책사였던 허유가 귀순하며 전세가 역전되기 시작한다. 원소의 식량창고인 오소를 급습하여 불태워 버리라는 허유의 계책을 받아들인 조조는 결국 관도대전을 대승으로 이끈다.

얼마 후, 원소가 죽고 그의 아들 원담·원희·원상이 내분을 벌리는 사이 조조는 원씨 형제들을 모두 멸망시키고 하북 일대의 주도권을 잡는다. 이렇게 관도대전을 계기로 조조는 북방에서 가장 강력한 기반을 구축하게 된다.

또 형주의 유표에게 잠시 의탁하였던 유비는 채모의 흉계에 빠져 곤경에 처하게 되나, 이적의 도움으로 겨우 탈출하여 목숨을 구한다.

1

백마전투에서 관도대전으로

백마전투 白馬戰鬪

백마전투는 후한말 조조와 원소가 중원을 놓고 격돌한 관도대전의 전초전이다. 백마전투가 일어난 배경을 살펴보면 다음과 같다.

헌제의 밀명을 받고 조조를 암살하려던 사건에 유비가 연루된 사실을 알게 된 조조는 크게 분노하여 서주에 있는 유비를 공격하려고 하였다. 그러나 조조는 원소袁紹와 대치하고 있는 상황에서 군사를 동원하기가 쉽지 않았다. 혹 원소가 배후를 공격할 우려도 있고, 또 강동의 손책도 호시탐탐 중원을 노리고 있었기 때문이다. 그러기에 유비도 안심하고 있었다.

그러나 조조는 오히려 역발상으로 유비를 공격하여 서주를 대파하였다. 이러한 조조의 역공에 당황한 유비는 의형제는 물론 처자마저도 버린 채, 원소 진영으로 도망쳤다. 소식이 두절 된 상태에서 하비성에 고립되어 있던 관우는 할 수 없이 유비의 식솔을 지키기 위해 조조에게 조건부 투항을 하였다.

한편 원소는 곽도와 안량에게 백마 지역을 공격하게 하고, 원소 자신은 대군을 이끌고 황하를 건너려는 작전을 세웠다. 이때 원소의 참모 전풍이 지구전을 강력하게 주장하는 바람에 속 좁은 원소의 심기를 건드려 투옥되었고, 또 저수마저 지휘권을 박탈당하여 원소의 진영은 상당한 혼선이 생겼다. 그때 조조는 유연을 구원하기 위하여 장료와 관우를 데리고 백마 전투에 출전하였다.

　조조는 백마 옆 연진에서 황하를 건너는 것처럼 위장하여 원소 군을 양분시킨 다음 백마를 공략하였다. 원소 군의 맹장 안량이 무서운 기세로 돌진하자, 관우가 나서서 단숨에 안량의 목을 베어 버리는 괴력을 발휘하였다. 맹장 안량의 죽음으로 원소 군의 사기는 급격히 떨어지고 반면 조조 군은 승기를 잡게 되었다. 그러나 조조는 전략적으로 관도 지역을 지켜야 한다는 판단하에 백마를 포기하고 작전상 후퇴하였다. 그러자 원소는 다시 맹장 문추를 보내어 추격하였으나 문추 마저 관우에게 죽임을 당하는 상황이 벌어졌다. 이렇게 하여 백마전투는 다시 관도 지역으로 전쟁터가 옮겨지며 본격적인 관도대전을 예고하였다.

　이렇게 백마전투에서 조조는 관우의 도움으로 원소의 맹장인 안량과 문추를 죽이며 전세를 유리하게 이끌었다. 이때 유래된 고사성어가 낭중취물囊中取物이다. 낭중취물은 "주머니 속의 물건을 취하듯 손쉽게 일을 이룰 수 있는 것"을 비유하는 말로 소설《삼국지》제25회에 나온다.

　관우가 원소의 부하 안량과 문추의 목을 베어오자, 조조는 관우의 무용을 극찬하였다. 이때 관우가 겸손하게 "저의 재주는 그리 칭찬할 만한 것이 못됩니다. 제 아우 장비는 백만의 적진에서도 적장 목을 취하기를 자기 주머니 속의 물건을 꺼내듯이 합니다."某何足道哉! 吾弟張翼德於百萬軍中取上將之首, 如探囊取物耳라고 한데서 이 말이 유래하였다. 그리고 이때 조조는 백마전투에서 혁혁한 전공을 세운 관우에게 한수정후漢壽亭侯라는 직위를 하사하였다.

관도대전 官渡大戰

일반적으로 《삼국지》의 3대 대전이라 하면, 관도대전과 적벽대전 그리고 이릉대전을 꼽는다. 그러나 소설 《삼국지》에서는 관도대전에 대해 명확하게 묘사되어 있지 않은 듯 그냥 지나치기 일쑤이다. 이는 관우의 오관참육장五關斬六將과 단기주천리單騎走千里의 사건에 지나치게 초점을 맞추다 보니 관도대전이 그냥 묻혀가는 결과를 초래한 것이다. 사실 관도대전은 중원을 놓고 조조와 원소가 벌인 대형 전투였다. 이는 적벽대전 및 이릉대전과 함께 삼국의 판도를 결정지은 중요한 전투이기 때문이다.

당시 중원의 영웅호걸 가운데 가장 강력한 영웅으로 살아남은 사람이

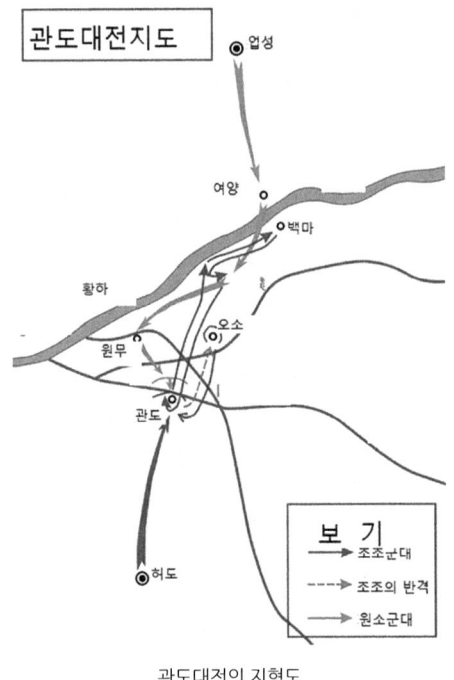

관도대전의 지형도

바로 조조와 원소였다. 사실 두 사람은 어린 시절부터의 친구이기도 하였다. 그러나 원소 집안은 사세삼공四世三公이라 불리는 명문 세가 출신으로 당시 최고의 위세를 떨치고 있었기에 환관 가문 출신인 조조의 집안과는 상당한 차이가 있었다.

조조는 젊은 시절에 개구쟁이로 원소와 못된 장난을 많이 쳤다고 한다. 한번은 조조와 원소가 이웃 동네의 결혼식에서 신부를 몰래 빼돌리기로 작당하였다. 그런데 작당하다가 들키는 바람에 줄행랑을 치게 되었다. 도망치던 중 원소가 가시덤불의 웅덩이에 빠져 조조에게 도움을 청하였다. 그러자 조조는 도와주지 않고 오히려 "신부를 훔치려던 도둑놈이 여기에 있다."라고 외치며 자기만 도망쳤다. 이에 깜짝 놀란 원소는 기겁하여 필사적으로 탈출하였다고 한다. 그 후 원소가 조조를 만나 원망을 하자, 조조는 "내가 그렇게 하지 않았으면 자네가 어떻게 탈출하였겠나!"라고 하며 껄껄껄 웃었다는 일화가 전해지고 있다.

초기에 조조는 원소와 우호적인 관계를 유지하였으나, 독자적인 발판을 마련한 다음부터, 특히 헌제 옹립을 계기로 원소와 결별하며 라이벌 관계가 되었다. 199년 유비가 서주에서 조조에 반란을 일으키며 원소와 손을 잡고 결탁하자, 조조는 바로 유비를 격파하였다. 여기에서 유비는 원소에게 몸을 잠시 의탁하였고, 관우는 조조의 포로가 되는 신세가 되었다.

이렇게 하여 조조와 원소는 원수지간으로 충돌하게 되는데, 그 전초전이 바로 백마전투이다. 이 전투에서 관우가 원소의 맹장 안량과 문추를 죽이며 조조에게 승리를 안겨주었다. 그 후 다시 전략적 요충지인 관도 지역으로 전쟁터가 옮겨지며 본격적인 관도대전이 시작되었다.

관도 지역에서 맞붙은 조조 군과 원소 군은 지구전 양상을 보이기 시작하였다. 몇 차례의 교전에서 조조 군은 크게 고전하였으며, 또 식량난까지 겹치며 전황은 점점 조조 군에게 불리해졌다.

이 무렵 원소의 책사 허유許攸가 원소 밑에서는 출세하기 어렵다고 판단하여 조조 진영에 투항해 왔다. 이때 허유는 원소 군의 식량창고가 있는 오소를 기습하라고 진언하였다. 조조의 측근들은 이를 의심하였으나, 조조는 즉시 행동을 개시해 직접 특공대를 이끌고 오소를 급습하여 대승을 거두었다. 예상치 못한 조조 군의 기습을 받은 원소 군은 대혼란에 빠지며 완전히 무너졌다.

사실 원소의 직접적인 패배 원인은 허유의 배신이었지만, 사태를 더욱 악화시킨 주요 원인은 수장 원소의 우유부단함과 전풍과 저수 같은 참모를 물리친 리더의 무능력, 그리고 참모 곽도 등의 지나친 독선과 오만함에 있었다.

조조가 관도에서 원소를 격파하다

2

관도대전의 승리로
조조가 세상의 중심에 서다

관도대전의 득실

　패배한 원소가 패잔병을 수습하여 철수한 후, 가장 먼저 한 일은 전풍을 처형한 일이었다. 이는 원소의 옹졸함을 보여주는 한 단면이기도 하다. 한편, 조조 역시 원소와의 격전으로 인하여 적지 않은 피해를 보았다. 내부 정비를 위하여 관도대전 이후 원소와 조조는 황하를 사이에 두고 약 1년간의 대치국면이 전개되었다.
　관도대전의 패전 이후, 원소는 건강이 악화되는 바람에 결국 병사하였다. 원소의 아들 원상이 대를 이었으나 원상은 원담과 후계자 싸움이 일어나면서 내전에 휘말리게 되었다. 내전이 격화되자, 조조는 틈새를 이용하여 원담과 연합하며 원상을 멸망시켰다. 이렇게 원상이 무너지자, 조조는 다시 원담과 싸워 그를 죽이고 마침내 기주를 평정하였다. 이로써 조조는 북방을 장악하며 최고세력으로 떠오르게 되었다.

관도대전의 전력과 승패 요인

대전	상대	참모와 장수	전력	쌍방의 승패 요인	득실
관도 대전	원소	곽도·전풍·저수· 장합·고람·순우 경 등	11만	* 허유의 배신 * 원소와 곽도의 독선 과 오만 * 원소의 무능	원소의 죽음과 집안의 몰락
	조조	곽가·가후·순유· 서황·악진·순욱· 등	1만	* 허유의 투항 * 기습 공격(오소의 식 량 기지를 화공으로 초 토화)	조조의 승리로 창업의 토대를 마련함

관도대전의 승리로 조조는 세상의 중심에 우뚝 서게 되었다. 조조는 기회포착의 달인답게 찬스에 강한 일면을 유감없이 보여주었다. 특히 찬스 때마다 그는 치밀한 판단으로 기회를 포착하여 위기를 기회로 만드는 능력을 보여주었다.

기회포착의 달인 조조

사람은 살면서 인생에 3번의 기회가 온다고 한다. 조조는 기회가 올 때마다 동물적 감각으로 기회를 정확히 포착하였다.

조조의 첫 번째 기회는 동탁 암살사건의 실패로 고향으로 도망친 후, 황제의 거짓 조서를 만들며 전국 각지의 제후들을 끌어모은 시기였다. 이때 조조는 의도적으로 명문가 출신 원소를 맹주로 추천하고, 자신은 한걸음 뒤로 빠지며 창업 준비를 위한 내실을 다지고 있었다.

때마침 제2차 황건적의 난이 일어나자, 조조는 이들을 소탕하며 큰 전공을 세우게 되었고, 그 전공의 대가로 연주 땅을 얻게 되었다. 조조가 정치적 기반을 마련한 곳이 바로 연주지방이었다. 여기에서 조조는 순욱·정욱·우금·전위 등의 인재를 널리 구하여 창업의 발판을 마련하였다.

그 후 두 번째 기회는 책사 순욱의 탁월한 계책에 따라 황제를 옹립하고 황제를 끼고 정국운영을 한 일이다. 황제를 끼고 정국의 주도권을 잡은 것은 조조의 정치적 기반을 탄탄대로로 만들어주었다. 또 둔전제와 병호제 등 각종 개혁 정책을 펼치기 시작하여 상당한 성과를 만들어냈다. 위로는 황제를 끼고 권력을 장악하여 기득권을 확보하고, 아래로는 각종 경제정책을 제시하여 천하를 도모할 수 있는 부국강병의 토대를 마련한 것이다.

세 번째 기회는 바로 관도대전에 있었다. 관도대전의 승리가 그를 북방의 패자로 만들어주는 결정적인 기회가 되었다. 정치의 중심 무대인 황하 일대를 장악한 조조는 본격적으로 인재 확보에 나선다. 힘의 균형이 조조에게로 기울자, 수많은 인재가 조조에게로 몰려들었다. 후한의 문무백관까지 급속히 조조의 진영으로 영입되었다. 이렇게 조조는 명실상부한 북방의 일인자로 등극하며 창업의 토대를 차곡차곡 쌓아가게 되었다.

그 후 무리한 전투를 벌인 적벽대전에서 큰 낭패를 보았고, 또 적벽대전의 패배를 만회하고자 감정을 앞세워 시작한 유수전투에서도 신통한 성과를 얻지 못하였다. 그나마 조조는 심기일전하여 합비전투에서 겨우 승리를 거둘 수 있었다. 이렇게 일진일퇴의 승패를 거두며 조조는 마침내 창업의 의지를 공식화하였다.

결국, 조조는 216년 위나라 왕으로 봉해지며 위나라 창업의 토대를 마련하였다. 달도 차면 기운다는 말이 있듯이 거기까지가 조조의 전성기였다. 정치적 판단이 빠르고 세상을 정확히 꿰뚫어 볼 줄 아는 조조는 끝내 황제에 오르지는 않았다. 왜냐하면, 조조는 당시의 민심이 자기 자신에게 있다고 확신하지 못하였기 때문이다.

3

조조의 리더십

조조에게 리더십을 묻다

리더십Leadership 이란?

어떤 무리를 거느리고 다스리는 능력을 말하며 일명 통솔력이라고도 한다. 리더십에는 힘의 원리에 근거한 카리스마적 리더십, 정치적인 역량이나 수완에 근거한 정치적 리더십, 지혜와 혜안을 근거로 무리를 이끄는 지혜의 리더십, 인간적 매력으로 인간미에 근거한 인간적 리더십 등 다양한 리더십이 있다.

조조의 리더십은 냉정함과 교활함, 그리고 인간미에서 그의 리더십을 찾을 수 있다. 조조의 냉정함과 비정함은 아버지의 친구 여백사를 죽인 사건에서 잘 나타난다. 그는 "차라리 내가 세상을 버릴지언정, 세상이 나를 버리게 하진 않겠다."라는 자세로 자신의 대권행보에 장애가 되면, 혹은 후환의 소지가 있는 인물에 대해서는 냉정하고 비정하게 제거하였다.

그 외에도 조조는 계륵사건의 책임을 묻고 양수를 즉석에서 사형시킨

조조와 조비 및 최고의 참모들

사건이나, 자신이 위왕에 오르는 것을 반대한 순욱에게 빈 찬합 통을 보내 신임을 거두어 버리는 냉정함을 보이기도 한다. 그러나 조조가 보여준 인재에 대한 열정과 냉정은 단지 즉흥적인 결정이 아니라 철저하게 계산된 전략적 차원에서 시작하였다는 점에 주목해야 한다.

그러나 조조의 냉정함 속에는 실리적 관용도 숨어있었다. 관용의 대표적 예가 관도대전 후의 문서 파기이다. 관도대전은 누구도 조조의 대승을 예견하지 못한 대전이었다. 그러나 조조는 적의 허점을 이용하여 단숨에 적을 제압하였다. 싸움이 끝나고 전리품을 수습하는 과정에서 조조 군의 참모는 물론 장수들까지 비밀리에 원소와 내통했던 문건이 대량으로 발견되었다. 측근들은 조조에게 반역자들을 철저히 찾아내어 처형해야 한다고 주청하였다.

그러나 조조는 곰곰이 생각한 다음, 그 문건을 문무백관들이 보는 가운데 불태워 버렸다. 지켜보던 문무백관들은 조조의 행동에 큰 감명을 받았다. 사실 조조는 반역자들을 모두 색출하여 처형하자니 인재의 손실이 너무 크기 때문에 과감하게 용서를 해버린 것이다. 이처럼 조조는 비록 전략적이기는 하나 정치가로서 통 큰 정치와 넓은 도량을 보이는 리더십을 발휘하였다.

그 외에도 장수張繡라는 제후는 조조 군을 야습하여 조조의 장남 조앙과 조카 그리고 조조의 친위대장 전위 등을 죽인 인물이다. 그는 후에 정치적으로 궁지에 몰리자, 자신의 책사 가후의 조언에 따라 조조에게 귀순한 인물이다. 그런데 귀순한 그를 조조는 과감하게 용서해 주었다. 사실 장수는 조조의 자식과 조카를 죽인 원수임에도 조조는 과감하게 그를 포용한 것이다. 이는 매사를 감정으로 처리하지 않고 이성으로 세상을 경영했던 조조의 위대함이라 할 수 있다.

그 외 교활하고 잔꾀 많은 조조 이야기가 소설《삼국지》제17회에 나온다. 한번은 조조가 전쟁터로 가던 중 밀밭을 지나가게 되었다. 조조는 밀밭이 망가지면 민심을 잃을까 우려하여 밀밭을 함부로 밟는 자는 처형을 하겠다는 군령을 내렸다. 그런데 갑자기 자신이 탄 말이 무언가에 놀라 날뛰는 바람에 밀밭을 망쳐버렸다. 이때 난처해진 조조는 참모 곽가가 옆에 있음을 확인하고, 스스로 책임을 묻겠다며 자신의 목을 치려는 행동을 취하였다. 이때 곽가가 황급히 나서 만류하고 저지하자, 조조는 못 이기는 척 칼을 거두었다. 그리고 조조는 그래도 군법은 어길 수 없다며 자신 머리카락을 자르는 것으로 대신하며 위기를 넘겼다. 여기에서 교활하고 간사한 조조의 일면과 또 번득이는 위기 대처 능력을 확인할 수 있다.

한번은 전쟁터에서 오랜 가뭄으로 병사들이 심한 갈증에 시달리고 있었다. 목이 말라 행군이 거의 불가능할 정도로 지쳐있었다. 그때 조조는

"저 앞산을 넘으면 매실나무가 있다."라고 외쳤다. 이 말을 들은 병사들은 매실의 신맛 생각으로 입안에 침이 도는 바람에 갈증을 잠시 잊고 행군을 무사히 마칠 수 있었다고 한다. 이것이 바로 고사성어 망매지갈望梅止渴의 유래이다.

이처럼 조조는 다소 냉정하고 때로는 교활한 방법으로 리더십을 발휘하였다. 조조는 임기응변과 위기 대처 능력에 있어서 가히 천재적인 재치와 위트를 보이며 자신만의 독특한 리더십을 만들어냈다.

리더가 갖춰야 할 중요한 덕목 중 하나가 바로 인간미人間味이다. "물이 너무 맑으면 고기가 없다."水淸無大魚라는 말이 있듯이, 리더에게는 사람을 끌어들이는 독특한 인간적 매력이 필요한데 인간미가 바로 그러한 역할을 하기 때문이다.

관도대전에서 원소의 참모였던 진림은 조조를 모욕하는 격문을 써서 유명해진 문인이다. 그 격문의 내용은 조조 자신은 물론 조조의 집안까지 모욕을 주며 조조를 희롱하였다. 그 격문을 읽던 조조가 격분하여 평소 지병이었던 두통까지 사라지게 하였다고 한다. 관도대전이 일어났을 때, 조조는 진림을 죽이지 말고 꼭 생포하라고 명하였다. 부하 중 하나가 진림을 생포하여 조조 앞에 대령하였다. 그러나 조조는 진림의 문학적 재능을 아끼어 "이제부터는 나를 위해 충성을 다하라."라고 하며 과감하게 용서해 주었다. 인재를 아끼는 조조의 인간적 매력을 엿볼 수 있는 부분이다.

그렇다고 모두 호방하고 인간적인 조조의 이미지만 있는 것은 아니다. 간혹 조조삼소曹操三笑와 계륵 이야기鷄肋事件, 조조가 수염을 자르고 또 전포까지 벗어던지며 도망친 이야기, 조조와 화타의 악연 고사 등 비참하고 치졸한 이야기도 상당수 있다. 이는 조조에 대한 호불호의 이미지가 다양했음을 보여주는 일면이기도 하다.

4

조조의 인재 사랑

　리더가 인재를 어떻게 받아들이고 또 어떻게 쓰느냐에 따라서 흥망성쇠가 결정된다고 한다. 그러기에 훌륭한 리더는 유능한 인재에 집착하기 마련이다. 조조의 대표적인 인재 사랑은 구현령求賢令 제도이다. 그는 인재를 모으기 위하여 전국적으로 포고령을 발포하여 인재를 끌어모았다. 특히 조조의 인재에 대한 욕심은 타의 추종을 불허한다. 조조의 인재에 대한 사랑은 적군의 신하까지도 자기 사람으로 만드는 괴력을 발휘하였다. 즉, 원소의 참모였던 순욱·허유·진림 등 수많은 신하를 그대로 포용하였다.

　한번은 한 신하가 조조에게 쌀강정을 한 상자 선물하였다. 조조는 다음에 먹으려고 옆으로 치워두고 선물 상자 위에다 일합과一合菓라고 적어두었다. 얼마 후 아들 조식과 그의 친구 양수 등이 놀러 왔다가 이것을 보고는 약속이나 한 듯 하나씩 집어먹었다. 후에 조조가 들어와 문득 상자를 열어보니 모두 비어있었다. 조조는 크게 노하여 범인을 잡아들이라고 명하였다.

얼마 후 아들과 그 친구들이 잡혀들어왔다. 조조가 "감히 내 물건에 손을 댔느냐?"라고 추궁하자, 이들은 이구동성으로 "주군께서 하나씩 먹으라고 해서 먹었습니다."라고 대답하였다. 이에 조조가 그런 말을 한 적이 없다며 펄쩍 뛰자, 그들 중 한 명이 나와 일합과一合稣라고 쓴 선물 상자를 가리키며 "여기에 분명히 한 사람이 하나씩 먹으라고 쓰여 있지 않습니까!"라고 말하였다. 여기에서 일합一合이라는 한자를 풀면 一 人 一 口 가 된다. 그러기에 이들은 한 사람이 하나씩 먹어도 된다는 의미로 해석하였다.

조조는 이들의 영특함에 놀라서 그냥 풀어주었다. 그리고 조식의 친구들을 매우 기특하게 생각하며 주목하였다. 인재를 지극히 아끼고 사랑하는 조조의 한 단면이라고 할 수 있다. 그중의 하나가 후대 한중에서 계륵사건에 연루되어 죽은 양수였다.

관우의 조건부 투항

조조의 인재 사랑은 적군의 장수까지도 추파를 던졌다. 대표적인 사례가 관우에 대한 짝사랑이다. 조조는 금은보화에 미녀와 적토마까지 주며 관우를 회유하려는 적극성을 보이기도 하였다. 그 일화가 바로 오관참육장五關斬六將 고사이다.

오관참육장五關斬六將이란?
바로 관도대전에 조조에게 잠시 의탁하고 있던 관우가 다시 유비를 찾아가는 도중, 이를 저지하는 조조 군의 장수 6명의 목을 베고 다섯 관문을 돌파한 고사를 말한다. 사건의 배경을 살펴보면 다음과 같다.
조조의 기습공격에 대패한 유비가 북방의 원소에게 의탁하자, 유비와의 소식이 두절 된 관우는 유비 가족을 보호하기 위해 잠시 조조에게 조건부 투항을 하였다. 하비성 전투에서 패한 관우는 다음과 같은 3가지 약속을 조조에게 다짐받고 조건부 투항을 하였다.

(1) 조조에 대한 항복이 아니라 천자에 대한 항복이다.
(2) 형수님에 대한 봉록과 안전을 보장한다.
(3) 유비의 거처를 확인하면 언제든지 하직하고 떠난다.

세상에 어찌 이런 황당한 항복문서가 있을 수 있을까?
이처럼 관우에 대한 조조의 인재 사랑은 도가 지나치다. 물론 소설이기에 가능한 이야기이기도 하다.

한번은 조조가 관우의 환심을 사고자 비단 전포를 선물하였다. 그러자 관우는 새 전포는 속에다 입고 유비가 준 전포를 겉에 입으며 의리를 지켰다. 또 금은보화와 미녀 그리고 여포가 타던 적토마까지 하사하였다. 그러나 관우는 금은보화와 미녀는 거절하고 적토마만 받았다. 적토마를 취한 이유가 유비의 소식을 알면 빨리 달려가고자 받아 챙겼다는 소리를 전해 들은 조조는 깊은 탄식을 하였다고 한다.

그 뒤 관우는 조조에게 신세를 갚으려 백마 전투에서는 원소의 장수 안량과 문추의 목을 베는 전공을 세운다. 그러다가 유비의 밀서를 받은 관우는 조조를 떠나 유비에게 가기로 결심을 굳힌다. 하지만 관우를 흠모하던 조조는 그를 어떻게든 보내지 않으려고 심지어 날마다 피객패避客牌를 대문에 걸어두며 관우의 마지막 인사를 애써 피하려 하였다.

관우의 오관참육장 五關斬六將

작별 인사를 의도적으로 피하는 조조의 행동에 조급해진 관우는 조조가 선물했던 금은보화 및 모든 하사품을 창고에 모두 쌓아두고 그동안 감사했다는 서신을 남긴 뒤, 유비 가족을 모시고 유비에게로 떠난다.

조조의 참모들이 관우를 추격하자고 하였지만, 조조는 "사람에게는 각기 주인이 있는 것이니 추격하지 말라."라고 타이르며 관우를 조용히 보내주었다. 또 정욱이 "관우가 혹 원소에게 가면 후환이 될 것이니 추격하여 죽여야 한다."라고 조언하였으나 조조는 "이미 관우와 약속한 것이니 깰 수 없다."라며 대인배의 모습을 보여주기도 하였다.

이처럼 조조가 관우를 무사히 보내주려 하였으나, 관문을 지키는 장수들에게는 미처 통행명령서가 전달되지 못하면서 문제가 발생하였다.

첫 번째 관문 동령관에 이른 관우는 통행증을 전달받지 못하였다며 가로막는 장수 공수를 베고 낙양으로 전진하였다. 두 번째 관문 낙양관에서는 낙양 태수 한복과 그의 부하 장수 맹탄이 관우 일행을 가로막자, 이를 베고 돌파하였다. 세 번째 관문인 사수관에서는 변희를 베고, 또 네 번째 관문인 형양관에서는 왕식을, 그리고 다섯 번째 황하를 건너는 관문에서는 진기를 베고서야 무사히 탈출할 수 있었다. 이렇게 관우는 다섯 관문을 뚫고 여섯 장군을 베고서야五關斬六將 겨우 조조에게서 탈출할 수 있었다. 그야말로, 주군에 대한 일편단심과 충성이 하늘을 찌르고도 남는다.

사실 오관참육장은 진수의 《삼국지》 등 사서에는 없는 이야기로 관우의 뛰어난 무용과 깊은 충정을 부각하기 위해 나관중이 의도적으로 삽입한 것이다. 당연히 오관참육장의 희생자인 6명의 장수 역시 모두 가상 인물이다. 물론 여기에서 관우를 도와주는 조력자 배원소·주창·보정·호화·호반 등도 역시 가상 인물이다.

이처럼 형제애와 의리를 지키고자 부귀영화를 마다하고 유비를 찾아

관우의 오관참육장

나서는 관우의 모습과 그리고 관우가 아까워 보내지 않으려 몸부림치는 조조의 인재 사랑, 그러나 못내 아쉬워하면서도 마지막엔 관우를 보내주는 대인배 조조의 모습은 옹유폄조와 전혀 다른 일면을 보여준다.

【故事成語와 名言名句】

오관참육장五關斬六將

오관참육장은 관우가 유비를 만나기 위하여 조조 영역의 다섯 관문을 지나며 여섯 장수를 베었다는 뜻으로 수많은 난관을 돌파하는 것에 비유하는 고사성어이다. 또 단기주천리單騎走千里라고도 한다.

사세삼공四世三公

삼공三公이란 태위太尉와 사도司徒 및 사공司空으로 최고위직(현재의 총리급) 관료를 가리키는 말이다. 원술의 집안에서 원술의 부친과 숙부·조부·증조부의 동생 그리고 고조부 이렇게 4대에 걸쳐 총 다섯 명이 삼공의 자리에 올랐다.

망매지갈望梅止渴

망매지갈은 "매실의 신맛을 생각하며 갈증을 해소한다는 뜻"이다. 《세설신어》에는 사마염이 말한 것으로 나오나 후대에 조조가 한 것으로 바꿔치기하였다. 병사들이 갈증으로 고통이 심해져 행군이 어려워지자, 이때 조조가 "저 앞에 시고 달은 매실나무가 있다."라고 외쳐 갈증을 잠시 잊게 하였다고 한다.

수청무대어水淸無大魚

수청무대어는 "물이 너무 맑으면 고기가 없다."라는 말이 있듯이, 지나치게 결백하면 사람들이 가까이하지 않는다는 의미이다. 후한대 반초라는 장수가 한 말로 반고의 《한서》에 나오는 말이다.

낭중취물囊中取物

낭중취물은 "주머니 속의 물건을 취하듯 손쉽게 일을 이룰 수 있는 것"에 비유된다. 관우가 원소의 부하 안량과 문추의 목을 베어오자, 조조는 관우의 무용을 극찬하였다. 그러자 관우는 겸손하게 "제 아우 장비는 적장 목을 취하기를 주머니 속의 물건 꺼내듯 합니다."라고 한데서 유래되었다. (소설《삼국지》제25회)

호랑이도 제 말 하면 온다說曹操, 曹操就到

우리나라 속담에 "호랑이도 제 말 하면 온다."라는 속담과 같은 의미의 속담이 바로 "說曹操, 曹操就到."이다. 한 헌제 때, 동탁이 죽자, 이번에는 이각과 곽사가 국정을 농단하기 시작하였다. 이때 한 신하가 황건적의 난을 평정하는데 전공을 세운 조조를 불러 이들을 처치하자고 제안하였다. 그리하여 조조를 부르자, 조조는 단숨에 달려와 이각와 곽사를 물리치고 황제를 보필하였다. 여기에서 "說曹操, 曹操就到."라는 말이 유래되었다. (소설《삼국지》제14회)

【상식 한 마당】

리더의 조건과 자질

성공한 리더의 필수조건은 소통과 경청을 우선으로 꼽는다.

어느 시대나 구성원 간의 소통 문제는 중요한 변수였다. 언로가 열리면 성군이 되었지만, 언로가 막히면 바로 폭군이나 암군으로 전락하였기 때문이다.

　중국의 역사에서 우리나라의 세종대왕에 버금가는 황제가 바로 당 태종이다. 그는 정치 제도를 정비하여 3성 6부 체제를 확립하였고, 균전제 등 조세법과 과거제 등을 재정리하여 나라를 반석에 올려놓았던 황제이다. 특히 내치와 외치에 충실하여 빛나는 업적을 이루었는데 이를 '정관의 치'라고 한다.

　당 태종은 훌륭한 군주가 되기 위해 스스로 솔선수범하며 노력한 황제로 명성이 높다. 특히 언로를 활짝 열고 진솔하게 신하의 간언을 받아들인 황제로 유명하다. 그는 신하들에게 직언을 권장하며 자신의 잘잘못을 경청하였다. 그리고 잘못된 부분이 있으면 즉시 고쳤다. 그야말로 리더의 조건과 자질을 두루 갖춘 시대의 성군이라 할만하다.

　어느 날, 당 태종이 정무를 마치고 분노에 찬 얼굴로 내전에 들어오며 "위징 이놈! 한번 제대로 걸리면 가만히 두지 않으리라."라며 위징에 대해 큰 욕을 퍼부었다. 원인은 바로 위징이 문무백관 앞에서 당 태종의 잘못을 지적하며 심기를 돋운 것이었다. 그러자 황후가 "폐하! 폐하는 비록 위징 한 사람한테 욕을 먹었지만, 대신 그로 인하여 수많은 백성에게는 칭송을 듣게 되지 않았습니까?"라며 당 태종을 위로하였다는 일화가 전해진다.

　그러던 어느 날, 당 태종은 위징이 죽었다는 소식을 듣고 대성통곡을 하였다고 한다. 그러면서 당 태종은 "자신을 거울에 비추면 의관을 바르게 할 수 있고, 역사를 거울에 비추면 흥망성쇠의 도리를 알 수 있으며, 사람을 거울로 삼으면 자신의 잘잘못을 고칠 수 있다. 이제 위징이 죽었으니, 난 거울을 잃어버렸다."라고 하며 위징을 눈물로 애도하였다고 한다.

　중국의 성군 당 태종이 한 시대의 영웅으로 극구 칭찬한 인물이 바로 조조였다. 당 태종은 "조조는 난세가 만들어 낸 영웅이며 뛰어난 군주"라고 최고의 찬사를 보냈다. 당 태종은 바로 조조의 창업정신과 솔선수범 그리고 뛰어난 리더십을 매우 높게 평가한 것이다.

리더에게 정확한 판단력과 그리고 추진력은 대업의 성패를 좌우하는 매우 중요한 요소이다. 삼국의 군주 가운데 가장 리더의 조건과 자질을 겸비한 인물을 꼽는다면 단연코 조조일 것이다. 그는 황제를 끼고 정권을 장악했던 계략이나, 불리했던 관도대전을 뒤집기 한판으로 역전을 시켰던 일, 그리고 원소 진영에게 양다리를 걸친 신하들을 과감하게 용서한 통 큰 정치 등은 조조만이 가지고 있는 정확한 판단력과 강력한 추진력 그리고 대담한 포용력 등이 있었기에 가능했던 일이기 때문이다.

그 외에도 조조의 리더십에는 인간미가 한몫하였다. 관도대전의 패전으로 원소가 죽자, 조조는 친히 무덤을 찾아가 제사를 올린 적도 있고, 또 위기를 극복하기 위하여 군량관을 희생양으로 삼아 죽이기는 하였으나 나중에는 가족들의 생계를 보살펴 주기도 하였다. 그 외 진궁에게 항복을 권했지만 죽음의 길을 택하자, 옛정을 생각해 진궁의 가족들을 끝까지 돌봐주는 인간미를 보이기도 하였다.

第 5 講

삼고초려三顧草廬와
인재론人材論

- 역사는 소수의 창조자에 의해 만들어진다

key word

삼고초려三顧草廬·수어지교水魚之交·봉추추지, 와룡승천"鳳雛墜地, 臥龍昇天"·인사人事가 만사萬事·용병술用兵術·조이지操以智, 유이의備以義, 권이정權以情, 량이법亮以法·강동사걸江東四傑·수상개화樹上開花

역사는 소수의 창조자에 의해 만들어진다

【소설 배경】(제35회-제42회)

　조조와 손권에 비교하여 세력기반이 가장 빈약했던 유비는 우연히 만난 수경 선생(사마휘)으로부터, 와룡과 방통 가운데 하나만 얻어도 천하를 경영할 수 있다는 이야기를 듣게 된다.
　그 후 유비는 우연히 만난 서서를 책사로 삼아 나라의 기틀을 마련하고자 하였으나, 조조가 서서 어머니를 인질로 삼아 그를 불러들이는 바람에 결국 서서는 유비를 떠나 조조에게로 향한다. 서서는 떠나면서 유비에게 와룡과 방통을 추천하면서 와룡의 거처를 알려 준다.
　와룡의 거처를 알아낸 유비는 삼고초려三顧草廬 끝에 겨우 제갈공명을 책사로 영입하기에 성공한다. 그 후 유비와 제갈량이 단짝이 되어 정사를 의논하자, 여기에서 소외된 관우와 장비의 노골적인 시기와 견제를 야기시키기도 하였다. 하지만 제갈량은 보란 듯이 박망파 전투를 통하여 자신의 지략과 지모를 유감없이 발휘하여 관우와 장비 및 조자룡은 물론 세상 사람들을 놀라게 하였다.
　또 제갈량은 형주를 점령하여 창업기반을 마련하자고 건의하였으나, 유비가 대의명분을 내세워 반대하는 사이에 조조의 대군이 형주로 밀어

닥쳤다. 이때 유표 마저 병사하면서 형주는 대혼란에 빠지게 된다. 유표의 대권을 이어받은 유종이 강력한 조조의 위세에 눌려 저항을 포기하고 조조에게 항복을 준비하자, 갈 곳을 잃은 유비는 신야를 불태우고 자신을 따르는 백성과 함께 남하를 결정한다.

남하하는 도중 조자룡은 전투 중에 실종된 유비의 아들 유선을 구하여 공을 세우고, 장비는 조조와의 장판교 싸움에서 승리하며 용맹을 천하에 떨친다. 이때 형주에 무혈입성한 조조는 유비와 손권이 서로 싸우도록 이간책을 꾸미었으나, 제갈량은 오히려 오나라의 손권과 손을 잡고 조조를 견제하는 계책으로 대응하였다. 이것이 바로 적벽대전이다. 유비와 연합을 결정한 손권은 주유·노숙·여몽·제갈근 등의 측근들과 본격적인 전쟁 준비에 돌입한다.

1

삼고초려三顧草廬의 의미

삼고초려三顧草廬

"역사는 창조적 소수에 의하여 만들어진다." - 토인비
"똑똑한 인재 한 명이 만 명을 먹여 살린다."

토인비가 "역사는 창조적 소수에 의하여 만들어진다."라고 하였듯이 세상을 이끄는 것은 바로 소수의 인재가 세상을 창조하고 이끄는 것이다. 즉, 나라의 흥망성쇠나 한 기업의 흥망을 결정짓는 것은 바로 유능한 인재에 달려있기 때문이다.

유비가 인재를 얻기 위해 공을 들인 대표적인 노력이 바로 삼고초려이다. 삼고초려는 단순히 인재 확보를 위한 노력이 아니라 내면에는 양자 간의 치밀한 경영전략이 있었다.

잠시 형주의 유표 밑에 의탁하고 있던 유비는 채모의 흉계에 빠져 위기에 몰리게 되나 이적의 도움으로 극적으로 탈출에 성공한다. 탈출 도중

우연히 수경 선생(사마휘)을 만나 와룡臥龍과 봉추鳳雛 중 한 사람만 얻어도 천하를 경영할 수 있다는 말을 듣게 된다. 그 후 유비는 와룡이 인근 융중 지방에 거처하고 있다는 사실을 알게 되었다.

유비는 즉시 관우와 장비를 데리고 융중에 거처하고 있는 제갈량의 집으로 찾아 나선다. 그러나 제갈량은 외출 중이라 만날 수 없었다. 며칠 후 제갈량이 집으로 돌아왔다는 소식을 들은 유비는 관우와 장비를 데리고 눈보라를 헤치며 제갈량의 집에 도착하였으나, 또 외출하였다는 소식을 접하게 된다. 그 후 유비는 사람을 자주 보내 제갈량이 집에 있다는 소식을 접한 후에 세 번째로 융중을 찾아간다. 다행히 제갈량은 초당에서 낮잠을 자고 있었다. 그러나 유비는 제갈량이 깨어날 때까지 초당 댓돌 아래에서 공손히 기다리며 경의와 예의를 표하였다.

한동안 시간이 흐른 뒤에 제갈량이 깨어나자, 유비는 최고의 존중과 경의를 표하며 제갈량을 접견하였다. 유비의 성심에 감동한 제갈량은 마침내 자신이 품고 있던 천하 삼분론에 대한 비전을 제시하였다. 그러자 이 원대한 계획에 감동한 유비는 제갈량에게 자기를 도와 대업을 이루자고 간곡히 청한다.

처음에 제갈량은 제안을 거절하였으나 유비가 진정성을 보이며 읍소하자, 제갈량은 흔쾌히 유비를 따라 정계로 나온다. 그 후 제갈량은 죽는 날까지 전심전력으로 유비를 보좌하며 자신의 정치적 이상을 실현해 나간다. 여기에서 유래된 고사성어가 바로 삼고초려三顧草廬이다.

그러면 유비는 왜 제갈량에게 이렇게도 집착하였을까?

천하 경영이 간절했던 유비에게는 인재가 절대적으로 필요했다. 물론 결의 형제로 맺은 관우와 장비도 있었고 또 명장 조자룡도 있었으나 그에게는 지략가가 없었다. 그나마 책사 서서가 있기는 하였으나 서서 마저 조조에게 약탈당하였다. 우연히 유비는 수경 선생에게 "와룡과 봉추 중

제갈량을 얻기 위해 삼고초려하는 유비

한 명만 얻어도 천하를 경영할 수 있다."라는 희망의 메시지를 들었지만 그들이 어디에 거처하는지 알 수 없었다. 그러던 중 서서에게 와룡이 인근 융중에 살고 있다는 사실을 알게 되었다.

이처럼 유능한 책사가 간절했던 유비의 관점에서 와룡과 같은 인재는 천군만마 이상의 가치가 있었다. 그러기에 유비는 관우와 장비를 대동하고 엄동설한에 3번이나 초옥을 방문하며 제갈량의 체면을 크게 살려주는 수고를 서슴지 않았다. 이러한 가운데 유비와 제갈량 상호 간에 신뢰와 정치적 이상이 부합되면서 삼고초려는 성공적인 시너지 효과를 낼 수 있었다.

그러면 제갈량은 왜 유비를 주군으로 선택하였을까?

고전에 "지혜로운 새는 나무를 가려서 깃들고, 현명한 신하는 군주를 가려서 섬긴다."라는 말이 있다. 사실 유비 관점에서 최고의 책사를 얻기 위해서는 제갈량에 대한 최고의 예의를 보여줄 필요가 있었다. 반면 제갈량 관점에서 생면부지의 유비에게 자신의 미래를 맡긴다는 것은, 대단히 위험한 정치적 모험이었다.

유비는 단지 황제의 숙부라는 사실 외에는 아무런 정치적 기반도 없는 상황이기에 제갈량은 더 신중해질 필요가 있었다. 사실 제갈량과 같은 인재라면 조조 진영이나 손권 진영에서도 탐낼만한 인재이다. 그러기에 제갈량도 마음만 먹으면 강력한 세력과 기반을 갖춘 조조나 손권에게 의탁하여 자신의 정치적 야망을 실현할 수도 있었다.

그러기에 제갈량에게는 유비의 인격과 능력 그리고 군주의 자질 등에 대하여 더 관찰할 시간이 필요했고, 또 제갈량 자신의 몸값도 적당히 저울질할 시간이 필요했다. 제갈량은 유비가 관우와 장비 형제들을 대동하고 세 번이나 찾아가는 수고를 지켜보았다. 그리고 정작 제갈량이 정치적 기반이나 세력이 거의 없는 빈털터리 유비를 선택한 이유는 바로 양자 간의 정치적 이해관계가 부합되었기 때문이다.

즉, 조조 진영에는 이미 곽가·순욱·정욱 등과 같은 유능한 참모들이 잔뜩 버티고 있어서 그 틈을 비집고 들어갈 여지가 별로 없었다. 또 손권 신영에도 이미 주유·노숙·제갈근 등 쟁쟁한 가신그룹이 형성되어 있었기에 후발주자인 자신이 능력을 발휘하기가 어려웠다고 판단한 것이다.

그러기에 제갈량은 전략적으로 유비를 선택하였다. 즉, 조조와 손권 같은 큰 집단에서 치열하게 경쟁하는 것보다, 비록 현재는 정치적 배경과 기반은 없으나 미래에 개척의 여지가 충분해 보이는 유비 진영에 승부수를 띄운 것이라 할 수 있다. 또 제갈량은 자신 능력을 충분히 발휘할 가능성이 많은 유비와 같은 권력 위임형 주군이 더 적합하다고 판단하였다. 즉 제갈량은 성격 면에서 유비와 환상의 콤비를 이룰 가능성을 감지한 것이다.

전국책全國策에 "닭 머리가 될지언정 소꼬리는 되지 않는다."寧爲鷄口, 無爲牛後라는 명언이 있다. 일명 계구우후鷄口牛後라는 고사성어이다. 바로 제갈량이 이를 선택한 것이다. 이러한 판단은 단지 제갈량만이 한 것은 아니다. 방통 역시 이러한 연유에서 유비를 선택한 것으로 추정할 수 있다.

2

유비의 인재관리

유비의 인재관리는 감성에서 출발한다

세상에는 "주는 것 없이 미운 사람이 있고, 받은 것 없이 예쁜 사람이 있다."라는 말이 있다. 받은 것 없이 호감이 가는 스타일이 바로 유비인 듯하다. 이것이 바로 유비의 타고난 인간적 매력이기도 하다. 그래서 인복이 많은 유비 주변에는 늘 도와주려는 사람이 즐비했다. 즉, 공손찬·도겸·유표는 물론 조조와 원소 및 유장 조차도 처음에는 유비에게 호감을 표시하였다.

유비의 인간적 매력은 바로 감성에 있었다. 유비는 상대를 내 편으로 끌어들이는 특유의 감성을 가진 리더였다. 관우와 장비는 물론 삼고초려의 제갈공명·방통·법정·조자룡 등 한번 유비와 인연을 맺으면 죽을 날까지 일편단심의 충성을 다하였다. 유비가 주로 구사하였던 리더십에는 인정과 감성을 자극하여 상대의 마음을 움직이는 고도의 전략이 숨어있었다. 이러한 방법으로 그는 정치력을 발휘하며 유비 특유의 감성의 리더십을 만들어냈다.

그의 주특기가 바로 눈물이었다. 진심이 담긴 눈물이든 가식이 담긴 눈물이든 유비의 눈물은 항상 상대의 감성을 자극하였고, 이러한 감성은 진한 감동으로 작용하며 유비의 인재관리에 탄력적인 시너지 효과를 주었다.

장판교 근처에서 조자룡이 피난 중 실종된 유비의 아들 유선을 구출해 왔을 때의 일이다. 유비는 어린 유선을 팽개치고 오히려 조자룡의 손을 잡으며 "자식은 또 낳을 수 있지만 유능한 장수는 한번 잃으면 또 얻기가 쉽지 않다."라며 눈물까지 흘리는 장면이 나온다. 이렇게까지 유비가 인재를 챙기는데, 조자룡이 어찌 감동하지 않을 수 있겠는가!

결국, 이 한마디는 조자룡이 죽을 때까지 유비에게 충성을 다할 수밖에 없었던 계기가 되었다. 이후 조자룡은 항상 단정하고 모범적이었으며 신의와 충성의 아이콘이 되었다. 그는 용맹한 장수이면서 지략도 출중한 장수였다. 그는 주로 유비의 경호를 담당하며 여러 차례 유비를 위기에서 구출하는 충성을 보였다.

또 장비와의 에피소드가 있다.

유비가 원술을 정벌하기 위해 서주를 장비에게 맡기고 출정하였는데, 장비가 술을 마시고 부하 조표를 매질하는 바람에 조표는 배신하여 여포를 서주로 끌어들였다. 이렇게 서주를 잃은 장비는 황급히 유비에게로 도망쳐왔으나 유비를 볼 면목이 없었다. 그때 장비가 칼을 뽑아 자결하려 하자, 유비는 장비의 칼을 빼앗으며 "형제는 손발과 같고 처자는 옷과 같다. 의복이 해지면 다시 꿰맬 수 있지만, 수족이 잘리면 어찌 대신할 수 있겠는가!"兄弟如手足, 妻子如衣服라고 말하며 서로 손을 잡고 꺼이꺼이 우는 장면이 나온다.

그 외에도 소설《삼국지》에서 유비가 눈물을 흘리는 장면은 부지기수로 나온다. 이처럼 사나이의 눈물은 간혹 여성의 눈물보다도 더 진한 감동을 주기도 한다. 유비는 바로 이러한 감성의 리더십을 잘 활용할 줄 아는 리더였다. 즉, 감성을 통한 끈적끈적한 인간관계에서 그의 인재관리가 더욱 빛을 발하였다. 그러기에 유비의 감성 리더십은 유비가 자신의 리더십을 실행하는데 중요한 축으로 작용하였다.

유비의 책사들

유비의 참모들 가운데에는 유능한 책사들이 많았다.
대표적 책사로 서서와 제갈량 그리고 방통 및 법정을 꼽을 수 있다. 그 중 서서는 유비가 신야에 있을 때 귀순한 유비의 제1호 책사이다.
유비는 초창기 서서의 도움으로 조조 군의 조인을 연파하고 번성을 차지할 수 있었다. 이때 서서의 지략을 눈여겨보던 조조가 서서의 노모를 볼모로 잡고 서신을 조작하여 서서를 자신의 진영으로 오도록 유인하였다. 효성이 지극한 서서는 결국, 유비에게 작별을 고하고 조조에게로 떠났다.
이처럼 서서가 유비의 책사로 활동한 시간은 매우 짧았다. 그러나 유비에게 대업을 성취하기 위해서는 반드시 책사가 필요하다는 중요성을 확인시켜주는 계기가 되었다. 서서는 유비에게 제갈량을 천거하는 등 유비가 유능한 인재를 모으는데 상당한 역할을 하고 떠났다. 또 조조에게 속은 것에 분노한 서서는 조조를 위해 단 하나의 계책도 내지 않겠다고 맹세하며 끝까지 유비와의 의리를 지켰다.
두 번째 책사가 삼고초려 끝에 얻은 제갈량이다.
당대 최고의 책사이며 지략과 지모가 뛰어났던 제갈량은 유비와 환상의 콤비를 이루었다. 제갈량에 대한 믿음이 절대적이어서 급기야 관우

제갈량이 유비에게 천하삼분지계를 제시하다

와 장비의 시기와 불평까지 나올 정도였다. 이때 유비가 관우와 장비에게 "내가 공명을 만난 것은, 물고기가 물을 만난 것과 같다."라고 하여 수어지교水魚之交라는 고사성어가 유래되기도 하였다.

이처럼 절대적 신임을 얻은 제갈량은 천하삼분지계를 내세우며 삼국정립까지는 성공하였지만, 천하통일의 꿈을 이루지는 못하였다. 유비의 유업을 이루기 위해 육출기산하며 분전하였으나 거듭되는 불운에 더욱 초조해졌다. 결국에는 자신의 건강을 돌보지 않고 조급하게 서두르다가 병사하고 말았다.

세 번째 책사가 방통이다.

일찍이 사마휘가 방통의 인물됨을 알아보고 제갈량은 와룡臥龍에 비유하였고, 방통은 봉추(鳳雛: 봉황의 새끼)에 비유한 인물이다. 그가 못생긴 외모 때문에 손권과 조조에게 주목을 받지 못하자, 노숙은 그를 유비에게 추천하였다. 하지만 유비조차도 그의 재능을 알아보지 못하고 지방 현령으로 보낸다. 후에 장비가 그의 재능을 알아보고 유비에 천거하면서 군사중랑장으로 발탁되었다.

그는 유비가 익주를 얻는 데 일등공신의 역할을 하였다. 그러나 낙성으로 진격하던 중 낙봉파落鳳坡에서 36살의 젊은 나이로 요절하였다. 제갈량에 대한 열등감에 전공을 세우려는 조급함이 요절의 원인이 되었다.

일찍이 수경 선생은 와룡과 봉추 중 하나만 얻어도 천하를 경영할 수 있다고 하였지만, 유비는 공명과 방통 두 명의 책사를 모두 얻고도 천하통일의 대업은 이루지 못했다.

"복룡봉추"伏龍鳳雛라는 말과 "봉추추지, 와룡승천"(鳳雛墜地, 臥龍昇天: 봉추[방통]는 땅에 떨어지고, 와룡[공명]은 승천한다)이라는 말이 있다. 방통은 제갈량과 쌍벽을 이루는 전략전술가였으나 꿈을 펼치지도 못하고 허무하고 아쉬운 삶을 살다간 비운의 참모였다.

네 번째 책사가 법정이다.

법정은 본래 익주 유장의 부하였다가 후에 맹달과 장송 등과 함께 유비에게 귀순한 책사이다. 익주를 접수하여 촉한을 건국한 유비는 그를 촉군 태수와 양무장군으로 임명하였다. 법정은 방통과 더불어 유비가 촉한을 세울 때 가장 중요한 역할을 담당한 책사였다. 특히 법정은 방통이 세운 기본계획에 자신의 책략을 더하여 한중에서 많은 전공을 세웠다. 대표적인 예가 법정의 계략으로 조조 군의 맹장 하후연을 제거한 케이스이다.

법정은 비록 거칠고 굳센 성정 때문에 비판을 받았으나 오히려 그러한 성정 덕분에 유비에게 자신의 의지를 소신껏 펼칠 수 있었으며 유비를 제어할 수 있었던 책사로 평가된다. 또 유비가 한중왕으로 등극할 때 그는 상서령으로 임명되었으나 불행히도 일찍 세상을 마감하였다. 법정은 유비가 특별히 아꼈던 인물로 그가 죽었을 때 유비는 한탄하며 대성통곡을 하였다고 한다.

유비에게는 이처럼 수많은 책사가 있었다. 역사를 움직인 창조적 소수는 항상 존재하였다. 그러나 그 창조적 소수는 어떤 주군을 만나느냐에 따라 결과가 달라지게 마련이다. 즉, 신하는 누구를 만나 섬기느냐에 따라 운명이 바뀌기도 하고, 반대로 군주가 어떤 인재를 기용하느냐에 따라 나라의 흥망이 결정되기도 한다.

3

인사人事가 만사萬事다

옛말에 "인사가 만사다."라는 말이 있다.

한 나라의 흥망이나 한 기업의 흥망은 어떤 인재를 기용했느냐에 따라 성패가 결정되는 경우가 많다. 그러기에 사람을 쓴다는 것은 그리 간단한 일이 아니기에 예전이나 지금이나 매우 중요한 화두였다.

인재를 알아보는 데는 성현 공자孔子조차도 실수가 있었다고 한다. 공자는 인생을 통하여 2번의 실수를 하였다고 회고한다. 즉, 제자 가운데 자우(일명 담대멸명) 라는 제자는 너무 추남이어서 항시 그를 무시하였는데, 어느 날 눈여겨 살펴보니 일거수일투족이 반듯하며 공사의 구분이 명확한 군자 중의 군자였다고 한다.

또 다른 제자 재여는 언변이 유창하여 그를 항시 신임하였으나, 알고 보니 말이 행동보다 앞서고 또 교언영색巧言令色을 잘하는 제자였다며 공자 스스로 실수를 인정한 일화가 전해지고 있다. 이처럼 대성현 공자조차도 인사의 어려움을 언급하고 있다.

용인술이란 일반적으로 사람을 쓰는 방법을 말한다. 또 대상이 군사였을 경우에는 이를 용병술이라고 한다. 그런데 리더마다 사람을 쓰는 방법에는 약간의 차이가 있다. 이것이 곧 통치 스타일이며 통치 철학이다.

중국학자 역중천易中天의 저서 《품삼국品三國》에서는 리더들의 용병술을 "조이지操以智, 유이의備以義, 권이정權以情, 량이법亮以法"이라고 말하였다. 조조는 지혜로 사람을 썼고, 유비는 의리로, 손권은 정으로, 제갈량은 법으로 사람을 썼다는 뜻이다. 필자는 역중천이 제시한 근거를 기본으로 조조·유비·손권·제갈량의 용병술에 대하여 분석해 보고자 한다.

삼국 군주와 참모의 용병술用兵術 / 用人術

1) 조조의 용병술 – 조이지操以智

"어진 사람에게서 어진 것을 취하고, 지혜로운 사람에게서 지혜를 취하라."

조조는 사람을 쓰는데 탁월한 재주가 있었다.

그래서 그를 용병술의 달인이라고 한다. 그의 인재 등용은 항시 고도의 전략과 실리적 차원에서 인재를 등용하였다. 조조의 인사관리 특징은 3가지로 구분된다. 청탁불문清濁不問·빈천불문貧賤不問·적재적소適材適所 등으로 모두가 지혜와 지략적 인사관리에서 출발하였다.

첫째, 조조는 명분보다 능력을 위주로 인재를 등용하였다.

조조는 청렴한 인물이든 혼탁한 인물이든 구별하지 않고 오직 능력을 중시하여 기용하였다. 그러다가 이용가치가 떨어지거나 문제가 생기면 과감하게 토사구팽하였다.

둘째, 조조는 신분의 빈천을 따지지 않았다.

천한 집안의 신분이든 귀족 집안의 집안이든 신분을 가리지 않았다. 물론 그 배경에는 자신이 환관의 후예라는 콤플렉스도 작용하였지만, 그는 능력을 우선순위로 삼았다.

셋째, 조조의 가장 큰 강점은 인재를 적재적소에 기용하였다는 점이다. 인재의 능력을 십분 활용하여 최대의 활용가치를 뽑아냈다. 전략적 용병술의 대표적 예가 관도대전 후의 문서 파기 사건이다. 관도대전은 누구도 조조의 승리를 예견하지 못한 전투였다. 조조가 대승을 거두고 전리품을 수습하는 과정에서 상당수 조조 군의 측근들이 원소와 내통하였던 비밀문건이 발견되었다. 참모들은 내통자들을 철저히 조사하여 처형시키자고 하였으나 조조는 뜻밖에도 부하들이 보는 가운데 그 문건을 불태워 버렸다. 불안에 떨고 있던 내통자들은 조조의 대범한 행동에 탄복하였다. 조조는 이미 승리가 결정된 마당에 구태여 아군을 죽여 아군의 손실을 초래할 필요가 없었다고 판단한 것이다. 이처럼 조조는 비록 전략적이기는 하나 정치가로서의 통 큰 정치와 넓은 도량을 지닌 인물임에는 틀림이 없다.

그렇다고 조조가 언제나 통 큰 정치를 한 것만은 아니다. 그의 용병술은 항상 관용과 냉정이 병행하였다. 계륵 사건으로 양수를 즉석에서 사형시킨 일면이나, 자신이 왕위에 오르는 것을 반대하는 순욱에게는 빈 찬합 통을 보내 신임을 거두어 버리는 바람에 순욱이 자의반 타의반으로 자결하게 만든 냉혹함도 있었다. 이처럼 조조의 인재에 대한 열정과 냉정은 철저히 지략과 전략적 차원에서 출발하였다고 할 수 있다.

2) 유비의 용병술 – 유이의備以義

"유비의 용병술은 인의와 감성의 인간관계를 기초로 한다."

유비 용병술의 토대는 바로 인의와 의리에서 출발한다.

인의는 대의명분을 강화하는 목적이고 의리는 내부 결속을 강화하는 의도였다. 대의명분은 많은 인재를 모으는 데 효과적이었고 의리는 배경이 부족한 정치적 경제적 토대를 보충해 주었다.

사실 유비는 황제의 숙부라는 것 외에 내세울 것이 별로 없는 사람이다. 허울 좋은 황숙일뿐 사실은 가까운 숙부가 아닌 먼 친척에 불과한 황숙이었다. 그러기에 유비는 주변 사람들을 강력하게 결속시킬 수 있는 동력이 필요했다. 그것이 바로 의리이다. 마치 이전의 강호세력이나 조폭들의 경우와 유사하다. 이들은 정치적 배경이나 경제적 배경이 없는 빈털터리이기에 조직을 관리하기 위해서는 끈끈한 의리가 필요했다.

유비의 또다른 용병술이 바로 감성의 용병술이다.

유비는 이성이 아닌 감성으로 상대의 마음을 파고드는 재주가 있었다. 즉 유비가 보인 눈물은 항상 사나이의 감성을 자극하였고, 이러한 감성은 의리와 충성으로 이어지며 유비의 인재관리에 긍정적인 시너지 효과를 주었다. 그러기에 유비의 용병술은 '이유극강'以柔克强이라는 성어로 귀결된다.

부드러움으로 강함을 제압한다는 말처럼 강한 것을 강하게 대처하는 것이 아니라 부드러움으로 강한 것을 끌어안는 유형이 바로 유비의 용병술이다. 부드러운 용병술로 부하를 믿고 힘을 실어주는 위임형 리더, 부하들이 자신의 능력을 발휘할 수 있도록 최적의 조건을 만들어주는 리더가 바로 유비의 장점이었다.

3) 손권의 용병술 – 권이정權以情

"손권은 용병술은 인정人情과 인화人和에 근거를 두었다."

인재양성의 대가 손권

　손권의 용병술은 인정에 바탕을 둔 인화였다.
　손권은 아버지 손견과 형 손책의 뒤를 이어 대통을 계승하였기에 화합이 급선무였다. 아버지 손견을 따랐던 측근과 형 손책을 따랐던 측근 그리고 손권을 따르는 측근 등 다양한 인재가 혼재하고 있었기에 모든 인재를 품고 보듬어야만 했다. 설사 마음에 들지 않아도 인내를 가지고 포용해야 했고, 또 상황에 따라서는 당근과 채찍을 사용해야만 했다.
　그리고 손권의 용병술 가운데 최고의 장점은 인재를 잘 키운다는 점이다. 조조가 이미 주어진 인재를 잘 활용하는 재주가 있었다면, 손권에게는 인재를 키워 쓰는 재주가 있었다. 그 대표적인 인재가 바로 '강동사걸'江東四傑이다.

강동사걸이란? 주유周瑜·노숙魯肅·여몽呂蒙·육손陸遜을 지칭한다. 손권은 이들을 잘 화합하고 융합시켜 인재를 만들어냈다. 사실 오나라가 창업에 성공하여 반석에 오를 수 있었던 것은 강동사걸의 힘이 절대적이었다. 물론 거기에는 손권의 출중한 용병술이 있었기에 가능했던 것이기도 하다.

4) 제갈량의 용병술 – 량이법亮以法

"제갈량의 용병술은 원리원칙에 의한 법과 심리학에 있다."

제갈량은 1인자가 아닌 2인자이다. 그러기에 일반 군주와의 용병술이 다를 수밖에 없었다. 군주와 같은 절대적인 권력이 없었던 제갈량의 관점에서, 다른 사람을 통솔하려면 원리원칙이 필수적이었다. 그래야만 효과적으로 사람들을 통솔할 수 있었기 때문이다. 그러한 연유에서 제갈량은 원리원칙을 중시하였고 공정한 법을 근거로 하여 통솔력을 발휘하였다.

제갈량의 인생에서 가장 큰 아픔은 가정전투에서 실패한 마속을 참수하는 일이었다. 그가 가장 아끼는 참모였기에 아픔은 더하였다. 그렇다고 인정상 살려둘 수도 없었다. 가까운 사이였기에 본보기를 위해서라도 또 기강을 세울 필요가 있었다. 그리하여 그는 눈물을 머금고 마속을 참수해야만 했다泣斬馬謖. 왜냐하면, 기강이 한번 무너지면 통치가 불가하기에 더 냉정한 인사관리가 필요했기 때문이다.

또 제갈량의 용병술 가운데 또 하나의 핵심은 심리전이다. 위나라의 5로공격이나 맹획의 칠종칠금 그리고 사마의와의 기산전투와 공성계 등 대부분이 심리전에서 나왔다. 가장 대표적인 이야기가 가맹관에서 벌어진 장비와 마초의 혈전이다. 이때 제갈량은 유비에게 "마초를 이기려면 관우가 있어야 합니다."라며 은연중 장비를 무시하는 말을 하였다. 이에 기분이 상한 장비는 목숨을 걸고 마초와의 결전을 자청한다. 그때 제갈량은 못 이기는 척 출전을 허락한다. 결국, 장비는 자신의 능력을 120% 발휘하여 승리를 거둔다. 이처럼 제갈량은 적군이든 아군이든 가리지 않고 상대의 심리를 적절히 활용하는 용병술을 가지고 있었다.

4

삼국의 인재들과
인재를 향한 각축전

"인재를 알아보는 군주만이 인재를 품을 수 있다."

"사람은 많으나 인재가 없다. 과연 인재가 없는 것일까? 아니면 인재를 찾지 못하는 것일까?"

유능한 인재의 기용은 한 나라의 흥망과 운명을 좌우할 정도로 미치는 영향이 크다. 또 현대의 기업에서도 유능한 인재 하나가 만 명을 먹여 살린다는 말이 나오는 이유가 여기에 있다. 그러기에 "인사가 만사다."라는 명언은 예전이나 지금이나 여전히 중요한 의미를 지니고 있다.

다음은 삼국을 움직인 인재그룹이다.

나라	인재그룹	참모와 장수	주요인물
위나라	※동탁 타도를 외치며 모인 오리지널 가신 그룹. ※후한 황제를 끼고 조정을 호령하던 시기에 모여든 한나라의 가신 그룹. ※관도대전 이후 포로였다가 전향한 가신 그룹.	참모	사마의·가후·곽가·순욱·곽회·허유·순유·양수·왕랑·왕숙·정욱·사마사·사마소·종요·종회·화흠
		장수	조인·하후돈·하후연·방덕·서황·악진·우금·이전·장합·장료·전예·전위·조진·조창·조홍·조휴·등애·허저
촉나라	※촉나라 건국 전 형주에서 모았던 인재그룹인 형주파. ※유장이 익주를 통치하던 시절 유비에 귀순한 동주파. ※익주에서 자생적으로 힘을 키운 익주파.	참모	제갈량·방통·법정·비의·간옹·동윤·등지·마량·마속·미축·손건·양의·유파·이적·장완·진지
		장수	관우·장비·조운·황충·마초·강유·관평·뇌동·마대·엄안·유봉·왕평·요화·위연·이엄·장익·주창·하후패·황권
오나라	※선친 손견을 따르던 인재 그룹. ※형 손책이 이끌었던 인재 그룹. ※손권 자신이 키운 인재 그룹.	참모	주유·노숙·육손·제갈근·감택·고옹·반준·보즐·여범·우번·장굉·장소·장제·제갈각
		장수	태사자·감녕·여몽·능통·주태·마충·황개·미방·반장·서성·육항·장흠·정보·정봉·주환·진무·한당

인재에 욕심이 많았던 조조는 관용과 포용을 앞세우며 적극적으로 인재를 끌어모아 위나라 창업에 초석을 만들었다. 조조와 조비 때에는 비교적 인재 경영에 성공적이었지만 조비가 죽은 후에는 사마의의 인재그룹에 밀려 급격히 붕괴하였다.

촉한의 인재그룹은 주로 형주파와 동주파 및 익주파로 구분되는데, 주로 형주파와 동주파가 정권을 장악하고 있었다. 본토 출신 익주파는 권력에서 소외되어 불만이 가장 많았다. 제갈량이 죽은 후에 익주파가 가장 먼저 배신을 하는 바람에 촉한이 제일 먼저 멸망하는 원인이 되기도 하였다.

손권은 손견의 가신그룹과 손책의 가신그룹 및 자신의 가신그룹 등 각기 다른 계층의 인재그룹을 인내와 화합으로 포용하며 인재를 수용하였다. 그러나 손권이 죽은 후에 인재들 사이에 분열 현상이 일어나면서 급격히 붕괴하였다.

인재를 향한 각축전...

혜성처럼 나타났다가 순식간에 사라지는 수많은 영웅과 호걸들...
그들의 성공과 실패를 가른 것은 무엇인가?

서기 207년은 조조와 유비에게 있어서 희비의 쌍곡선을 그리는 분기점이 된 해이다. 유비는 그해에 참모 제갈량을 책사로 받아들였지만, 반면 조조에게는 특급참모인 곽가가 죽은 해이다. 오죽했으면 적벽대전에서 대패한 조조가 "적벽대전 때에 곽가가 있었다면 내가 이런 수모를 당하지 않았을 텐데."라며 통곡을 하였다는 기록이 있을 정도이다.

이처럼 곽가를 잃고 또 순욱마저 떠난 조조의 기세는 한풀 꺾였고, 제갈량과 방통까지 얻은 유비는 승승장구하며 창업의 토대를 만들었다. 그러기에 인재의 양성이야말로 나라의 흥망을 좌우하는 중요한 변수인 것이다. 결국, 리더가 인재를 어떻게 받아들이고 어떻게 쓰느냐에 따라 흥망성쇠가 결정되는 것이다.

삼국 군주의 공통점은 인재에 대한 욕심이 많았다는 점이다.

특히 유능한 인재에 가장 집착을 보인 인물은 조조였다. 조조의 인재에 대한 욕심은 지나칠 정도로 과하였다. 유능한 인재라면 적군의 신하까지도 자기 사람으로 만들려는 집착을 보였다. 허유·순욱·진림·가후·장료·장합 등 수많은 인재를 자신의 신하로 포용하였다. 조조의 인재 욕심은 관우에게까지 손을 뻗치며 적극성을 보인 유명한 일화가 이를 말해준다.

유비의 인재 욕심 또한 조조에 빠지지 않는다.

제갈량을 책사로 맞이하기 위해 삼고초려를 통해 보여준 유비의 지극 정성과 조자룡과 황충 그리고 장송 및 법정 등을 얻기 위한 그가 보여준 노력은 가히 본받을 만하다.

손권의 인재 욕심은 인내와 화합의 결정체이다.

그에게는 손견과 손책 및 자신의 가신그룹을 함께 수용해야 하기에 더 큰 어려움이 있었다. 그러나 그는 인내와 화합으로 인재를 수용하였고 주유·노숙·여몽·육손 같은 유능한 인재들을 잘 키워내어 오나라를 반석 위에 올려놓았다.

어느 시대나 현명한 리더를 만나지 못해서 꿈을 펼치지도 못하고 사라지는 인재가 있었고, 반대로 무능한 리더가 현명한 인재를 알아보지 못하여 대사를 망치는 경우도 부지기수였다.

자고이래 성공한 리더에게는 반드시 출중한 인재가 있었기에 가능하였다. 그러기에 지혜로운 소수의 창조자가 세상을 이끌어 왔고, 또 미래에도 그 창조적 소수가 세상을 이끌어갈 것이다.

【故事成語와 名言名句】

삼고초려 三顧草廬

삼고초려는 인재를 얻기 위해 참을성 있게 노력하거나 극진한 예를 갖춘다는 뜻이다. 후한 말, 촉한의 유비가 융중에 거처하는 제갈량을 책사로 모시기 위해 몸소 세 번이나 제갈량의 초옥에 찾아갔던 일화에서 유래하였다.

계구우후 鷄口牛後

계구우후는 "닭 머리가 될지언정 소꼬리는 되지 않는다." 寧爲鷄口, 無爲牛後 라는 뜻으로 큰 단체의 꼴찌보다는 작은 단체의 우두머리가 되라는 의미이다. 사마천의《사기》〈소진열전〉에서 유래하였다.

형제여수족, 처자여의복 兄弟如手足, 妻子如衣服

"형제는 손발과 같고 처자는 옷과 같다. 의복이 해지면 다시 꿰맬 수 있지만, 수족이 잘리면 어찌 대신할 수 있겠는가!"라고 유비가 장비의 실수를 감싸주며 한 말이다. 유비가 원술을 정벌하기 위해 서주 수비를 장비에게 맡겼으나 장비가 술을 마시고 부하 조표를 때리는 바람에, 조표가 배신하여 여포를 서주로 끌어들이는 계기가 되었다. 서주를 잃은 장비는 황급히 도망쳐 유비에게로 왔으나 면목이 없었다. 그때 장비가 자결하려고 하자, 유비가 장비를 타이르며 한 말이다. (소설《삼국지》제39회)

복룡봉추 伏龍鳳雛

복룡봉추는 엎드려 있는 용과 봉황의 새끼를 뜻하며 본의는 초야에 숨어있는 훌륭한 인재를 말한다. 소설《삼국지》제35~36회에 유비가 "이전에 수경 선생이 나에게 복룡봉추 두 사람 중 한 사람만 얻으면 가히 천하를 얻을 수 있다고 하였는데, 지금 공(서서)이 말한 사람이 바로 복룡봉추 아니오? 라고 하니, 서서가 말하길: 봉추는 양양의 방통이고, 복룡이 바로 제갈공명입니다."玄德曰: 昔水鏡先生曾爲備言, 伏龍鳳雛, 兩人得一, 可安天下. 今所云莫非卽伏龍鳳雛乎? 庶曰: 鳳雛乃襄陽龐統也. 伏龍正是諸葛孔明. 라는 말이 나온다.

봉추추지, 와룡승천鳳雛墜地, 臥龍昇天

"봉추[방통]는 땅에 떨어지고, 와룡[공명]은 승천한다."라는 말이다. 제갈량과 쌍벽을 이루는 전략전술가 방통이 꿈을 펼치지도 못하고 허무하게 죽은 사실을 후대 사람들이 풍자하여 나온 말이다.

조이지操以智, 유이의備以義, 권이정權以情, 량이법亮以法

조조는 지혜로 사람을 썼고, 유비는 의리로, 손권은 정으로, 제갈량은 법으로 사람을 썼다는 뜻이다. 중국 학자 역중천이 이들의 용병술에 대하여 간략하게 요약하여 한 말이다.

수상개화樹上開花

수상개화는 "나무 위에 꽃을 피운다."라는 뜻으로, 본래 꽃을 피울 수 없는 나무에 진짜 꽃이 핀 듯 장식하여 상대방을 속인다는 말이다. 적은 병력으로 많은 병력이 있는 듯 상대를 위장하는 계책으로 장비가 장판교에서 혼자의 몸으로 조조의 대군과 대응하면서 쓴 병법이다.

도리영지倒履迎之

도리영지는 "신발을 거꾸로 신고 나가 손님을 맞이한다."라는 뜻으로 손님을 매우 반갑게 맞이하는 것을 의미하는 고사성어이다. "어린 시절 왕찬이 채옹을 만나러 갔는데, 채옹의 집에는 고위층인사가 많이 있었다.

그러나 채옹은 왕찬이 왔다는 소리를 듣고 너무 기뻐 신발을 거꾸로 신은 채 달려가 그를 맞이하였다."時邕高朋滿座, 聞粲至, 倒履迎之라는 일화에서 유래되었다. (소설《삼국지》제40회)

용쟁호투龍爭虎鬪

용쟁호투는 "용과 호랑이의 결투"라는 뜻이며, 주로 쌍방세력이 비슷하여 치열한 승부를 치를 때에 쓰인다. 소설《삼국지》제34회에 "함양에 난 불은 한나라의 덕을 쇠하게 하였고, 군웅들은 용쟁호투하며 서로 대치하게 되었네."暗想咸陽火德衰, 龍爭虎鬪交相持라고 소개된 삽입시挿入詩에 언급되어 있다.

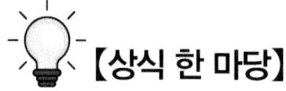【상식 한 마당】

장판교 전투와 스타 탄생(조자룡 / 장비)

장판교 전투에서 2명의 스타가 탄생하였는데 이들이 바로 조자룡과 장비이다.

피난 중에 유비의 가족이 실종되자, 조자룡은 적진으로 뛰어든다. 동분서주한 끝에 겨우 유선을 구조하였으나 조조 군의 추격으로 탈출하기가 쉽지 않았다. 그러나 조자룡은 괴력의 무예 실력을 보이며 조조의 주목을 받는다. 인재 욕심이 강한 조조는 조자룡을 자신의 사람으로 만들고 싶어 화살을 쏘지 말고 생포하라고 명령하였다. 그 덕분에 조자룡은 칼과 창으로 덤비는 적들을 제압하며 탈출에 성공할 수 있었다.

장비가 장판교에서 조조를 물리치다

　구사일생으로 조자룡이 유선을 구하여 장판교로 도망쳐오자, 그곳에는 장비가 기다리고 있었다. 조자룡을 뒤쫓던 조조는 홀로 장판교를 지키는 장비를 보자, 그 위세가 무섭기도 하고, 또 언덕 뒤에 복병이 있는 듯하여 공격하지 못하였다. 즉, 장비가 이미 장판교 뒤편 언덕에 말꼬리에 나뭇가지를 묶어 돌아다니며 먼지를 일으키라고 부하에게 지시하였기 때문이다. 이것이 바로 장비를 일약 천하 용장으로 올려놓은 병법 수상개화樹上開花이다. 수상개화란 적은 병력을 많은 것 같이 위장하여 적을 제압하는 계책을 말한다.
　이때 장비가 괴성을 지르며 싸움을 걸자, 식겁한 하후걸이 말 위에서 떨어졌다. 이에 조조 군은 더욱 동요하였고 조조마저 기겁해서 도망치니 조조 군은 대혼란에 빠진다. 그러나 군세가 약했던 장비는 퇴각하는 조조를 추격하지 않고, 또 장판교를 끊어버리고 자신도 도망쳤다.

그러나 장비의 장판교 절단은 전략적 큰 실수였다. 도망치던 조조는 이상한 낌새를 느끼고, 장판교에 장료와 허저를 보내 상황을 파악하게 하였다. 장비가 장판교를 끊어버리고 도망쳤다는 상황을 보고 받은 조조는 즉시 추격 명령을 내린다. 조조는 장비가 장판교를 그대로 두었으면 매복병이 두려워 접근할 수 없었을 텐데, 장비가 다리를 끊어버리고 도망갔으니 그럴 여유도 없다고 판단한 것이다.

조조의 추격에 유비 일행은 다시 위기에 몰렸으나, 때마침 유기의 지원군을 이끌고 달려온 관우가 나타난 덕분에 무사히 도망칠 수 있었다. 어찌 되었든 조자룡과 장비 덕분에 유비는 유선을 구하고 무사히 탈출할 수 있었다. 이 전투에서 조자룡은 출중한 무예 실력으로 천하에 명성을 떨쳤고, 장비 또한 장판교에서 조조를 오싹하게 만들며 천하의 용장이라는 아이콘을 얻게 되었다.

第 6 講

적벽대전赤壁大戰과
병법론兵法論

- 강한 자가 살아남는 것이 아니라,
살아남은 자가 강한 자이다

key word

적벽대전赤壁大戰·설전군유舌戰群儒·천하삼분론天下三分論·이이제이以夷制夷·초선차전草船借箭·조조삼소曹操三笑·반간계反間計·사항계詐降計·고육지계苦肉之計·연환계連環計

강한 자가 살아남는 것이 아니라,
살아남은 자가 강한 자이다

【소설 배경】(제43회-제50회)

조조의 침략으로 궁지에 몰린 제갈량은 동오에 들어가 설전군유舌戰群儒를 벌이며 적벽대전의 필요성을 성토한다. 제갈량은 조조가 노리는 것은 강동이교(大喬: 손책의 부인, 小喬: 주유의 부인)라며 조식의 시 가운데 동작대부銅雀臺賦를 끌어들여 주유와 손권을 격분시킨다. 그리하여 유비 군과 손권 군이 연합하여 조조 군과 일대 접전을 벌이게 되는데 이것이 바로 유명한 적벽대전이다.

조조는 먼저 형주를 제압하고 여기에서 항복한 채모와 장윤을 수군 도독으로 임명하여 수군의 위세를 크게 강화시킨다. 그러자 주유는 때마침 조조의 첩자로 방문한 장간을 역이용하여 이간계와 반간계로 채모와 장윤을 간단하게 제거하는 심리전을 벌인다.

적벽대전이 본격적으로 시작되자, 이들은 이간계와 반간계, 사항계와 역 사항계 등으로 맞서며 팽팽한 심리전으로 호각지세의 전세가 펼쳐진다. 이때 주유는 조조의 함선들을 불태우는 화공계를 계획한다. 그리하여 주유는 황개 장군을 이용한 고육지책을 계획하고, 황개로 하여금 은밀히 조조와 내통하도록 만든다. 이윽고 동남풍이 부는 날 황개는 투항하는 척고의로 조조의 함선에 접근하여 조조의 함선들을 모두 불태운다. 이렇게 하여 적벽대전은 결국 손권과 유비 연합군의 대승으로 끝나게 된다.

한편 주유는 범상치 않은 제갈량의 지략에 두려움을 가지기 시작한다. 결국, 주유는 아군인 제갈량을 은밀히 제거하고자 군사를 밀파하나 이를 눈치챈 제갈량은 주유의 감시망을 뚫고 유비의 진영으로 유유히 사라진다.

한편 주유의 화공으로 대패한 조조는 허둥대며 도망치다가 제갈량이 미리 매복시켜두었던 조자룡과 장비에게 쫓기는 신세가 된다. 조조는 사력을 다해 도망쳤지만, 이번에는 화용도에서 관우에게 생포되는 위기에 처한다. 이때 조조는 관우에게 예전의 의리를 읍소하여 겨우 탈출에 성공한다.

1

적벽대전 赤壁大戰의 배경

적벽대전의 발단과 전개

적벽대전은 전국 통일을 목표로 남하하는 조조에 대항해 유비와 손권이 연합하여 벌인 대형 전쟁이다. 적벽대전은 관도대전 및 이릉대전과 더불어 《삼국지》 3대 대전이라 일컫는다.

적벽대전의 발단과 전개 과정을 살펴보면 다음과 같다.
형주 자사 유표가 죽자, 그의 부하 채모는 장남 유기를 몰아내고 이복동생 유종을 유표의 후계자로 옹립한다. 그러나 심약한 유종은 조조 군이 두려워 형주를 통째로 조조에게 내어주며 항복한다. 오죽하면 조조가 "유경승(유표)의 아들과 원본초(원소)의 아들은 개돼지와 같다."라고 폭언까지 하였을까!
그리고 조조는 신야에 머물러있는 유비 군을 공격하여 신야성과 번성 및 양양성까지 모두 빼앗는다. 상황이 이렇게 전개되니, 궁지에 몰린 제갈량은 동오로 가서 구원을 요청할 수밖에 없었다. 결국, 제갈량은 손권 및 문무백관들과 설전군유舌戰群儒를 벌이며 동오의 참전을 설득한다.

마침내 참전으로 결심을 굳힌 손권은 주유를 대도독으로 삼고, 정보를 부도독에, 노숙을 군사에 임명하며 총화단결을 독려한다. 그러나 전황은 그리 호락호락하지 않았다. 유비와 손권 동맹군의 병사는 약 10만여 군사에 불과하였지만, 조조 군의 군사는 100만 대군이나 되어 절대적으로 불리한 전쟁이었다.

그러나 주유와 제갈량은 교묘한 전략과 전술 그리고 기상천외한 병법을 총망라하여 최후의 승부를 준비한다. 사실 적벽대전은 치열한 전투라기보다는 잘 짜인 한 편의 드라마 같은 느낌마저 든다. 특히 치밀한 구성은 시작부터 긴장감과 긴박함으로 이어져 끝날 때까지 숨조차 돌릴 틈을 주지 않고 전개된다.

적벽대전의 구성과 스토리를 분석하면 크게 외교전과 병법으로 나눌 수 있다. 특히 외교전과 병법의 전략 전술은 모두가 교묘한 심리전에 근거를 두고 있는 것이 특징이다. 먼저 적벽대전에 동원된 외교전의 경우 3가지의 외교력이 상징적으로 잘 드러나 있다.

적벽대전에서 펼친 제갈량의 외교전

적벽대전 전초전에서 보여준 제갈량의 외교전은 눈부시다.

그의 외교전은 크게 천하삼분론天下三分論과 이이제이以夷制夷 그리고 설전군유舌戰群儒 등으로 나눌 수 있다.

궁지에 몰려있는 제갈량은 당시 아무런 정치적 배경과 세력조차도 없는 혈혈단신의 몸이었다. 그러함에도 불구하고 제갈량은 융중에서 유비에게 제시하였던 천하삼분지계의 비전을 완성하고자, 먼저 동오의 노숙

제갈량이 외교전을 주유에게 펼치다

을 정치 파트너로 삼아 적벽대전의 큰 틀을 구상한다. 당시 동오에도 노숙과 제갈근은 천하삼분론에 동조하는 세력이었다. 사실 동오 관점에서 조조의 세력이 너무 크기에 우선 손권과 유비의 세력이 힘을 합쳐 조조를 견제한다는 계획이 있었다. 노숙과 제갈근도 이를 지지하고 있었기에 제갈량은 은연중 동조 세력을 손쉽게 규합하였다.

이이제이以夷制夷란 오랑캐를 이용해 오랑캐를 무찌른다는 뜻으로 역대 중국이 주변국을 대상으로 쓰던 전통적 외교정책이다. 이이제이는 현대에도 세계의 각국에서 사용하는 중요한 외교정책으로 이용되고 있다. 적벽대전에서는 세력이 가장 약한 유비 진영에서 동오를 전쟁에 끌어들여 조조의 공격을 막아내려는 외교전이기도 하다.

동오에 들어온 제갈량은 은연중 노숙의 지원을 받으며 동오의 참모들에게 설전군유(혹은 강동설유)를 펼치며 적벽대전의 불가피성을 주장하였다. 이때 강동의 명사들 가운데 장소·우번·육적·설종·엄준·정덕추 등의 신료들은 100만 대군으로 돌진하는 조조의 위세에 눌려 항복을 주장하였다. 그러나 제갈량은 신료들과의 격렬한 난상토론을 하면서, 논리정연한 언변으로 반박하였다. 결국, 제갈량은 분위기를 반전시켜 동오를 참전으로 이끄는 외교적 성과를 끌어냈다.

사실 동오의 참전을 끌어내는 외교적 전략은 제갈량의 치밀한 심리전에서 나왔다. 항복이냐 전쟁이냐를 놓고 고민하는 주유에게 제갈량은 조조의 아들 조식이 쓴 동작대부를 읽어주었다. 특히 내용 중에 "동남의 두 교씨를 데리고 그들과 함께 여생을 즐기리라."라는 '강동이교'의 문구를 교묘히 왜곡하여 대교는 손책의 처를, 소교는 주유의 처를 의미한다고 속여 주유의 심리를 격분시켰다.

이처럼 제갈량의 이간계는 결국 손권을 전쟁에 끌어들여 적벽대전을 성사시키는 엄청난 외교력을 발휘하였다. 사실 유비의 관점에서 적벽대전은 더 이상 손해 볼 것이 없는 전쟁이었다. 더군다나 조조가 대군을 이끌고 형주까지 진출한 것도 사실상 유비를 잡기 위해서였다. 손권과는 별 상관도 없었다. 그러기에 동오를 꼬드겨 참전하게 만든 것은, 그야말로 제갈량의 뛰어난 외교 전략이 제대로 먹힌 것이기도 하다. 이처럼 적벽대전은 다양한 외교 전술과 수많은 병법이 모여 만들어 낸 한 편의 드라마라 할 수 있다.

다음은 적벽대전에 사용된 다양한 병법에 대하여 알아보고자 한다. 특히 스토리 내용에 따라 나타난 병법들을 전개 순으로 묶어서 소개하고자 한다.

2

적벽대전의 전략과 전술

적벽대전에 사용된 병법

(1) 이간계離間計와 반간계反間計

이간계는 상대편을 서로 의심하게 하여 갈등을 만들게 하는 계책이며, 반간계는 상대의 첩자를 포섭하여 이용하거나 혹은 적의 첩자인 줄 알면서도 이를 역이용하여 적을 속이는 계책을 말한다.

조조는 형주를 점령한 후, 먼저 수공에 대비하여 수군 전문가 채모와 장윤을 사령관으로 임명한다. 그리고 조조는 수채를 세우고 대치한 후, 주유의 옛친구 장간을 동오에 밀파하여 한편으로 주유를 설득하고 한편으로 상황을 알아보라고 하였다.

이러한 계략을 간파한 주유는 일부러 장간을 자신의 침소로 데리고 가 함께 술을 마신다. 장간은 문득 주유의 책상 위에 채모와 장윤이 주유와 내통하고 있는 가짜 편지를 발견하고 이를 훔쳐 조조에 보고한다. 이에 조조가 분노하여 채모와 장윤을 참수해 버린다. 즉, 주유의 이간계가 성공한 것이다.

그 후 장간이 재차 주유를 염탐하러 첩자로 오자, 주유는 장간에게 자신의 서신을 훔쳐서 달아난 죄목으로 체포하여 산속에 가두었다. 그리고 의도적으로 방비를 허술하게 하여 탈출하도록 방관하였다. 그러자 장간은 몰래 탈출하여 산중에 살던 방통에게 접근한다. 그리고 방통을 데리고 조조의 진영으로 귀환하였다. 이때 방통은 수전에 약해 배멀미를 하는 조조 군사들에게, 배를 서로 연결하고 그 위에 널판을 깔도록 하는 연환 방책을 알려주고 이내 사라진다. 이리하여 주유는 첩자를 역이용하여 상대를 속이는 반간계를 거듭 성공시켰다.

(2) 사항계詐降計와 역 사항계逆詐降計

사항계는 아군의 장수를 거짓으로 적에게 항복하게 하여 적을 치거나 정보를 얻어내는 계략이며, 역 사항지계는 사항계를 역으로 이용하는 계책으로 거짓으로 항복한 적군의 장수를 역이용하여 무찌르는 계책을 말한다.

조조는 장간이 가져온 내통 편지가 주유의 이간계였음을 알아차리고 후회한다. 그리고 채모의 동생 채중과 채화를 은밀하게 불러 동오에 거짓으로 투항하라고 지령을 내린다. 그 후 채중과 채화는 주유 군의 군사기밀을 은밀히 수집하여 조조에게 제공하였는데 이것이 바로 조조가 꾸민 사항계이다.

그러나 주유는 이미 조조가 꾸민 사항계를 짐작하고 있었다. 주유는 이를 알아차리고 오히려 역정보를 뿌린다. 이것이 바로 주유가 꾸민 역 사항계이다. 즉, 노장군 황개를 '고육지책'으로 이용하여 조조의 군대에 거짓으로 투항하는 계책을 쓴 것이다. 결국, 주유가 채중 형제에게 준 역정보에 조조도 감쪽같이 속은 것이다.

주유가 황개를 이용하여 고육지계를 펼치다

(3) 고육지계苦肉之計와 장계취계將計就計

고육지계는 적을 속이기 위해 자신(혹은 아군)에게 고통을 가하는 계략이며, 장계취계는 적의 계략을 역이용하여 상대를 공략하는 계책이다.

주유는 황개를 고육지계의 희생양으로 활용하여 심하게 체형을 가하였다. 이때 상황 파악이 안 된 감녕이 "황개 장군은 너무 늙어 체형 처벌은 안 된다고 항의"하자, 주유는 감녕 역시 심하게 처벌을 하였다. 사실 이는 조조를 완벽하게 속이기 위해 주유와 황개가 서로 짜고 고통을 무릅쓰면서 벌인 고육지계 작전이었다.

첩자로 들어온 채중과 채화는 이것들을 낱낱이 조조에게 보고하였다. 그리고 분노한 황개와 감녕이 군량미를 싣고 조조 진영에 항복하겠다는 의사를 보고하였다. 이처럼 고육지계는 아군이 매우 어려운 상황에서 다소간의 희생까지도 감수해야만 성공할 수 있는 고난도의 병법이다. 그래야만 상대방도 속일 수 있기에 고육지계는 그야말로 고도의 심리전이라 할 수 있다.

장계취계는 적군의 계략을 역이용하여 다시 적군을 공략하는 계책이며, 혹은 반간계처럼 적의 첩자를 이용하여 적을 제압하는 계책이다. 채중과 채화를 이용한 조조의 사항지계에, 이를 역이용하여 주유가 황개를 이용한 고육지계를 통괄하여 장계취계라 한다.

(4) 화공계火攻計와 연환계連環計

화공계는 전쟁에서 가장 많이 쓰이는 병법으로 주요진지나 식량창고 등을 불로 태워버리는 계책이며, 연환계는 쇠고리의 고리처럼 여러 개의 병법을 연속적으로 사용하는 병법을 말한다.

기다리던 동남풍이 불어오자, 주유는 전군을 소집하여 거짓으로 항복한 채중과 채화 일당을 처형하고 또 한편으로는 은밀히 제갈량을 제거하라고 군사를 파견한다. 동시에 황개는 항복을 가장하며 조조의 함대에 접근한다. 그리고 황개는 조조 군 수채에 불을 붙이고 총공격을 한다. 연환법으로 이미 사슬로 묶인 배들은 순식간에 불이 붙어 조조 군은 아비규환의 대혼란에 빠진다. 이렇게 주유는 화공계로 대승을 거두었다.

적벽대전에서는 주유가 장간을 이용하여 채모와 장윤을 제거한 이간계와 반간계 그리고 조조가 꾸민 채중과 채화의 사항지계에 주유가 황개를 이용하여 맞대응한 역 사항계 및 고육지계 등 여러 계략이 순환 고리처럼 이어지는 계책을 통칭하여 연환계라고 한다.

(5) 허허실실虛虛實實과 허장성세虛張聲勢

허허실실은 허虛를 찌르고 실實을 꾀하는 계책으로 약한듯하면서 실하고 실한듯하면서 약함을 이용한 일종의 기만법欺瞞法이다. 또 실속은 없으면서 큰소리치거나 허세를 부리는 허장성세와 유사하다.

　제갈량이 구사하는 병법은 주로 고도의 심리전에서 나온다. 제갈량은 조자룡에게 오림에 매복하게 하고, 장비에게는 호로곡에 매복하게 하였으며, 마지막으로 관우에게는 화용도에 매복하도록 지시하였다. 적벽대전에 대패한 조조는 조자룡과 장비에게 쫓기어 만신창이의 몸으로 화용도 근처에 도착한다.

　양 갈래 길에서 조조는 상황을 판단하였다. 한쪽은 큰길이고 다른 쪽은 오솔길로 연기가 피어오르고 있었다. 조조는 제갈량이 오솔길에서 불을 피우며 자신을 기만하려 한다고 생각하고 오히려 연기가 피어나는 방향을 선택하였다. 그러나 제갈량은 조조의 이런 심리를 역이용하여, 그곳에 관우를 매복시켜 놓고 있었다. 매복했던 관우가 갑자기 나타나자, 조조는 절망에 빠진다.

　최후의 수단으로 조조는 관우에게 옛날의 의리와 은혜를 내세우며 목숨을 구걸한다. 겨우 목숨을 구한 조조가 남은 군사들을 수습해 허창으로 돌아가면서 적벽대전은 조조의 참패로 막을 내린다. 이처럼 적벽대전은 다양한 외교 전술과 수많은 병법이 끊임없이 출현하면서 흥미를 배가시켰다.

3

적벽대전의 득실

강한 자가 살아남는 것이 아니라, 살아남은 자가 강한 자이다

소설《삼국지》에서 벌어진 관도대전·적벽대전·이릉대전 등 3대 전투 가운데 적벽대전을 가장 큰 전투로 꼽을 수 있는데, 이는 소설적 허구와 예술성을 가장 잘 부각하여 꾸며졌기 때문이다.

적벽대전의 승패를 갈랐던 결정적 원인은 무엇인가?
적벽대전의 승패는 전략과 전술에서 결정되었다. 조조는 100만 대군을 가지고 10대1로 싸우는 전투에서 속절없이 무너졌다. 물론 조조의 자만도 있었지만, 전략과 전술에서 주유에게 한 수씩 밀렸다. 주유가 승리한 원인은 이간계와 반간계, 사항계와 역 사항계, 고육계와 연환계 등으로 적의 기선을 제압한 것과 화공을 사용하여 모두 초토화한 것을 들 수 있다.

전투	상대	참모와 장수	전력	승패 요인	득실
적벽대전	조조	순유·정욱·순욱·서황·조인·하후돈·장합·장료·악진	100만	조조의 자만, 수군의 약점과 전략 전술의 실패, 주유의 기만술에 역이용 당함	조조:천하통일의 계획 무산
	손권 유비 연합	제갈량·주유·노숙·정보·황개·관우·장비·조자룡·여몽·제갈근 등	10만	고육계·연환계·반간계·사항계 등과 화공계로 기습공격, 주유와 제갈량의 지략과 리더십의 승리	손권:승리는 하였으나 실익이 없음 유비:구사일생으로 재기하여 창업의 토대 마련

적벽대전의 특징을 꼽는다면, 먼저 강자가 약자를 상대로 전쟁을 일으켰으나 강자가 전쟁에서 대패하였다는 점이다. 또 동남풍을 이용하여 화공계로 적진을 불태우며 승패를 갈랐다는 점이다. 그리고 승자가 그 승리를 기반으로 나라가 반석에 올라선다는 점이다.

이처럼 전쟁이란 늘 강한 자가 이기는 것이 아니라 철저하게 준비된 약자도 언제든지 역전이 가능하다는 점이다. 그러기에 강한 자가 살아남는 것이 아니라, 살아남은 자가 강한 자인 것이다.

제갈량과 주유 및 조조의 지략대결

적벽대전에서 매우 흥미로운 부분 중 하나가 바로 제갈량의 초선차전草船借箭이다. 초선차전은 지략가 제갈량과 주유 및 조조 등의 지혜 싸움으로 적벽대전에 앞서 벌인 일종의 심리전이며 전초전이라 할 수 있다.

주유는 적벽대전을 앞두고 제갈량에게 10만 개의 화살을 10일 안에 만들어 달라고 요청한다. 그러나 제갈량은 오히려 사흘 안에 만들겠다고 장담한다. 이에 주유가 군중무희언(軍中無戲言: 군중에는 농담이 없다)이라며 만일 10만 개의 화살을 만들지 못하면 군법대로 처리한다는 군령장을 쓰라고 하자, 제갈량은 흔쾌히 동의하였다.

그리고 제갈량은 노숙에게 선박 20여 척과 마른 풀을 요구하여 배에다 가득 실었다. 그런 다음 사흘째 되는 날 새벽, 제갈량은 노숙과 함께 20여 척의 배에 타고 안개 자욱한 강을 따라 조조의 수군 영채로 접근하였다.

그리고 제갈량이 병사들에게 북을 치고 고함을 지르도록 하니, 조조의 군대는 깜짝 놀라 궁노수를 동원해 화살을 퍼부었다. 자욱한 안개로 인하여 적에게 접근이 어려워지자, 의심 많은 조조는 병사들에게 접근하지 말고 화살로만 대응하라고 명령을 내렸다.

화살이 한 방향으로만 집중되어 날아오자 배가 기울기 시작하였다. 제갈량이 다시 뱃머리를 돌려 반대 방향으로 접근하니, 반대 방향에도 화살이 빼곡하게 꽂이었다. 동이 틀 무렵 제갈량은 배 양쪽에 화살을 가득 꽂힌 것을 확인하고, 의기양양하게 귀환하였다. 돌아와 화살을 세어보니 10만 개가 훌쩍 넘었다. 이렇게 순식간에 화살 10만 개를 얻은 고사가 바로 초선차전이다.

초선차전草船借箭이란 마른 풀을 가득 실은 배를 이용하여 적군의 화살을 빌린 제갈량의 계략을 말한다. 이렇게 하여 제갈량의 목숨을 노렸던 주유의 계획은 수포가 되고 말았다. 노숙은 제갈량의 지략에 탄복하여, 제갈량을 신인神人이라고 칭찬하였고, 주유 또한, "공명의 계책은 신기묘산神機妙算"이라며 제갈량의 신기에 가까운 재주에 탄복하였다.

이처럼 제갈량은 아군과 적군을 가리지 않고 유감없이 신기묘산의 계략을 발휘하였다. 모두가 상대의 심리를 역이용하여 만들어낸 기상천외한 성과였다. 사실 이는 옹유펌조의 부산물이다. 초선차전의 고사는 정사

제갈량이 초선차전으로 화살 10만 개를 얻다

인 역사《삼국지》에서 전혀 언급이 없고 소설《삼국지》에만 나오는 이야기이다. 나관중은 적벽대전에서 제갈량의 재주를 극대화하기 위하여 조조마저 의심 많고 아둔한 인물로 묘사하였다. 또 그것으로도 부족하여 주유와 노숙까지 불똥이 튀어버렸다.

그러면 적벽대전은 어디까지 사실이고 어디까지 허구일까?

적벽대전은 조조와 손권의 양대 세력이 대립하는 가운데, 조조 진영에서 전염병이 돌아 오히려 조조 군이 불리한 상황이었다. 이때 황개 장군이 주유에게 소형 배를 가지고 조조의 수채를 불태우자는 계책을 올린다. 주유가 허락하여 시행하는데, 때마침 동남풍이 불어와 배는 물론 영채의 일부까지 불길이 번져 주유의 군대는 의외의 승리를 거두게 된다.

　조조의 군대는 전염병에 영채까지 불타버리는 악재가 발생하자, 사기가 크게 떨어진다. 그리하여 조조는 고민 끝에 철군을 결심하였다. 그러나 나머지 선박을 두고 철수하면 적군에 이롭기에 나머지 선박까지 모두 불태우고 철수한다. 이렇게 적벽대전은 싱겁게 끝이 났다.

　이것이 역사에 나오는 적벽대전의 진실이다. 그러나 나관중은 적벽대전을 확대 포장하여 조조를 대패한 패배자로 끌어내리고 주유를 최고의 승자로 각색하였다. 그러면서 여기에 다시 제갈량을 끌어들여 그를 전략전술의 화신으로 만들어 버렸다. 특히 적벽대전은 사실과 다른 각색이 대부분이다. 그러기에 소설《삼국지》는 역사적 관점이 아닌 문학적 관점에서만 논해야 한다. 사실 문학성만 논한다면 적벽대전은 가장 화려한 종합예술의 극치로 성공적인 문학작품임에는 틀림없는 사실이다.

4

적벽대전의 승리로
유비가 세상의 중심에 서다

조조 삼소曹操三笑 - 웃다 망한 조조, 울다 흥한 유비

'조조 삼소'는 적벽대전에서 "조조가 크게 세 번 웃는다."라는 뜻으로, 자기 분수도 모르고 자만에 빠져 남을 비웃는 것을 비유하는 말이다. 적벽대전에서 화공으로 대패한 조조가 패주하는 와중에도 제갈량과 주유의 무능을 비웃다가 낭패를 당한 에피소드를 말한다. 여기에서 "웃다 망한 조조, 울다 흥한 유비"라는 말이 유래하였다.

적벽대전에서 주유와 제갈량의 화공계에 대패한 조조는 장료의 호위를 받으며 구사일생으로 적진에서 탈출하였다. 그리고 조조는 얼마 되지 않는 군사를 이끌고 도망쳐 새벽녘에 산림이 빽빽하고 지세가 험준한 오림에 이르렀다. 이때 조조는 문득 크게 웃음을 터트리며 웃었다. 그리고 만약 자신이라면 이와 같은 지형의 장점을 살려 이러한 곳에 군사를 매복시켜 놓았을 것이라며, 주유와 제갈량의 지략을 비웃었다. 그 말이 끝나기도 전에 갑자기 조자룡의 군대가 출현하여 공격해 왔다.

화용도에서 조조가 관우에게 목숨을 구걸하다

　조조는 혼비백산하여 도망치기 시작하였다. 한동안 도망치던 조조는 호로구葫蘆口에 이르러 잠시 휴식을 취하게 되었다. 이때 조조는 지형을 관찰하더니 또 크게 웃음을 터트렸다. 그러면서 또 이곳에 군사를 매복시키지 않은 주유와 제갈량의 병법을 비웃었다. 그 말이 끝나기도 전에 이번에는 장비가 등장하여 공격하였다. 깜짝 놀란 조조는 혼비백산하여 도망쳤다.
　한동안 달아나던 조조는 겨우 화용도華容道의 험준한 계곡을 지나게 되었다. 이때 조조는 또 호탕하게 웃음을 터트렸다. "이처럼 험준한 계곡에 몇백 명의 군사만 매복시켜도 우리를 사로잡을 수 있었을 텐데."라고 제갈량의 무능을 비웃었다. 그러자 이번에는 관우가 군사를 이끌고 나타났

第6講 적벽대전赤壁大戰과 병법론兵法論　155

다. 이에 기겁한 조조는 더 이상 도망칠 여력을 상실하였다. 결국, 조조는 이전에 관우에게 베푼 은혜와 의리에 호소하며 목숨을 구걸하였다. 그리하여 조조는 간신히 목숨을 부지하고 도망칠 수 있었다.

여기서 유래한 조조 삼소는 도망치면서도 제갈량과 주유의 지략을 비웃다가 낭패를 당한 조조를 비유하고 있지만, 한편으로는 만사를 긍정적으로 바라보는 조조의 여유와 두둑한 배포를 느낄 수 있는 부분이다. 물론, 허구로 창작된 내용이지만 난관 속에서도 웃으며 여유를 보이는 조조의 남다른 기백은 높게 평가할 만하다. 결국, 이러한 긍정의 에너지가 뒷날 위나라를 창업하는 토대가 되었다.

재주는 곰이 부리고 돈은 되놈이 번다

"웃다 망한 조조, 울다 흥한 유비"에서, 울다 흥한 유비는 그의 상징적 이미지에서 나온 것이다. 즉, 유비하면 떠오르는 상징적 이미지가 울보이기 때문이다.

유비는 "형주에서 자신의 허벅지 살을 보며"髀肉之嘆, "서서와 작별의 인사를 나눌 때", "제갈량을 책사로 모실 때", "조자룡이 장판교 근처에서 유선을 구해 올 때" 등 수없이 울음보를 터트렸다.

특히 신야의 도주에서 자신을 따르는 백성들을 돌보느라 피난이 지체되었다. 조조 군이 근거리까지 추격해 오자, 참모들은 백성들을 포기하고 도주하자고 건의한다. 그러나 유비는 "백성들에게 버림을 받을지언정 내가 먼저 백성을 버릴 수는 없다."라며 눈물을 흘린다. 이 한마디로 유비는 군주로서의 이미지 메이킹에 성공하는 계기가 되었다. 이러한 것들이 바로 유비가 가진 감성의 리더십이다. 유비의 인복은 적벽대전에서도 이어졌다.

적벽대전의 승부로 조조는 치명타를 맞았지만, 손권과 유비 연합군에게는 새로운 기회가 만들어졌다. 옛말에 "재주는 곰이 부리고 돈은 되놈이 번다."라는 말이 있다. 수고하는 사람 따로 있고 이익 보는 사람 따로 있을 때 하는 말이다. 바로 적벽대전이 그러했다.

　유비는 삼고초려를 통하여 책사로 맞이한 제갈량에게서 천하 삼분의 비전을 보았다. 그리고 손권과 연합하여 조조에 대항하였던 적벽대전에서의 승리는 유비에게 창업할 수 있는 토대를 마련해 주었다. 특히 형주 지방의 확보야말로 창업의 전초기지를 확보한 것이다. 결국, 유비는 적벽대전을 계기로 위·오·촉 삼국으로 정립하는 계기를 만들었다. 이렇게 적벽대전의 승리로 유비가 세상의 중심에 선 것이다

【故事成語와 名言名句】

설전군유 舌戰群儒

　설전군유는 제갈량이 동오로 들어가 손권의 참모들과 설전을 벌인다는 의미이다. 이 과정에서 제갈량은 논리 정연한 언변과 화법으로 이들을 굴복시키며 적벽대전을 성사시킨다.

강동이교 江東二喬

　강동이교는 강동에는 최고의 미녀 대교大喬와 소교小喬 자매가 있었는데 후에 대교는 손책의 부인이 되었고, 소교는 주유의 부인이 되었다. 이를 일컬어 강동이교라 한다.

초선차전 草船借箭

초선차전은 "지푸라기를 가득 실은 배를 이용하여 화살을 얻는다."라는 뜻으로, 제갈량이 20척의 배를 이용하여 조조의 수군 영채에 접근하여 10만 개의 화살을 얻은 고사에서 유래되었다.

군중무희언軍中無戱言

군중무희언의 의미는 "군중에는 농담이란 없다."라는 뜻이다. 즉 전쟁에서는 농담으로 하는 말이 없듯이 군기의 냉엄함을 의미하는 말로 주유가 제갈량에게 한 말이다. 보통 궁중무희언宮中無戱言 이라는 말도 함께 사용한다.

신기묘산神機妙算

신기묘산은 신이나 부리는 뛰어난 계략으로 일반 사람은 짐작도 하지 못하는 훌륭한 계략을 이르는 말이다. 소설《삼국지》제46회에 주유가 제갈량에게 화살 10만 개를 만들어 달라고 요청하자, 제갈량은 어둠과 안개를 이용하여 조조의 군영에 들어가 손쉽게 화살을 탈취해 온다. 이에 놀란 노숙과 주유가 한 말이다. 주유는 "공명의 신기묘산은 내가 따라갈 수가 없다."孔明神機妙算,吾不如也.라고 하였다. 이 말은 이곳 외에도 여러 곳에 언급되어 있다.

조조삼소曹操三笑

조조삼소는 조조가 세 번 웃는다는 뜻으로, 자기 분수를 모르고 자만하여 남을 비웃는 것을 비유하는 말이다. 적벽대전에서 조조가 도망치면서도 제갈량과 주유의 병법을 비웃다가 낭패를 본 고사에서 유래되었다.

육적회귤陸績懷橘

육적회귤은 "육적의 지극한 효성을 이르는 말"에서 유래되었다. 손권의 참모인 육적이 젊은 시절에 원술을 만난 적이 있었다고 한다. 원술이 육적에게 귤을 주자, 그는 먹는 시늉만 하다가 원술이 없는 사이에 귤을 자신의 품속에 감추었다. 그리고 그가 작별인사를 하다가 그만 품속에 있던 귤을 땅에 떨어뜨렸다. 원술이 "육랑은 손님으로서 어찌 귤을 품에 넣었는가?"陸郎作賓客而懷橘乎?라고 묻자. 육적은 "집에 계신 어머니를 드리려고 하였습니다."라고 답하였다. 이에 원술이 육적의 효심에 크게 감동하였다는 일화인데, 소설《삼국지》제43회에는 제갈량이 웃으며 "공은 원술 면전에서 귤을 품에 넣던 육랑이 아닌가?"孔明笑曰: 公非袁術座間懷橘之陸郎乎?라고 하는 말이 나온다.

하필성문下筆成文

"붓을 들어 쓰기만 하면 문장이 이루어진다."라는 뜻으로 뛰어난 글재주를 비유하는 말이다. 소설《삼국지》제43회에는 제갈량이 적벽대전에 동오를 끌어들이기 위해 주유와 나누는 대화가 나오는데, 제갈량이 "조조의 어린 아들 조식은 자가 자건인데, 붓만 잡으면 훌륭한 문장이 이루어진다고 합니다."曹操幼子曹植, 字子建, 下筆成文 라고 칭찬하는 부분에 언급되었다.

【상식 한 마당】

36계와 삼국지 병법

삼십육계라는 말이 처음 나오는 것은《남제서 왕경칙전南齊書·王敬則傳》

에 "단장군의 서른여섯 개 계책 중에 달아나는 것이 최상이다."檀公三十六策, 走是上計라고 한데서 처음 나온다. 여기에서 단공은 위진남북조 때 송나라의 개국공신으로 유명한 장수 단도제檀道濟인데 후대 제나라의 왕경칙王敬則이 인용하여 쓴 말이다.

여기에서 주목할 것은 36가지 책략이라는 말이 언급되었다는 점이다. 특히 36책의 마지막 책략과 현재의 36계 가운데 마지막인 "走爲上計"가 서로 일치한다. 사실《삼십육계》가 위진남북조 시기 송나라의 단도제에 의하여 만들어졌다고 하지만 36가지 병법의 순서에 대해서는 많은 의문이 남는다. 즉 병법 제10계 소리장도笑裏藏刀는《당서唐書》에서 처음 유래되었고, 그리고 제18계 금적금왕擒賊擒王은 당나라 시인 두보의 시出塞曲: 射人先射馬 擒賊先擒王에서 처음 유래되었다. 그 외 제12계 순수견양順手牽羊은《고금잡극古今雜劇》(원대 關漢卿의 尉遲公單鞭奪槊)에서 처음 유래되었으며, 이 병법은《수호전》제99회와《서유기》제16회에도 이 말이 나온다.

이처럼 여러 종의 병법이 위진남북조가 아닌 후대에 유래되어 만들어진 병법이 상당수 확인된다. 이러한 자료에 근거하면 단도제의《三十六計》는 가령 위진남북조 시기에 처음 나왔다 할지라도 후대에 다소의 첨삭이 가해지면서 재편된 것이 확실해 보인다.

《삼십육계》는 명말청초부터 주목받기 시작하여 지금은《손자병법》과 쌍벽을 이룰 만큼 중요한 병법서가 되었다. 그러면 소설《삼국지》와 병서《삼십육계》는 어떤 연관성을 가지고 있을까?

신기하게도《삼십육계》의 병법이 대부분 소설《삼국지》에 등장한다. 이러한 관점에서 소설《삼국지》와 병서《삼십육계》는 상호 밀접한 영향 관계를 주고받으며 발전한 것으로 추정할 수 있다.

《三十六計》와의 연관성 비교분석

三十六計			삼국연의 내용과 출처
승전계 勝戰計	1計	만천과해 瞞天過海	태사자, 황건적의 눈을 속이고 적진에서 탈출하다. 11回 /12回 등에 나온다.
	2計	위위구조 圍魏救趙	곽도, 오소공격으로 비어있는 조조의 본체공격을 건의하다. 30回 등에 나온다.
	3計	차도살인 借刀殺人	조조, 예형을 형주로 보내 유표에게 죽게 만들다. 23回 등 여러 곳에 나온다.
	4計	이일대로 以逸待勞	제갈량, 위군을 지치게 하여 철수하게 만들다. 72回/82回~83回 등 여러 곳에 나온다.
	5計	진화타겁 趁火打劫	조비, 유비 사후 어수선한 촉한을 5로로 공격하다. 85回 등 여러 곳에 나온다.
	6計	성동격서 聲東擊西	조조, 장수 군대의 서북에 진지를 구축하고 동남을 치다. 18回 등 여러 곳에 나온다.
적전계 敵戰計	7計	무중생유 無中生有	제갈량, 초선을 이용해 조조 군의 화살 10만 개를 획득하다. 46回 등 여러 곳에 나온다.
	8計	암도진창 暗渡陳倉	등애, 서천의 험한 길로 기습하여 촉을 제압하다. 116回~118回 등 여러 곳에 나온다.
	9計	격안관화 隔岸觀火	조조, 원씨 형제의 내분을 불구경하듯 방관하다. 32回/34回 등 여러 곳에 나온다.
	10計	소리장도 笑裏藏刀	조조, 동탁에게 은밀히 접근하여 암살을 기도하다. 4回/7回 등 여러 곳에 나온다.
	11計	이대도강 李代桃僵	조조, 작은 희생을 감수하며 원소 군을 교란시키다. 26回/46回 등 여러 곳에 나온다.
	12計	순수견양 順手牽羊	두예, 적의 빈틈을 놓치지 않고 이용하여 오를 멸하다. 120回 등 여러 곳에 나온다.

三十六計			삼국연의 내용과 출처
공전계 攻戰計	13計	타초경사 打草驚蛇	가후, 여포를 유인해 함정에 빠트리고 왕윤을 공격하다. 9回 등 여러 곳에 나온다.
	14計	차시환혼 借屍還魂	조조, 허수아비 황제를 끼고 전국을 통치하다(순욱계책), 14回 등 여러 곳에 나온다.
	15計	조호이산 調虎離山	손견, 괴량의 유인술에 빠져 매복에 걸려 죽다. 7回/100回 등 여러 곳에 나온다.
	16計	욕금고종 欲擒故縱	제갈량, 맹획의 심적 항복을 얻고자 칠종칠금 하다, 87回~90回 등 여러 곳에 나온다.
	17計	포전전옥 拋磚引玉	조조, 군수 물자를 풀어 원소 군의 관심을 돌리다. 26回/75回 등 여러 곳에 나온다.
	18計	금적금왕 擒賊擒王	제갈량, 남만의 정벌에서 맹획을 칠종칠금하다. 87回~90回 등 여러 곳에 나온다.
혼전계 混戰計	19計	부저추신 釜底抽薪	조조, 정면공격 대신 오소를 급습하여 역전시키다. 30回/104回 등 여러 곳에 나온다.
	20計	혼수모어 混水摸魚	조조, 혼란한 원소의 후계문제를 틈타 이득을 취하다. 30回 등 여러 곳에 나온다.
	21計	금선탈각 金蟬脫殼	제갈량, 아군과 적군도 모르게 주력군을 빼내 기습 공격하다. 98回 등 여러 곳에 나온다.
	22計	관문착적 關門捉賊	원소, 공손찬의 요새를 차단하고 진입해 괴멸시키다. 21回 등 여러 곳에 나온다.
	23計	원교근공 遠交近攻	원소, 유주의 공손찬과 손을 잡고 근방의 기주를 공격하다, 7回 등 여러 곳에 나온다.
	24計	가도벌괵 假道伐虢	주유, 서천을 치려하니 형주 길을 빌려달라고 하다, 56回 등 여러 곳에 나온다.

三十六計			삼국연의 내용과 출처
병전계 並戰計	25計	투량환주 偸樑換柱	조조, 주력부대를 재빨리 바꿔치기하여 곽도 군을 대파하다. 30回 등 여러 곳에 나온다.
	26計	지상매괴 指桑罵槐	제갈량, 시범타로 마속을 참하며 우회적으로 경고하다. 96回 등 여러 곳에 나온다.
	27計	가치부전 假痴不癲	유비, 천둥 번개에 놀라는 척 소심한 연기를 하다. 21回/106回 등 여러 곳에 나온다.
	28計	상옥추제 上屋抽梯	조조, 유종을 겁박하여 항복하게 만든 후에 몰살시키다. 41回 등 여러 곳에 나온다.
	29計	수상개화 樹上開花	장비, 장판교에서 허장성세로 위장하여 조조 군을 크게 물리치다. 42回 등 여러 곳에 나온다.
	30計	반객위주 反客爲主	황충, 조금씩 주객을 전도시켜 하우연의 성을 빼앗다. 71回 등 여러 곳에 나온다.
패전계 敗戰計	31計	미인계 美人計	왕윤, 미녀 초선을 이용해 동탁과 여포를 이간시키다. 9~10回 등 여러 곳에 나온다.
	32計	공성계 空城計	제갈량, 사마의의 기습에 허장성세 심리로 막아내다. 95回 등에 나온다.
	33計	반간계 反間計	주유, 장간을 역이용하여 채모와 장윤을 제거하다. 13回/45回 등 여러 곳에 나온다.
	34計	고육계 苦肉計	주유, 황개를 고육지계로 거짓 투항하게 하여 적벽을 불사르다. 46回 등에 나온다.
	35計	연환계 連環計	주유, 반간계와 고육계 등으로 조조 군을 무찌르다. 43回~50回 등 여러 곳에 나온다.
	36計	주위상 走爲上	마초, 조조가 수염을 자르고 전포를 벗어버리다. 58回 등 여러 곳에 나온다.

第 7 講

형주쟁탈전荊州爭奪戰과
명분론名分論

– 형주를 얻는 자가 천하를 지배한다

key word

형주쟁탈전荊州爭奪戰·유비차형주劉備借荊州·정략결혼政略結婚·반골反骨·가도멸괵지
계假道滅虢之計·농가성진弄假成眞·명분名分과 실리實利·계륵鷄肋

재주는 곰이 부리고 돈은 되놈이 번다

【소설 배경】(제51-59회)

제갈량의 천하삼분지계를 받아들인 유비는 동오의 손권과 연합하여 남하하는 조조와 싸워 적벽대전의 승자가 되었다. 그리고 주유가 남군을 놓고 조인과 대립하는 틈을 이용하여 유비는 어부지리로 형주와 남군을 장악하고, 또 형주(지금의 호북성 일대)를 기반으로 조자룡과 장비 그리고 관우까지 동원하여 강남 4군(형남 4군이라고도 함. 지금의 호남성 일대)까지 접수해 버린다. 즉, 계양은 조자룡을 보내 점령하게 하였고, 장사에서는 관우가 위연과 황충에게 항복을 받아 유비 군에 합류시켰으며, 무릉은 장비가 선발로 나가서 점령하였다.

유비의 세력 확장에 크게 당황한 손권은 형주의 기득권을 주장하며 형주 반환을 요구해 왔지만, 유비는 익주를 얻을 때까지 반환할 수 없다며 정중히 거절한다. 이에 화가 난 주유는 손권의 누이동생과 거짓 정략결혼을 꾸미어 유비를 제거하려 하였지만, 오히려 거짓 결혼 전략이 진짜 결혼으로 이어지며 주유의 계책은 모두 실패로 돌아갔다.

주유는 병법 가도멸괵지계를 사용하여 형주를 탈취하려 하였으나 이마저도 제갈량에게 간파당하는 바람에 허사로 돌아갔다. 이에 충격을 받은 주유가 화병으로 급사하자, 손권은 황급히 노숙을 동오의 대도독으로 임명하였다.

노숙은 방통을 손권에게 추천하였으나 손권이 반응을 보이지 않자, 이에 실망한 방통이 유비에게 귀순하면서 유비의 전력은 크게 확충되었다. 또 형주를 거점으로 익주 및 한중 일대까지 장악하며 삼국정립을 위한 교두보를 마련하였다.

한편 조조가 역적모의를 꾸미는 마등과 그 아들을 허도로 불러들여 제거하자, 이에 분노한 마등의 아들 마초는 서량 일대에서 군사를 일으킨다. 이 전투에서 조조가 위기에 빠져 홍포를 벗어던지고 또 수염을 자르며 도망치는 모욕을 당했지만, 조조는 책사 가후의 반간계로 마초와 한수 사이를 이간시키는 병법으로 대응한다. 이에 갈 곳을 잃은 마초가 다시 재기를 노렸으나 일이 뜻대로 되지 않자, 한중의 장로에게 몸을 의탁한다.

1

형주를 얻는 자가
천하를 지배한다

적벽대전 후 형주의 상황

적벽대전이 끝나고 무주공산인 남군과 형주를 놓고 손권과 조조가 팽팽하게 접전을 벌이는 사이 유비는 제갈량의 묘책을 수용하여 형주를 선점해 버린다. 또 형주荊州를 기반으로 조자룡과 장비 및 관우까지 총동원하여 강남 4군을 접수하였다. 여기에 책사 방통까지 얻으며 창업의 토대를 구축하였다.

형주는 지금의 호북성으로, 남쪽에는 호남성과 경계 지점이다. 형주 지방은 장강 유역의 평야 지대로 호수와 강이 밀집된 지역이며 서고동저西高東低 형태의 비옥한 곡창지대이다. 중국의 정중앙에 위치해서 서방의 익주, 동방의 건업, 북방의 허도를 바라볼 수 있는 전략적 요충지로 유비·조조·손권 모두에게 매우 중요한 전초기지였다.

특히 형주 지방을 가로지르는 한수라는 강은 장강의 지류로서 동남쪽으로 비스듬하게 흘러들어 장강으로 합류한다. 이 강은 한중에서 발원하여 양양과 강릉 부근을 거쳐 무한에 이르러 장강과 만난다. 그러하기에 한수를 장악해 군사와 군수 물자를 빠르게 운송하면 중원을 장악할 수 있는 전략적 요충지로 활용도가 높은 곳이다. 그래서 "형주를 얻는 자가 천하를 얻을 수 있다."라는 말이 나온 배경이 되었다.

제갈량이 제시하는 천하삼분지계의 밑그림은 형주와 익주를 얻어, 양 방향에서 동시에 북벌을 단행하여 위나라를 압박하는 것이다. 또 형주를 통하여 동오의 손권을 감시할 수 있으며, 그리고 수시로 조조와 손권의 견제가 가능한 땅이기에 오랜 시간 유비가 탐내 온 땅이었다.

또한, 조조의 관점에서도 형주를 손아귀에 넣게 되면 유비와 손권의 숨통을 통제할 수 있는 요충지였다. 그리고 손권의 동오 입장에서도 평야지대인 서주 방면보다는 장강의 도움을 받은 형주 방면이 수도 건업을 수비하는데 훨씬 쉬웠고, 또 중원으로 진출할 수 있는 교두보로 활용할 수 있기에 모두에게 형주는 결코, 양보할 수 없는 군사적 그리고 전략적 요충지였다.

사실 형주의 전략적 중요성은 어느 시대에나 강조되었다. 장강의 풍부한 물산과 인구 그리고 군사적 거점으로 활용도가 매우 높았다. 일찍이 춘추 전국시대부터 장강 유역을 장악한 초나라는 항상 북방 제국들의 위협이 되어왔다. 이는 형주의 동북쪽이 바로 허도이고 그 서북쪽이 바로 낙양이 위치하기 때문이다.

그리고 형주 남부(형남 4군 혹은 강남 4군이라함, 영릉·무릉·계양·장사) 역시 주인이 여러 번 바뀐 중요한 지역 중의 하나다. 이 지역은 황건적의 난이 발생하던 시기에는 손견에서 장선, 그리고 한현으로 주인이 바뀌었다. 그 후 한현이 유비에게 항복하면서 촉한의 땅이었다가 다시 오나라 땅으로 돌아갔다. 이 지역은 손견과 황충 그리고 위연 등 명장들이 근거지로 활동하였던 격전지 중의 하나였다.

2

유비가 형주를 빌리다 劉備借荊州

주유는 적벽대전에서 조조를 크게 무찌르고 난 뒤, 조인이 지키고 있던 남군을 접수하려고 하였다. 그러나 유비 역시 남군을 호시탐탐 노리고 있다는 사실을 알고 유비 진영으로 찾아가 만일 자기가 남군을 빼앗지 못하면 깨끗이 양보하겠다고 큰소리를 치고 돌아갔다.

그러나 상황은 쉽게 끝나지 않았다. 주유는 천신만고 끝에 조인의 대군을 물리치고 남군으로 달려갔으나, 남군성은 이미 조자룡이 점령하고 있었다. 더군다나 형주마저 이미 유비 손에 떨어지고, 또 양양은 관우의 차지가 되었다는 사실을 알고, 주유는 분노를 이기지 못하여 혼절까지 하였다.

며칠 후, 마음을 진정시킨 주유가 다시 유비를 공격하려고 하였다. 그러나 이번에는 손권이 군사를 거두고 돌아오라는 군령을 내리니, 주유는 할 수 없이 본진으로 철군하였다. 그리고 주유는 노숙을 파견하여 형주 반환을 요구하였으나 번번이 제갈량의 잔꾀로 인하여 실패하였다. 유비가 제갈량을 시켜 노숙과 협상한 조건은 바로 남군을 중심으로 형주 지역

관우와 황충이 승부를 펼치다

을 잠시 빌려주면 익주를 정복한 후 다시 돌려주겠다는 조건이었다.

이렇게 겨우 형주에 창업의 전초기지를 구축한 유비는 형주를 기반으로 주변을 접수하기 시작한다. 무릉과 장사 그리고 계양 및 영릉까지 차례로 공격하여 점령하였다. 조자룡과 장비 그리고 관우까지 앞다투어 전공을 세우니 유비는 탄탄대로를 달리며 승승장구하였다.

특히 장사의 태수 한현의 휘하에 있던 노장 황충과 관우의 대결은 후대에 많은 에피소드를 남기며 회자되었다. 한번은 관우가 장사를 공략할 때의 일이다. 오랜 공방 끝에 황충의 말이 넘어지는 바람에 황충이 낙마하였다. 하지만 관우는 정정당당한 승부를 원해서 공격하지 않고, 그가 다시 말에 올라타도록 기다려 주었다. 관우의 인격에 감복한 황충은 다음

대결에서 그의 장기인 활로 관우의 목이 아닌 투구만을 쏘아 빚을 갚았다. 그러자 이 모습을 지켜본 한현은 분노하여 황충을 명령위반죄로 처형하려고 하였다. 그러자 동료 장수 위연이 나타나 무도한 한현을 살해하고는 관우에게 투항하였다.

그러나 황충은 주군이었던 한현에 대한 충성심을 버리지 못하고 투항을 거부하며 칩거하였다. 결국, 유비가 직접 찾아가 정중히 요청하자, 그때에서야 황충은 마음을 열고 유비에게 투항하였다.

재주는 주유가 부리고 실리는 유비가 챙기다

"재주는 곰이 부리고 돈은 되놈이 번다."라는 말이 있다.

적벽대전에서 동오의 피해는 다소 있었지만, 유비 군의 피해는 거의 없었다. 적벽대전의 승리는 그야말로 현란한 주유의 전략 전술과 카리스마적 결단으로 이루어낸 성과였다. 그것에 반하여 제갈량은 초선차전으로 만들어 준 화살 10만여 개 그리고 동남풍을 몰고 온 공로가 전부였다. 동남풍도 때가 되면 불어오는 계절풍이기에 엄밀히 말하면 제갈량의 공로도 아니었다.

그러나 적벽대전이 끝나자, 제갈량은 남군을 포함하여 형주 일대까지 독식하였다. 이렇게 유비가 형주 일대와 형남 4군을 장악하자, 유비의 군대와 군량이 튼실해지는 것은 물론, 유능한 참모들과 장수들까지 줄지어 찾아들었다. 여기에 책사 방통까지 유비의 진영으로 귀순하면서, 유비가 꿈꾸던 천하삼분지계는 순조롭게 출발할 수 있었다. 상황이 이렇게 전개되니 주유의 입장에서는 그야말로 분통 터지는 일이 아닐 수 없었다.

제갈량이 천하삼분지계를 실행하는데 가장 큰 걸림돌은 조조라고 할 수 있다. 그러나 조조보다도 이를 더 견제한 사람이 바로 우방인 주유였다. 주유는 적벽대전을 대비하면서 제갈량과 긴밀하게 협조하며 전략 전술을 상의하였지만, 그는 번번이 제갈량을 견제하였다. 왜냐하면, 제갈량의 지략이 주유 자신을 능가하기에 주유 입장에서는 초조해질 수밖에 없었다. 그러기에 주유는 끊임없이 제갈량을 제거하려고 시도하였다. 적벽대전 이후에 주유가 화병으로 죽기까지 주유와 제갈량 사이에는 세 번에 걸친 지략대결이 펼쳐진다.

첫 번째, 형주 쟁탈전이다.

적벽대전을 치르면서 주유와 제갈량은 형주와 남군을 놓고 팽팽한 신경전이 이어지지만, 주유와 조인이 접전을 벌이는 사이에 제갈량이 먼저 이곳을 선점해 버렸다. 이로 인해 주유는 화병으로 졸도까지 하였다.

두 번째, 유비의 정략결혼이다.

주유가 손권의 누이동생과 거짓 정략결혼으로 유비를 동오로 끌어들여 죽이려고 하였으나, 이것이 진짜 결혼으로 이어지고弄假成眞 주유는 큰 충격을 받는다.

세 번째, 주유의 가도멸괵지계假道滅虢之計이다.

오나라에서 형주 반환을 요구하자, 제갈량은 익주를 정벌한 다음 돌려주겠다고 하였다. 이에 분노한 주유가 가도멸괵지계를 들고 나왔으나 제갈량에 간파당하는 바람에 패배는 물론 목숨까지 잃었다.

그야말로 재주는 주유가 부리고 실리는 유비가 챙긴 셈이 되었다.

3

제갈량과 주유의 지략대결

정략결혼

적벽대전 이후 형주 일대를 점거한 유비는 전초기지 형주를 지키기 위해 총력을 기울인다. 손권 또한, 유비의 형주 점령이 탐탁하지는 않았지만 그렇다고 유비와 전면전을 할 수도 없었다. 왜냐하면, 북방의 조조가 언제 쳐들어올지도 모르기 때문이다. 차라리 유비와 동맹을 맺고 조조를 견제하는 편이 더 유리했다.

그즈음 유비의 정실 감부인이 세상을 떠났다. 미부인도 이미 장판파에서 죽었기에 유비는 졸지에 홀아비 신세가 되었다. 형주 쟁탈전에서 제갈량에게 농락당한 주유는 이 기회를 놓치지 않고 새로운 전략을 세웠다. 바로 손권의 누이동생과 유비를 부부로 맺어주는 척, 유비를 강동으로 끌어들여 인질로 잡은 다음 형주와 맞바꾸려는 계략이었다.

그런데 일이 엉뚱한 방향으로 흘러갔다. 제갈량의 계책에 따라 강동에 들어선 유비와 조자룡이 먼저 동오 백성은 물론 손권의 어머니 국태 부인에게 혼사 소식을 전하며 소문을 퍼트렸다. 이를 모르고 있던 국태 부인은 몹시 분노하였지만, 사윗감 유비를 직접 만나보고는 늠름한 유비의 모습에 혼사를 허락하였다. 상황이 이렇게 되니 손권은 하는 수 없이 누이를 유비에게 시집보낼 수밖에 없었다. 이는 거짓으로 위장한 결혼이 오히려 현실이 되어 버린 것이다.弄假成眞

손권은 황당하였지만 어찌할 방법이 없었다. 결국, 조조에 대항하기 위해서는 유비와의 동맹이 절실하기에 이 혼인을 그대로 받아들여 우호 관계를 공고히 하는 수밖에 없었다. 이른바 위장 결혼이 정략결혼으로 둔갑해 버린 셈이 되었다.

사실 나관중은 주유의 미인계와 유비의 혼례를 적당히 각색하여 한바탕 지혜 대결로 분위기를 반전시켰다. 이처럼 주유가 추진한 정략결혼은 나관중의 손을 거치면서 오히려 주유가 스스로 함정에 빠지는 꼴이 되고 말았다.

유비가 정식으로 손권의 누이동생과 결혼하였다는 소식을 듣고, 주유가 마지막 승부수를 띄우는 것이, 바로 주유의 가도멸괵지계이다.

가도멸괵지계

가도멸괵지계假道滅虢之計 란?
옛날 진나라가 괵나라를 치기 위해 우나라에게 길을 빌려달라고 요청한 다음, 괵나라를 멸하고 돌아오는 길에 우나라를 멸망시킨 계책을 말한다. 동오의 손권이 유비에게 형주 반환을 요구하자, 제갈량은 익주를 정벌한 다음 형주를 돌려주겠다고 둘러댔다. 그러자 주유는 그러면 자신이 군사를 데리고 익주를 정벌해 줄 테니, 길을 빌려달라고 역제안을 하였다. 그러나 주유의 의도를 간파한 제갈량이 이를 역이용하여 오히려 주유

주유가 가도멸괵지계를 펼치다

를 궁지에 몰아넣었다.

주유는 제갈량이 자신의 계략에 속은 줄 알고 대군을 이끌고 개선장군처럼 형주에 입성하였다. 그러나 주유가 형주에 이르렀는데도 아무도 반응이 없자, 그는 의심이 들어 내막을 확인하였다. 그때 조자룡이 나타나 주유의 계책이 이미 탄로가 났음을 알려주며 조롱하였다.

주유가 깜짝 놀라 황급히 말머리를 돌리려는 순간 사방에서 유비의 군대가 공격해 왔다. 충격을 받은 주유는 외마디 고함을 지르고 피를 토하며 말 밑으로 떨어졌다. 주유는 "하늘은 나 주유를 낳고, 왜 제갈량을 낳았단 말인가!"既生瑜, 何生亮라고 절규하며 쓰러졌다. 결국, 천하의 대장군 주유는 이것이 원인이 되어 화병으로 죽었다. 이때 주유가 병사한 나이는

36살이었고 제갈량의 나이는 겨우 29살이었다.

사실 주유는 뛰어난 전략전술가로 오나라의 창업 공신이다. 또 그는 손책과 손권이 매우 아꼈던 참모로 오나라의 건국에 초석을 마련한 인물이기도 하다. 손권이 황제로 취임하면서 "주유가 없었다면 나는 황제가 될 수 없었을 것이다."라고 할 정도로 손책과 손권의 신임을 받았던 명장이며 명참모였다.

또 그는 어렸을 때부터 음악에도 정통하여 연주 중에 음이 틀리면 그것을 알아채고 뒤를 돌아보았다고 한다. 그래서 사람들이 "곡조에 잘못이 있으면 주랑이 뒤돌아본다."曲有誤, 周郎顧라는 말이 생길 정도로 음악은 물론 다방면에 출중한 인재였다.

그러함에도 불구하고 제갈량과 주유의 지략대결은 나관중에 의해 허구가 상당 부분에 가미되어 있다. 이는 아마도 유비와 제갈량이 정의롭지 못한 방법으로 형주와 남군을 탈취하자, 독자를 의식한 나관중이 제갈량과 주유의 지략대결로 관심을 돌리며 오히려 유비에게 면책과 정당성을 부여해 준 것이라 할 수 있다.

사실 나관중의 물타기 묘사기법은 적벽대전의 조조 3소에서도 잘 드러난다. 화용도에서 조조가 관우에게 정면으로 걸려들었지만, 관우는 의리를 내세워 조조를 살려 보내준다. 이 어찌 가당키나 한 일인가!

관우가 적군의 최고 수뇌인 조조를 살려 보냈다는 것은, 사실 군법회의에서 즉석 사형감이다. 그러함에도 불구하고 관우는 오히려 의리의 화신으로 둔갑하여 후대에 칭송을 받는 모순을 연출하였다. 이는 관우의 고향 후배인 나관중의 특별한 배려에서 나온 것이라 할 수 있다.

4

명분名分인가?
실리實利인가?

적벽대전을 기점으로 조조·손권·유비의 본격적인 삼파전이 시작되었다. 그런데 묘하게도 전투의 승패를 좌우했던 것이 바로 대의명분이다. 특히 삼국의 정립 과정에서 대의명분이 부족한 전투는 대부분 실패로 돌아갔다. 그러기에 우리는 명분과 실리라는 문제의 중요성을 다시 한번 생각해 볼 필요가 있다.

(1) 유비의 명분과 실리

명분과 실리를 가장 효율적으로 활용한 군주는 유비이다.

그는 늘 목전의 실리보다는 대의명분을 내세웠다. 그것도 바로 인의仁義를 바탕으로 한 대의명분이었기에 항상 민심을 등에 업을 수 있었다. 가장 대표적인 예가 도원결의를 통한 황건적의 퇴치였기에 많은 백성의 지지를 얻을 수가 있었다.

또 서주의 도겸이 서주를 맡아달라고 하였을 때도 그는 명분이 없다며 사양하였다. 그러다가 백성과 지역 원로들이 유비를 찾아와 간청하자, 그때 서야 못 이기는 척 받아들였다. 유비는 늘 이렇게 명분이 만들어지기를 기다렸다.

그 외, 형주의 유표에게 의탁할 때도 마찬가지이다. 제갈량이 형주를 점거하여 삼국정립의 토대를 만들자고 하자, 유비는 명분이 부족하다며 거절하였다. 그러다가 유표가 죽은 후에는 슬그머니 명분을 만들어 형주를 취해버렸다. 이처럼 유비는 명분이 부족하면 명분을 만드는 재주가 있었다.

그리고 유장이 통치하고 있던 익주에서도 마찬가지이다. 방통이 서천을 바로 접수하자고 하였으나 유비는 인의를 내세워 거절하였다. 그리고 명분이 생길 때까지 기다렸다가 적절한 명분이 생기면 그것을 근거로 실리를 취하였다.

그 후 천하를 삼분한 상황에서, 신하들은 유비를 제왕으로 추대하려 하였으나 이 역시 유비는 명분에 부족하다며 극구 사양한다. 그러다 조조가 위왕으로 등극하자, 그때 자신도 슬그머니 취임하였다. 또 촉한의 황제 취임을 할 때도 이와 유사한 과정을 밟았다. 이처럼 유비는 좀처럼 무리수를 두지 않고 적절한 때와 명분을 가지고 처신을 하였기에 결국, 명분과 실리를 모두 취할 수 있었다.

그러던 유비가 단 한 번의 실수로 파국으로 치닫게 되었는데, 이것이 바로 이릉대전이다. 사실 관우의 원수를 갚고자 일으킨 전투인 이릉대전은 그야말로 명분도 실리도 없는 무모한 싸움이었다. 이성보다 감정을 앞세운 이릉대전은 결국 촉한의 대패로 끝났고, 이러한 후유증으로 인하여 유비는 백제성에서 최후를 맞이하게 되었다. 항상 대의명분을 가지고 평생을 살았던 유비가 이릉대전이라는 단 한 번의 실수로 인하여 명분과 실리를 모두 잃고 또 목숨마저 잃으며 천하통일의 대업을 물거품으로 만들었다.

(2) 조조의 명분과 실리

조조는 초반에는 명분과 실리를 잘 조화시키며 승승장구하였다.

그러나 적벽대전을 기점으로 무리수가 나오기 시작하였는데, 이는 조조가 영웅의 길에서 간웅의 길로 들어선 시점과 무관하지 않다.

조조는 황건적의 난과 역적 곽사와 이각을 제거하면서 정치무대의 전면에 등장하였다. 특히 초반에는 황실을 안정시켰다는 전공으로 명분과 실리를 모두 얻을 수 있었다. 또 황제를 뒤에 업고 전국을 통제할 수 있는 명분까지 얻었다. 여기에다 관도대전에서의 승리는 조조에게 실리와 명분을 모두 주었다. 그야말로 실제 국토의 절반인 황하와 북부지역을 장악함으로 최고의 실력자로 부상하였다. 이때만 해도 조조는 대의명분을 중시하며 탄탄대로를 걸었다.

그러나 적벽대전에서 실패한 조조는 이때부터 영웅의 길에서 간웅의 길을 걷기 시작하였다. 특히 적벽대전에서의 참패는 조조의 심리에 크나큰 변화를 주었다. 지나친 욕심과 감정이 발동한 조조는 결국 명분은 물론 실리까지도 잃어버리게 되었다. 적벽대전 이후 조조는 명분이 부족한 싸움을 계속하였다. 조조가 적벽대전의 원한을 갚고자 재차 일으킨 유수전투나 합비전투의 경우는 이성보다 감정이 앞서는 싸움이었다. 그러기에 명분이 없는 싸움은 양측진영의 피해만 늘렸을 뿐 별다른 실리가 없었다.

명분과 실리 사이에서 고뇌하는 조조의 심정을 잘 말해주는 전투가 바로 촉한과 벌인 한중전투이다. 여기에서 그 유명한 양수의 계륵鷄肋 사건이 터진 것이다. 사실 계륵이란 닭갈비란 뜻인데, 의미는 "버리자니 아깝고 그렇다고 먹자니 먹을 것이 없다."라는 뜻이다.

한중 땅을 놓고 조조는 촉한과 전투를 벌이다가 장기전이 되면서 진퇴양난에 빠진다. 철수하자니 전략적 요충지인 한중 땅이 너무 아깝고, 그렇다고 계속 싸우자니 실리는 물론 적당한 대책과 명분도 없는 상황이었다.

어느 날 조조는 저녁으로 닭고기를 먹고 있었다. 문득 계륵을 보고 현 전황을 생각하여 혼자 "계륵이라. 계륵이라."라고 중얼거렸다. 이때 때마침 하후돈이 오늘 밤 암구호를 정해달라고 찾아왔다. 그러나 조조는 이 소리를 듣지 못하고 그저 계륵이라고 혼자 중얼거렸다. 하후돈은 암구호를 계륵으로 하라는 줄 알고 외부에 그대로 전파하였다.

이때 참모인 양수가 이 소리를 듣고 철군 준비를 시작하였다. 다른 장수가 이 모습을 보고 그 연유를 물으니, 조조의 심리를 꿰뚫고 있는 양수는 자초지종을 언급하며 "주군의 심리상 내일쯤 철군 명령을 내릴 것"이라고 하였다. 그러자 나머지 군사들도 양수를 따라 철군 준비를 하였다.

다음날 고심하던 조조가 철군을 결심하고 밖으로 나와 보니, 이미 철군 준비가 다 되어있는 모습에 깜짝 놀랐다. 마음을 들켜버린 조조가 즉시 경유를 조사해보니 양수부터 시작된 일이라는 것을 알게 되었다. 조조는 속으로 "양수가 아군 참모이기에 망정이지 적의 참모였다면 어찌 되었겠는가!"라고 탄식하며 양수를 군기 누설죄로 처형하였다. 여기에서 고사성어 계륵이 유래되었다.

천시를 타고난 조조는 대의명분에 다소 소홀하고 실리에 지나치게 치우치면서 대업이 흔들리기 시작하였다. 그 직접적 원인은 이성을 저버리고 지나친 욕심과 개인적인 감정이 앞서면서 어긋나기 시작하였던 것이었다.

(3) 손권의 명분과 실리

손권은 명분보다는 실리 쪽을 더 중시한 인물이다.

왜냐하면, 적벽대전·유수전투·합비전투·이릉대전 등 대부분의 전쟁에서 침략을 받았기에 오직 지키기에만 급급하였다. 그러기에 손권의 처지에서는 명분을 따질 겨를이 없었다. 이러한 수비 일변도의 정치 상황이

손권과 참모들이 작전회의를 하다

명분보다는 실리를 더 중시하게 만들어 놓았다.

  손권에게 적벽대전은 최대의 위기이면서 기회가 되었다. 결국, 적벽대전의 승리는 손권에게 명분과 실리를 가져다주었지만, 형주를 유비에게 빼앗긴 것은 뼈아픈 손실이었다. 적벽대전 이후에 노숙을 시켜 누차 형주 반환을 요구했으나 뜻대로 되지 않았다. 사실 적벽대전에서 대승한 동오의 입장에서 남군과 형주에 대한 일정의 지분은 있었다. 그러나 유비가 익주를 점령한 후에 형주를 반환하겠다고 나오니 난감한 입장이었다.

  결국, 주유가 위장 결혼계책과 가도멸괵지계로 대응하였지만 이마저도 제갈량에게 간파당하며 죽음까지 이르는 막대한 손실을 보게 되었다. 결국, 명분이 부족한 위장 결혼계책과 가도멸괵지계는 철저히 제갈량에게 농락만 당하며 명분도 실리도 얻지 못한 채 실패로 돌아갔다.

그 후 손권은 2차례에 걸쳐 조조의 대규모 침략을 받게 되는데, 이것이 바로 유수전투와 합비전투이다. 이 전투에서 양측은 적지 않은 피해를 보았다. 일진일퇴의 치열한 전투가 이어지다가 결국에는 화의를 하게 된다. 화의의 조건은 손권이 조조에게 조공한다는 조건으로 치욕적인 조약이었다. 이처럼 손권은 자신의 세력이 약할 때는 신하를 자청하면서 굴욕외교를 하기도 하였다. 이는 실리를 중시한 대외정책에서 나온 것이다.

그 후 유비가 익주를 평정하자, 손권은 다시 형주 반환을 요구한다. 이 요구가 거부되자, 손권은 여몽에게 밀명을 내려 형주 반환을 도모하였다. 여몽이 은밀하게 형주를 지키고 있는 관우를 기습하여 관우를 참수하자, 이것이 빌미가 되어 유비는 관우의 원수를 갚고자 대군을 일으켜 오나라를 침략하는데, 이 전쟁이 바로 유명한 이릉대전이다.

여몽의 형주 침략과 이로 인해 발발된 이릉대전은 양자에게 무모한 싸움이었다. 이릉대전은 오히려 조조의 실리만 채워주었던 전투였다. 오히려 손권과 유비가 동맹을 굳건히 하고 조조를 견제했어야만 했다. 이렇게 지속적인 외부의 침략은 손권을 줄타기 외교와 실리외교의 고수로 만들어 버렸다.

【故事成語와 名言名句】

유비차형주劉備借荊州

중국 속담에 "유비가 형주를 빌리다."劉備借荊州라는 말이 있다. 지금도 사용되는 속담으로 "한번 빌려 간 것을 돌려주지 않는다."라는 의미이다.

이는 삼국정립의 전초기지인 형주를 슬그머니 점령하고 오리발을 내민 유비를 풍자해서 나온 속담이다.

농가성진弄假成眞
장난삼아 한 것이 오히려 진실이 되었다는 말이다. 유비가 형주를 점령해 버리자, 화가 난 주유는 큰 충격을 받는다. 그리하여 주유는 거짓 결혼 계책으로 유비를 오나라로 유인하여 인질로 삼고, 형주와 교환하고자 한 계책이었으나 실패하여 거짓 혼인이 실제 혼인으로 둔갑하였다.

가도멸괵지계假道滅虢之計
가도멸괵은 야심 많은 진나라가 괵나라를 치려고 우나라에게 길을 빌려달라는 핑계로 괵나라를 치고 나중에는 우나라까지 멸망시킨 고사에서 유래되었다. 소설《삼국지》에서 주유가 형주 반환을 요구하자, 유비는 익주를 얻은 다음 형주를 반환하겠다고 한다. 이에 주유가 자신이 유비를 대신하여 익주를 공격할 테니 길을 빌려 달라고 역으로 제안을 하는 장면에서 나온다.

하늘은 나(주유)를 낳고 왜 공명을 낳았단 말인가! 旣生瑜, 何生亮
이 명언은 소설《삼국지》제57회에 나오는 말로 주유가 한 말이다. 서천을 치는 척 진군하여 형주를 빼앗으려던 가도멸괵지계가 제갈량에게 간파당하여 수포가 되어버리자, 주유가 통탄하며 한 말이다.

고곡주랑顧曲周郞
고곡주랑은 "음악에 조예가 깊은 사람을 일컫는 말"로 정사《삼국지》三國志·吳志·周瑜傳에만 나온다. 주유는 음악에도 출중하여 당시 오나라에서 "곡조를 잘못이 연주하면 주유가 뒤돌아본다."曲有誤, 周郞顧라는 말에서 유래되었다.

반골反骨

반골이란 "권세나 혹은 권위에 타협하지 않고 저항하는 기골"을 이르는 말로, 소설《삼국지》제53회에 위연이 유비에게 항복하자, 제갈량이 "위연의 뒤통수에 반골이 있어 후에는 반드시 모반할 사람이기에 먼저 참하여 화근을 끊어버리자는 것입니다." 魏延腦後有反骨, 久後必反, 故先斬之, 以絕禍根라고 하는 부분에서 유래되었다. 유비의 말대로 위연은 제갈량이 죽자, 반란을 도모하였다가 실패하여 참수되었다.

【상식 한 마당】

빌려 쓰기 명수 유비, 그리고 굴욕을 뒤집어쓴 조조

빌려 쓰기 명수 유비

소설《삼국지》에서 빌려 쓰기 명수는 단연코 유비이다.

그는 삼국 대전을 통하여 철저하게 남의 것을 빌려 쓰면서 살다간 사람이다. 물론 빌려 쓰고는 상환하지도 않았다.

유비의 빌려 쓰기는 도원결의와 삼고초려부터 시작된다. 유비는 관우와 장비 및 제갈량 등 수많은 인재를 빌려다 썼다. 사실 유비가 정치적 기반이 없다 보니 남에게 의탁하여 빌려다 쓸 수밖에 없었다.

처음에는 서주 도겸의 죽음으로 서주를 빌려 쓰기 시작하였다. 그 후 유비는 형주를 빌려 쓴다. 그렇다고 강제로 뺏지는 않았다. 제갈량이 유표의 형주를 근거로 천하 삼분의 전초기지로 활용하자고 제안하였으나 유비는 명분이 부족하다며 거절하다가 명분을 만들며 빌려 쓴 것이다.

다시 말해 유비는 적벽대전에서는 동오의 군대를 빌려 조조를 막아냈고, 적벽대전 이후에는 슬그머니 형주를 차지하여 삼국정립의 전초기지로 활용하였다. 오나라가 기득권을 주장하며 반환을 요구하자, 이번에는 익주를 얻을 때까지 빌려 쓰겠다고 둘러댔다.

또 유비는 익주의 유장을 지켜준다는 명목으로 서천을 빌리는 척 진출하였다가 급기야 서천의 주인으로 눌러앉는다. 오죽했으면 중국 속담에 "유비가 형주를 빌리다." 劉備借荊州라는 말이 있었을까? 이 속담의 의미는 "한번 빌려 간 것을 돌려주지 않아도 된다."라는 의미로 지금까지도 두루 사용되고 있다.

유비에 버금가는 빌려 쓰기 명수는 제갈량이다. 적벽대전을 준비하던 중 주유가 화살 10만 개를 만들어 달라고 주문하자, 제갈량은 초선차전草船借箭의 방법으로 조조의 화살 10만 개를 빌려와 세상을 놀라게 하였다.

그 외 제갈량은 배풍대에 올라가 기도를 하며 동남풍을 빌려오는 기염을 토하기도 하였다. 또 육출기산의 전투 중에 식량이 떨어지면 슬그머니 위나라 땅의 보리밭에 들어가 보리를 빌려다 군량으로 보충하는 놀라운 임시변통의 능력을 발휘하기도 하였다. 물론 빌린 것을 상환하였다는 기록은 어디에도 없다.

홍포를 벗어던지고 수염을 자른 조조

조조에게 있어서 가장 치욕스러웠던 사건 중의 하나가 마초와의 싸움이다. 이 사건으로 천하의 영웅 조조의 체면이 여지없이 무너졌다.

소설 《삼국지》 제58회에 동관에서 마초와 조조의 접전을 벌인 전투가 소개된다. 마초는 조조 군의 명장 우금과 장합마저 물리치고 파죽지세로 쳐들어 왔다. 대패한 조조는 혼비백산하여 달아나기 시작하였다.

그때 마초의 군사가 "붉은 전포 입은 놈이 조조다!"라고 하자, 말 위에 탄 조조는 급히 홍포紅袍를 벗어 던져버리고 달아났다.

그러자 또다시 마초의 군사가 "수염 긴 놈이 조조다!"라고 고함을 질렀다. 이에 당황한 조조는 급히 허리에 차고 있던 패도를 뽑아 자신의 수염을 잘라버리며 도망쳤다.

또 마초의 부하가 마초에게 조조가 수염을 자른 사실을 보고하였다. 그러자 마초는 "수염 짧은 놈이 조조다!"라고 소리쳤다. 이 소리를 들은 조조는 황급히 깃발을 찢어서 목을 싸매고 달아났다.

이것이 바로 그 유명한 조조가 홍포를 벗어 던지고 또 수염을 자르고 도망친 고사이다. 이 장면에서 영웅 조조의 모습은 간데없고 조조를 너무 굴욕적이고 처참하게 만들어 놓았다.

사실 조조삼소 이야기나 수염을 자르고 전포를 벗어 던진 사건은 역사에도 없는 이야기를 나관중이 만들어낸 허구이다. 옹유폄조는 이렇게 조조를 영웅에서 간웅으로, 또 간웅에서 졸장부로 만들어 버렸다.

第 8 講

삼국정립三國鼎立과
천하삼분론天下三分論

- 준비된 자가 천하를 경영한다

key word

천하삼분론天下三分論·창업론創業論·통치철학統治哲學·득롱망촉得隴望蜀·천시불여지리, 지리불여인화天時不如地利, 地利不如人和·계륵鷄肋·생자당여손중모生子當如孫仲謀·오호대장군五虎大將軍

준비된 자가 천하를 경영한다

【소설 배경】(제60-73회)

　한중의 장노가 서천(익주) 땅에 야욕을 보이자, 익주의 유장은 유비에게 장노를 막아달라고 요청한다. 이에 유비는 절호의 기회라고 생각하고 바로 군대를 파병한다.
　그러나 유장의 행동에 크게 실망한 유비는 방통의 계략을 수용하여 익주 정복의 계획을 세운다. 그러나 유비의 군대가 진군하던 중 낙봉파에서 책사 방통을 잃으며 위기에 처하게 된다. 이러한 소식을 접한 제갈량은 형주에 관우만 남기고 황급히 장비와 조자룡을 데리고 달려온다. 유비는 제갈량의 지원으로 겨우 위기를 극복하고 또 장노와의 싸움에서는 마초까지 얻게 된다. 결국, 법정·맹달·마초 등의 활약으로 익주의 유장이 항복을 하면서 유비는 마침내 익주를 정복하고 촉나라 창업의 새 근거지를 확보한다.
　한편 조조는 자신을 암살하려고 모의를 꾸민 황실의 복황후를 제거하고 자신의 딸을 황후로 만든다. 또 조조는 한중의 장노를 제거하고자 출정하였으나, 천신만고 끝에 겨우 한중을 손에 넣을 수 있었다. 그리고 여세를 몰아 대군을 이끌고 오나라의 합비로 진격한다.

합비전투에서 오나라는 감영과 육손의 활약으로 겨우 방어를 하였으나 오나라 측의 피해가 상당하였다. 특히 명장 장료가 이끈 군대에게 대패하는 수모를 당하며 위기에 처하였다. 결국, 손권이 조조에게 조공을 보내겠다는 조건으로 화의를 신청하자, 오랜 전쟁에 지친 조조도 이를 받아들여 휴전이 성사되었다.

그 후 조조와 유비는 요충지 한중을 놓고 다시 지리한 접전을 벌인다. 유비는 마침내 장비와 황충 및 엄안 등의 활약과 법정의 지략으로 한중을 점령한다. 진퇴양난에 빠진 조조는 유비 군과 지루하게 대치하다가 계륵사건을 계기로 한중을 포기하고 철군한다.

얼마 후 조조가 위왕으로 등극하자, 유비도 한중왕으로 등극하였다. 이리하여 천하는 북방의 위나라, 남동부의 오나라, 서남부의 촉한으로 삼국이 정립된다.

1

천하삼분론

천하삼분지계天下三分之計와 삼분정립三分鼎立

정립鼎立의 정鼎은 세 개의 다리가 있는 향로와 같은 용기를 의미한다. 다리가 세 개이기에 안정적으로 용기를 받칠 수 있고, 또 힘이 분산되기에 균형을 이룰 수 있다.

본 장에서의 핵심 키워드는 천하삼분지계의 삼국정립이다. 천하삼분론天下三分論이란 유비가 제갈량을 책사로 삼기 위해 삼고초려三顧草廬를 한 자리에서 제갈량이 제시한 계책으로 일명 융중대책隆中對策이라고도 한다. 이 자리에서 제갈량은 유비에게 시국의 현황과 대책 및 비전을 제시하였는데, 이것이 바로 유명한 천하삼분지계이다.

조조는 백만대군에다 황제를 끼고 제후들을 호령하니 실로 그와는 싸우지 못할 것이요, 손권은 강동에 기반을 내린 지 이미 3대가 지났으며, 그곳은 지세가 험난한 데다 백성들마저 그를 따르니 그의 도움은 받을지언정 그를 도모하기는 어렵습니다.

형주로 말하자면 북쪽으로는 한수와 면수를 껴안고, 남쪽으로 남해에 다다르며, 동쪽으로는 오군과 회계군에 이어지고, 서쪽으로는 파·촉과 통하니, 이곳은 무력으로 지켜낼 수 있는 강한 주인이 아니고는 능히 지킬 수 없는 곳입니다. 이는 하늘이 장군(유비)에게 준 것으로 여겨집니다.

그리고 익주는 요새지로 옥토가 천리나 되는 천부지국 인지라 한 고조 유방께서도 이로 인하여 대업을 이루셨던 곳입니다. 지금은 유장이 지키고 있으나 그는 아둔하고 허약하여, 땅은 비옥하건만 백성들을 돌볼 줄 모르니 지혜로운 유생들은 영명한 주군의 출현을 그리워하고 있을 것입니다.

장군(유비)은 한실 종친으로 신의가 사해 만방에 드러나 여러 영웅을 심복시켰으며, 지혜로운 인재를 목마르게 찾고 계시는 바라, 만약 형주와 익주를 차지해 잘 다스리면서 서쪽으로는 융족과 화친하고, 남쪽으로 이·월족을 어루만지며, 밖으로는 손권과 화친하고, 안으로 나라를 잘 다스리면서 천하에 기회가 생기기를 기다리소서.

기회가 왔을 때, 상장군에게 형주의 군사를 완·낙으로 출전하도록 명을 내리고, 장군께서는 친히 익주의 군사들을 거느리고 진천으로 들어가면 백성들이 모두 장군을 환영하며 맞이할 것입니다. 이렇게 하면 대업을 이룰 수 있고 한실을 다시 부흥시킬 수 있을 것입니다.

장군이 패업을 이루고자 하면 북쪽은 이미 천시를 얻은 조조의 기득권을 인정해야 하고, 동남쪽은 지리를 얻은 손권의 기득권을 인정해야 하기에, 장군은 인화를 가지고 먼저 형주를 취하여 기반을 마련한 뒤 서천을 취해 정족지세鼎足之勢를 이룬다면 후에 가히 중원을 도모할 수 있습니다.

이것이 바로 제갈량의 천하삼분지계天下三分之計 핵심 내용이다. 요점은 바로 조조는 이미 황제를 끼고 북방을 장악하고 있으며, 손권은 동남방에 지리적 이점과 정치·경제적 기반을 가지고 자립을 하였기에, 유비는 형주를 거점으로 익주를 점령하여 천하를 삼등분 하라는 내용이다.

이처럼 제갈량은 시대를 꿰뚫어 보는 안목이 있었다. 이러한 안목이 바로 천하삼분지계를 통한 삼국정립이라는 비전의 제시였다. 이러한 혜안의 이면에는 전부터 누적된 해박한 지식이 있었기에 가능한 것이었다.

사실 당시 이러한 천하삼분론은 오직 제갈량만 가지고 있는 계책은 아니었다. 이미 오나라의 주유·노숙·제갈근 등도 방법에는 다소 차이가 있지만 이러한 천하삼분론에 동조하여 적벽대전에서 손권과 유비의 연합을 지지한 것이다. 오나라의 주유·노숙·제갈근의 천하삼분론은 세력이 강한 조조를 견제하기 위해 먼저 손권과 유비가 연합하여 조조를 제거한 다음 유비 세력을 제압하여 오나라로 천하를 통일시킨다는 계획이었다.

2

유비가 익주를 얻다

익주 탈환 과정

조조가 한중의 장로를 정복할 것이라는 소문이 돌고, 또 조조가 장로의 군수물자를 이용해 익주마저 병합할 것이라는 소문이 돌자, 익주의 수장인 유장은 두려워지기 시작하였다. 이때 장송은 유장에게 유비는 한실의 종친이며, 조조와는 원수 관계이니 유비를 불러들여 한중의 장로를 토벌하자고 제안하였다.

마땅한 대책이 없었던 유장 역시 이를 묘안이라 여겨 유비를 불러들였고, 유비는 절호의 기회라고 생각하여 익주로 진출하였다. 이렇게 유비는 익주를 보호한다는 명분을 내세우며 익주에 진출하였으나, 유비와 유장은 동상이몽으로 서로의 생각이 달랐다.

황권과 왕루는 유비의 익주 진출에 몸을 투신하며 극구반대하였고, 반대로 법정과 장송은 유비를 찾아가 익주를 접수하라고 권하는 상황이었다. 마침내 유비는 군대를 이끌고 익주로 들어가 부성에서 유장과 회담을

유비가 익주를 얻으며 삼국이 정립되다

하였다. 이때 장송과 법정 그리고 방통은 무방비의 유장을 기습하여 익주를 취하자는 계책을 올렸지만, 유비는 이는 명분에 어긋난다며 수용하지 않았다.

초반에는 장로를 토벌한다는 공동 목표가 있었기에 비교적 우호적이었던 유장과 유비 사이는 일순간에 반목이 생기면서 틀어지기 시작하였다. 유장은 유비의 진심을 의심하며 적대시하기 시작하였다. 특히 유장이 장송을 참수한 계기로 유비와 유장의 갈등은 전면전으로 확대되었다. 유비는 부성을 점거하고 또 면죽까지 공격하여 이엄의 항복을 받아냈다. 유장은 비록 낙봉파에서 방통을 사살하며 분전을 하였으나 대세는 이미 기울고 있었다.

방통을 잃은 유비가 제갈량·장비·조운을 불러들이자, 단숨에 백제百帝성·강주·강양이 모두 유비의 손에 떨어졌다. 비록 성도에는 정예병과 군량이 있었지만 유장은 이미 항전 의사를 잃어버렸다. 장로 밑에 있었던 마초마저 유비에게 귀의하니, 유장은 만사를 포기하고 유비에게 항복하였다.

유비는 항복한 유장을 형주의 공안 지방으로 보내 연금 상태로 만들었다. 이렇게 유비는 새로 차지한 익주를 기반으로 마침내 창업에 성공하며 한중왕으로 등극하였다. 그 후 220년, 조조의 아들 조비가 한나라의 헌제를 몰아내고 황제가 되자, 유비도 촉한이라는 나라를 세워 한나라를 계승한다는 명분을 내세우며 황제로 등극하였다.

한중漢中 공방전

한중 공방전은 217년부터 219년까지 한중을 놓고 유비와 조조가 싸운 전쟁을 말한다. 한중은 파촉 지방으로 들어갈 수 있는 전략적 요충지로 파촉을 점거한 세력은 언제나 한중 보유 여부를 중시하였다. 왜냐하면, 한중을 차지하면 파촉은 굳이 형주의 도움을 받지 않아도 자력 방어가 가능한 곳이며, 또 이곳은 북벌의 전초기지로 사용될 수 있는 입지조건을 가지고 있었기 때문이다.

한중전투의 클라이맥스는 219년 전투이다. 이 전투에서는 유비와 조조가 직접 참전하였고, 유비 군에서는 장비·마초·황충·조운 그리고 법정 등이, 조조 군에서는 조홍·하후연·장합·하후돈 등의 명장들이 정군산에 모여 일대 접전을 벌였던 전투를 말한다. 유비 쪽에서는 형주를 지키고 있는 관우를 제외하고 나머지 명장들이 총동원된 전투였다.

먼저 조조가 조홍을 대장으로 삼아 장합과 하후연에게 유비를 공격하도록 하자, 유비는 장비와 마초에게 대항하도록 하였다. 결국, 장비는 조조의 선봉장 장합을 대파하며 기선을 제압하였다. 그리고 유비는 정군산에서 황충을 참여시키며 총력전을 펼쳤다. 조조 역시 하후돈을 선봉장으로 출전시키며 한중전투가 본격화되었다.

이 전투에서 황충은 위나라 하후연을 단칼로 제압하는 기염을 토하며 한중전투를 승리로 이끄는 계기를 마련하였다. 조조는 군사 절반을 잃고 한중에서 철수하여 양평관에 진지를 재구축하였다. 그러나 조조는 부하 허저의 실수로 군량을 탈취당하는 바람에 급기야 양평관마저 포위되는 위기에 이르렀다.

한중전투에서 진퇴양난에 빠진 조조는 이러지도 저러지도 못하는 신세가 되었다. 이날 밤 자신의 심정을 나타낸 암구호가 바로 계륵鷄肋이었다. 이것이 바로 양수의 계륵 사건이다. 조조는 암구호의 뜻을 알아채고 경거망동한 양수를 참수하고 허창으로 철군하였다.

한중전투에서의 승리로 한중 땅을 얻은 촉한은 국력이 크게 확장되었다. 또 한중을 차지한 유비는 한중왕으로 등극하며 문물을 크게 정비하였다. 한중왕에 즉위한 유비는 먼저 유선을 왕세자로 삼았고, 제갈량을 군사軍師로 국정과 군정을 맡겼다. 또 관우·장비·조자룡·마초·황충 등을 촉한의 오호대장군으로 임명하며 창업의 기틀을 마련하였다.

3

삼국 군주의 창업론

창업의 3요소

창업에는 3가지 요소가 필요하다.

첫째가 천시天時요, 둘째가 지리地利이고, 셋째가 인화人和이다. 그러면 천시·지리·인화 가운데 가장 중요한 것은 무엇일까?

《맹자》는 "천시불여지리, 지리불여인화"天時不如地利, 地利不如人和라고 하였다. 이는 "하늘이 주는 시운은 지리적 이로움만 못하고, 지리적 이로움도 인화만 같지 못하다."라는 의미이다. 즉 "때가 좋은 것보단 환경이 더 중요하고, 환경이 좋은 것보단 인화가 가장 중요하다."라는 뜻으로 창업의 3요소 중에서도 인화를 으뜸으로 꼽았다.

그러기에 제갈량도 천하삼분지계를 펼치면서 천시를 타고난 사람은 조조요, 지리를 타고난 사람은 손권이기에 유비는 오직 인화를 내세워 천하를 얻어야만 한다는 천하 대세론을 제시하였다.

다시 말해 조조는 이미 황제를 등에 업고 제후를 호령하는 정치적 기반과 그리고 한나라 황실에 남아있는 수많은 문무백관을 끌어들일 수 있는 최고의 여건을 가지고 있었다. 또 관도대전에서 원소를 격파하며 북방 일대의 최고 세력으로 급부상하였다. 그러기에 천시를 타고난 조조를 대적하기란 쉬운 일이 아니었다.

또 손권은 손견과 손책으로 이어지는 삼대에 걸친 동오의 정치적 기반과 풍부한 장강의 지리적 환경을 가지고 있었기에 이 또한 대적하기는 쉽지 않은 일이었다. 그러기에 빈털터리 유비의 처지에서는 오직 인화단결만을 가지고 정치적 승부수를 띄워야 한다는 것이다.

삼고초려를 통해서 유비의 인품을 확인한 제갈량은 그나마 유비의 강점이라 할 수 있는 인의를 내세운 것이다. 즉, 인의를 가지고 인재를 모으고, 또 형주와 익주를 근거로 하여 천하를 삼등분 할 수 있다면, 창업이 가능하다고 판단한 것이다.

이러한 제갈량의 혜안과 전략은 정확히 맞아떨어졌다. 그리하여 당시 수많은 영웅호걸의 도전을 물리치고 조조는 위나라, 손권은 오나라, 유비는 촉나라로 천하를 삼분하며 창업에 성공할 수 있었다.

그렇다면 그들이 이룬 창업의 성공 요인은 어디에 있었을까?

조조의 창업과 성공 요인

천시를 타고난 조조는 태어날 때부터 정치적 기반과 재력을 갖춘 행운아였다. 비록 환관 집안의 손자라는 콤플렉스가 있었지만 중상시라는 고위관직을 지낸 조등의 손자이기에 조조는 빠르게 정계에 진출할 수 있는 토대를 마련하였다.

그가 세상에 이름을 처음 알린 계기는 동탁 암살 사건의 실패로 고향

위나라 창업에 성공한 조조

으로 도망친 후, 황제의 거짓 조서로 전국의 제후들을 끌어모으면서 두각을 나타내기 시작하였다. 이때 조조는 명문가 출신 원소를 맹주로 추천하며, 자신은 한걸음 뒤로 빠지는 처세를 보여주었다.

그 후 조조는 제2차 황건적의 난이 일어나자, 황건적을 소탕한 전공으로 연주를 차지하며 2번째 기회를 얻게 되었다. 여기에서 조조는 순욱·정욱·우금·전위 등 인재를 얻으며 창업의 발판을 마련하였다. 특히 순욱의 탁월한 계책에 따라 황제를 옹립하며 조조는 정치적 기득권을 크게 확대하였다.

3번째 결정적 기회는 바로 관도대전의 승리로 조조는 북방의 패자가 되었다. 이렇게 정치의 중심 무대인 황하 일대를 장악한 조조는 당대 최고의 실력자로 부상하기 시작하였다. 정치적 힘의 균형이 조조에게로 기울자, 본래 자신이 거느리고 있던 인재는 물론 후한의 문무백관까지 급속히 조조의 진영으로 넘어왔다. 이렇게 조조는 명실상부한 일인자로 등극하며 창업의 토대를 만들었다.

그 후 적벽대전에서 낭패를 보았지만, 조조는 관중의 마초와 한수의 반란 및 한중의 장로를 토벌하며 자신의 기반을 굳건히 하였다. 그리하여 그는 216년 위나라 왕으로 봉해지며 위나라 창업의 기초를 마련하였다.

사실 조조의 창업은 부단한 자기 수양과 노력이 있었기에 가능한 것이었다. 조조가 비록 간사하고 교활한 리더로 알려졌지만, 그는 풍부한 리더십과 근검절약으로 절제된 리더의 본보기를 보여 왔다. 또 냉정한 판단력과 강력한 카리스마 그리고 호탕한 인간적 매력 등의 요인들이 그가 창업에 성공할 수 있었던 배경이 되었다.

세상 사람들은 조조를 난세의 간웅이라고 평가를 하지만 사실 조조는 창업자로서 능력과 자질을 갖춘 출중한 리더였다. 그러기에 당 태종조차도 "조조는 난세가 만들어낸 영웅이며 뛰어난 군주"라고 극찬을 한 것이다.

손권의 창업과 성공 요인

절반의 승계와 절반의 창업이 어우러진 제2세대 창업자가 바로 손권이다.

손권은 손견의 차남이며 손책의 동생으로, 요절한 손책의 대를 이어 19살에 등극하였다. 손책은 동생 손권에 대하여 "비록 군사를 가지고 천하의 영웅호걸들과 겨루는 일은 나보다 못하지만, 용인술과 수성에 있어서는 나보다 앞선다."라고 평가하였다. 손권은 손책의 평가대로 창업에 성공하였다.

　이처럼 손권은 선대의 정치적 기반을 물려받아 대업을 이루는 데는 비교적 유리한 조건에 있었고, 또 장강을 끼고 있어 외부의 방어에도 유리한 지리적 환경과 비옥한 농토라는 지리적 이점을 누릴 수 있었다.

　그러함에도 불구하고 그는 늘 외부의 침략에 시달려야만 했다.

　첫 번째 위기가 바로 적벽대전이었다.

　그러나 손권은 유비와의 연합전선을 구축하며 조조의 공격에 효율적으로 대처하여 위기를 기회로 만들었다. 적벽대전에서의 승리는 손권에게 상당한 자신감을 심어주는 계기가 되었다.

　두 번째 위기는 조조가 적벽대전의 참패를 설욕하고자 벌인 유수 공격과 합비 전투였다. 특히 조조의 합비 공격은 손권을 위기로 몰아넣기도 하였다. 결국, 손권은 조조에게 조공을 바치는 조건으로 휴전을 성사시켰다.

　세 번째 위기는 여몽이 관우를 제거한 사건에서 시작된다.

　이 사건은 이릉대전으로 확대되면서 손권을 또 위기로 몰아넣었다. 그러나 육손의 지략으로 이릉대전을 승리로 이끌었다. 이릉대전의 승리는 손권에게 창업의 토대가 되었다. 결국, 229년에 손권은 황제에 즉위하며 창업에 성공하였다. 손권은 주변국의 눈치를 보느라 왕도 가장 늦게 되었고, 또 황제도 가장 늦게 즉위하였다.

　손권이 창업에 성공할 수 있었던 요인은 줄타기 외교의 달인이라 할 만큼 유연하게 실리를 추구하는 실용주의 정신에서 나왔다. 손권의 또 다른 장점은 인재양성과 유연한 통솔력을 꼽을 수 있다. 사실 신하들 가운데는 손견의 인재그룹과 손책의 인재그룹 및 자신의 인재그룹이 뒤엉키어 통솔하기가 쉽지 않았지만, 손권은 끝없이 인내하고 설득하며 화합을 이루어냈다. 손권 창업의 토대는 바로 인화단결에서 나온 것이다.

유비의 창업과 성공 요인

유비는 시종일관 인의를 내세우며 왕도정치를 구현하고자 하였다.

특히 그는 정치와 경제적인 기반이 없었기에 그가 갈 수 있는 길은 오직 인의와 의리로 승부수를 띄울 수밖에 없었다. 제왕학의 달인답게 유비는 절묘하게 기회를 잘 포착하였다.

첫 번째 기회는 도원결의와 삼고초려이다.

유비는 관우와 장비를 데리고 순탄하지 못한 벼슬살이에도 공손찬·도겸·여포·조조·원소·유표 등의 도움을 받거나 그들에게 의탁하며 창업을 준비하다가 마침내 책사 제갈량을 얻는 기회를 잡았다.

두 번째 기회는 적벽대전이다.

책사 제갈량을 통해 천하 삼분의 비전을 본 유비는 적벽대전에서 손권과 연합하여 대승을 거두며 창업의 토대를 마련하였다. 특히 형주의 확보는 창업의 전초기지가 되었다.

세 번째 기회는 익주의 진출이다.

비록 방통의 희생은 있었지만, 익주의 진출은 천하 삼분의 대업을 완성시켜주었다. 이때 조조가 위왕으로 책봉되자, 유비도 명분을 얻어 한중왕이 되었다. 또 220년에 조조의 아들 조비가 한나라 헌제를 몰아내고 위나라 황제가 되자, 유비도 한나라의 정통성을 계승한다는 명분을 내세우며 촉한의 황제로 등극하였다.

유비의 성공 요인은 이처럼 인의에서 출발한다. 유비는 대의명분을 중시하며 때를 기다리다가, 때가 이르면 순리대로 대업을 풀어나갔다. 도겸에게서 서주를 얻을 때도 그러하였고, 유표에게서 형주를 얻을 때도, 또 유장에게서 익주를 얻을 때도 기다림의 연속이었다. 그러다가 때가 되면 명분과 실리까지 모두 취하였다. 그러기에 유비를 일컬어 대기만성형 창업자라고 하고, 또 제왕학의 달인이라고 하는 이유도 여기에 있다.

촉나라 창업에 성공한 유비

이처럼 인내심을 가지고 차분히 미래를 준비하는 자가 천하를 경영하는 것이고, 또 준비된 자만이 천하를 경영할 수 있는 것이다.

4

삼국 군주의 통치 철학

군주론

어느 군주든 군주에게는 자신만의 독특한 통치 철학을 가지고 있다. 그러면 삼국 군주들의 통치 철학은 어떻게 만들어졌을까?

"조조는 껄껄껄껄 웃으며 천하를 얻었고, 유비는 훌쩍훌쩍 울면서 천하를 얻었으며, 손권은 요리조리 살피며 천하를 얻었다."라는 말이 있다. 즉, 조조는 이성적이고 호방한 통치 철학을 가지고 있으며, 유비는 인의와 감성의 통치 철학, 또 손권은 줄타기 외교와 실리주의의 통치 철학을 풍자하여 연유된 말이다.

그러면 조조·유비·손권의 통치 철학은 무엇인가?

조조의 통치 철학

군주론 하면 가장 먼저 떠오르는 사람이 바로 마키아벨리이다.

그는 "군주는 수단과 방법을 가리지 않고 교활하게 나라를 번영시키라.…[중략]…할 수 있다면 착해져라. 하지만 필요할 때는 주저 없이 사악해져라. 군주에게 가장 중요한 일이 무엇인가? 이것은 바로 나라를 지키고 번영시키는 일이다. 일단 그렇게만 되면, 지금까지 하였던 무슨 짓이라도 칭송받게 될 것이며 또 위대한 군주로 추앙받게 될 것이다."라고 말하였다.

그의 말은 후대에 야망을 꿈꾸는 영웅호걸들에게 악영향을 끼치기도 하였다. 사실 마키아벨리보다 이전에 태어났던 조조는 그의 이론에 가장 충실한 실천가였다. "힘은 권력에서 나오고 권력이 곧 힘이다."라는 권력의 속성에 통달했던 조조는 패도주의의 신봉자였다. 조조는 일찍이 황제를 끼고 중앙정치의 중심에 서서 "강한 자만이 살아남는다."라는 권력을 속성을 꿰뚫고 있었기 때문이다.

그러함에도 불구하고 그는 근면하고 성실한 자기 관리자였다. 다시 말해 부단한 자기 노력과 수양으로 결국 수신제가치국평천하修身齊家治國平天下를 이룬 리더였다.

조조의 통치 철학 가운데 빼놓을 수 없는 것이 바로 빈천불문貧賤不問과 청탁불문淸濁不問이다. 조조는 인재 욕심이 매우 강한 사람이었다. 그러기에 수많은 인재가 몰려들어 조조 주변에는 늘 인재로 넘쳤다. 그 원인은 바로 인재의 채용에 있어서 출신성분의 고하高下나 빈천을 가리지 않고 인재를 등용하였기 때문이다. 또 인재가 흠이 있든 없든 청탁을 불문하고 능력만 되면 기용하였다. 그러다가 권력 유지에 장애가 되면 냉정하게 토사구팽하였다.

그리고 조조의 인간적 매력 중의 하나가 바로 강력한 카리스마와 호탕한 성격이었다. 그는 비록 자기 뜻에 거슬리면 무서울 정도로 냉정한 인물이지만 자기를 위해 충성을 다한 부하들에게는 후한 상을 내리고 그 가족의 후사까지도 돌봐주는 리더의 기질을 보였다.

그 외 조조의 통치 철학에서 중요한 역할을 한 것이 바로 인문학 정신이다. 그는 군주로서는 매우 보기 드문 문학성을 가진 낭만주의자였다. 그러기에 그의 문학성과 낭만성이 정치에도 그대로 반영된 흔적이 여기저기에 묻어나 있다. 이러한 문학성과 낭만성은 후대에 수많은 에피소드를 남기며 인구에 회자되었다.

손권의 통치 철학

손권의 통치 철학은 인화人和에서 출발한다.

제2세대 창업자인 손권은 내부적으로 솔선수범하며 항상 절제와 인내를 가지고 인화단결에 주력하였다. 사실 아버지 손견과 형님 손책에게 물려받은 대업을 지키기 위해서는 화합이 급선무였기 때문이다.

19세의 어린 나이에 군주가 된 손권은 화합의 리더십을 발휘하여 오나라를 반석 위에 올려놓았다. 손권의 장점은 넓은 도량과 통 큰 정치에 있었다. 그는 화합을 위해 끝없는 인내력을 가지고 설득하며, 자신의 진정성을 중신들에게 자주 보여주는 믿음의 통치 철학을 시행하였다. 특히 "당근과 채찍"을 적절히 이용하여, 원로대신들을 감싸기도 하고 때로는 엄하게 질책하기도 군주의 권위를 세우기도 하였다.

오나라 창업에 성공한 손권

그리고 대외적으로는 급변하는 국제정세에 살아남기 위해서 실리주의와 실용주의 노선을 취하였다. 여기에서 나온 것이 바로 손권의 줄타기 외교이다. 이처럼 실리주의 외교 노선이 그의 통치이념으로 만들어진 데에는 그만한 이유가 있었다. 사실 손권은 군주로 취임한 이래 적벽대전·유수전투·합비전투·이릉대전 등 수많은 외부의 침략에 시달렸다. 그러기에 살아남기 위해서는 부득이하게 눈치 외교와 줄타기 외교를 할 수밖에 없었다. 이처럼 손권은 수많은 위기를 지혜롭게 극복하였고 또 위기를 기회로 만들어 버렸다. 결론적으로 손권의 통치 철학은 인화에 근거를 둔 실리외교가 그 근간이라 할 수 있다.

한번은 조조와 주유가 유수 지역에서 서로 대치한 일이 있었다. 당시 손권은 친히 배를 지휘하며 조조 진영을 시찰한 적이 있었는데, 손권의 일사불란한 시찰 선단의 모습을 본 바라본 조조는 "아들을 낳는다면 손권과 같은 아들을 낳아야 한다."生子當如孫仲謀라고 극찬을 하며 자신의 군사를 퇴각시켰다는 일화가 전해진다. 이러한 사실로 보아 손권은 유능한 군주의 자질을 겸비한 리더가 틀림없다.

유비의 통치 철학

유비의 통치 철학은 인의仁義에서 출발하였다.

그는 경제적 기반은 물론 정치적 배경도 전혀 없었다. 이처럼 내세울 것이 부족한 유비가 들고나올 수 있는 것은 오직 인의를 내세워 무너진 한나라를 재건한다는 대의명분뿐이었다.

그리하여 제왕학의 달인 유비는 끝없이 자신을 낮추고, 또 한편으로는 자신의 품격과 능력을 남들에게 각인시키며 인재들을 끌어모았다. 이는 일정 부분에 있어서 의리를 최고의 덕목으로 내세우는 강호세력과도 일맥상통하는 부분이 있다. 사실 의리를 중시하는 협객 기질과 유비의 친화력이 조직관리에 시너지 효과를 내기도 하였다. 그러나 유비는 강호세력이나 협객과 차별화를 위하여 인仁을 중시한 인의仁義를 내세우는 전략을 선택하였다.

사실 엄밀히 따지면 의리에 가장 취약한 인물이 유비이다. 그는 조조에게서 원술을 치겠다며 도망쳐 나왔고, 또 여포와 원소 등과 반목이 생겨 신의를 저버린 사실도 있다. 그리고 적벽대전 이후에는 남군과 형주를 점령하며 손권과의 신의를 저버렸고, 또 유장을 돕는다는 명목으로 익주에 진출하였다가 신의를 저버리고 배신한 사실이 있기 때문이다. 그러함에도 불구하고 유비는 항상 대의명분이라는 든든한 변명거리를 가지고 자신의 약점을 덮었다.

　그러기에 유비는 이러한 약점을 극복하기 위해 인의를 기반으로 하는 왕도정치를 통치이념으로 삼은 것이다. 그것이 곧 왕도정치로 위장한 유비의 전략 전술이기도 하다. 이러한 면에서 유비는 조조나 손권보다도 정치적 수단이 한 수 위라고 할 수 있다. 즉, 유비는 늘 대의명분을 중시하며 때를 기다렸다. 대의명분이 만들어질 때까지 기다렸다가 기회가 되면 명분과 실리를 모두 취하였다. 심지어 대의명분이 부족하면 적당한 대의명분을 만들어 버리기도 하였다. 이러한 이중성은 간혹 겉과 속이 다른 위군자로 비추어지기도 하였다.

　유비의 통치 철학 가운데 빼놓을 수가 없는 것이 바로 감성의 리더십이다. 이는 인정에 호소하여 감성을 흔들어 버리는 고도의 심리전이다. 사실 사나이 대장부의 눈물은 간혹 여인의 눈물보다도 더 강한 인상을 주기도 한다. 그러기에 유비를 일컬어 "훌쩍훌쩍 울면서 천하를 얻었다."라고 평가를 하기도 한다. 이처럼 유비는 사나이의 뜨거운 눈물을 적절하게 정치에 이용한 군주였다. 긍정적으로 말하면 쇼맨십을 갖춘 리더라 할 수 있다.

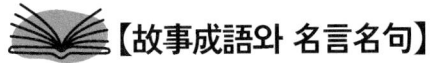

【故事成語와 名言名句】

천시불여지리, 지리불여인화天時不如地利, 地利不如人和
　하늘이 주는 시운은 지리적 이로움만 못하고, 지리적 이로움도 인화만 같지 못하다. 다시 말해 "시운이 좋은 것보단 주변 여건이 더 중요하고, 주변 여건의 이로움보다도 인화가 더 중요하다."라는 의미이다.

계륵鷄肋

닭 갈비란 뜻으로 "버리자니 아깝고, 먹자니 먹을 것이 없다."食之無肉, 棄之有味라는 의미이다. 한중전투에서 진퇴양난에 빠진 조조가 이러지도 저러지도 못하는 신세가 되었을 때를 비유하여 나온 말로 소설《삼국지》제72회에 나온다.

천하삼분지계天下三分之計

제갈량이 제시한 계책으로 조조는 이미 황제를 끼고 북방을 장악하였으며, 손권은 동남방에 지리적 이점과 정치·경제적 기반을 가지고 자립을 하였기에, 유비는 형주와 익주를 거점으로 천하를 삼분해야 한다는 제갈량의 비전을 말한다.

과목불망過目不忘

과목불망은 "한번 본 것은 잊지 않고 잘 기억한다는 뜻"(박문강기: 博聞强記)으로 소설《삼국지》(제60회)에서 유래한 고사성어이다. 익주의 장송이 양수를 만나 자신의 학식을 자랑하자, 양수는 조조의 병법서를 자랑하며 보여주었다. 장송은 이 책을 한번 쭉 훑어보더니 한 자도 틀리지 않고 암송하였다. 이를 본 양수가 "공은 눈으로 한번 본 것은 잊어버리지 않으니 정말로 천하의 뛰어난 재주를 지닌 사람이요."公過目不忘 眞天下之奇才也 라고 한데서 유래되었다.

할석분좌割席分坐

할석분좌는 "친구 간에 뜻이 달라 절교하는 것을 비유"하는 말로《세설신어》에 나오는 말을 소설《삼국지》제66회에서 재인용 하였다. "관녕은 화흠의 사람됨을 낮게 평가하고 자리를 따로 앉고 다시는 벗으로 여기지 않았다."寧自此鄙歆之爲人, 遂割席分坐, 不復與之爲友 라는 부분에 나온다.

돈견豚犬

소설《삼국지》제61회에 나오는 말로 "조조는 아들을 낳으면 응당 손권 같은 아들을 낳아야 한다. 지난날 항복한 유표의 아들(유종)은 돼지나 개豚犬에 불과하다."操以鞭指曰: 生子當如孫仲謀! 若劉景升兒子, 豚犬耳라고 한데서 유래하였다. 이는 일사불란하게 진두지휘하는 손권의 모습을 본 조조가 감탄하여 한 말이다.

득롱망촉得隴望蜀

득롱망촉은 "욕심의 끝없음을 가리키는 말"로, 소설《삼국지》제67회에서는 한중 땅을 점령하고 농땅을 손에 넣자, 사마의가 촉나라까지 치자고 하니 조조는 "사람은 이리 만족을 모르는가! 이미 농을 얻었는데 촉까지 바라는가?"人苦不知足, 旣得隴, 復望蜀耶라고 한데서 유래되었다. 원전은《후한서》이다.

호랑이를 잡으려면 호랑이 굴로 들어가라不入虎穴, 焉得虎子

소설《삼국지》제70회에서는 황충이 위나라를 공격하며 "호랑이 굴에 들어가지 않고 어찌 호랑이를 얻으리오."不入虎穴, 焉得虎子라고 하며 선봉으로 나아가는 장면에서 인용하였다. 원전은《후한서》後漢書·班超傳에서 유래되었다.

오호대장군五虎大將軍

오호대장군은 소설《삼국지》가 만든 촉한의 대표적 장수 관우··장비·조자룡·마초·황충 등의 용맹한 장수 5명을 지칭한다. 유비가 한중왕에 등극하면서 오호대장군이란 명칭을 수여하였다.

하나만 알고 둘은 모른다只知其一, 不知其二

유비가 서천을 장악한 후 나라의 조례를 정비할 때, 법정이 한 고조 유방의 '약법삼장'을 본받아 관대한 조례를 만들자고 하자, 제갈량이 "공께서는 하나만 알고 둘은 모른다."只知其一, 不知其二라고 말하며 지금은 오히려 강력한 법과 규칙으로 기강을 세워야 한다는 대화 내용에 나온다. (소설 《삼국지》 제65회)

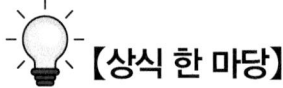

오호대장군 五虎大將軍

오호대장군은 촉한의 대표적 장수 관우·장비·조자룡·마초·황충 등 5명을 지칭하는데 한중왕에 오른 유비가 오호대장군이란 명칭을 수여하면서 유래되었다. 오호대장군의 자격에 대한 에피소드가 소설《삼국지》에도 언급되어 있다.

유비가 한중왕이 되어 황충을 후장군으로 임명하려 할 때 제갈량은 유비에게 "본래 황충의 명망은 관우나 마초와는 동등하지 않은데 어찌 곧바로 동렬에 두려고 하십니까? 마초는 장비와의 혈전을 통하여 그의 공을 직접 보았으므로 그 뜻을 이해할 수 있으나, 멀리 있는 관우가 이 소식을 들으면 분명 달가워하지 않을 것입니다."라며 이의를 제기하는 장면이 나온다. 이러한 기록으로 보아 오호대장군의 임명과정에서도 자격에 대한 시비가 다소 있었던 것으로 보인다.

그러면 관우·장비·조자룡·마초·황충은 어떤 인물인가?

황충黃忠

황충은 관우가 장사를 공략할 때 대적했던 장수로 기백이 넘치는 무장이다.

관우와의 전투 중 황충의 말이 부상으로 낙마하자, 관우는 황충이 다시 말에 올라타도록 기다렸다. 그는 황충과 정정당당하게 승부를 가리고자 배려를 한 것이다. 다음날 대결에서 이번에는 황충이 백발백중의 활 솜씨를 발휘하지 않고 일부러 관우의 투구를 쏘아 빚을 갚았다.

이 사실을 알게 된 한현이 명령위반죄로 황충을 죽이려 하자, 동료 위연 장군이 갑자기 한현을 죽이고 관우에게 투항하였다. 이때 위연은 바로 유비에 투항하였으나 황충은 주군 한현에 대한 충성심으로 투항하지 않고 절개를 지키려 하였다. 결국, 유비가 친히 황충을 찾아가 예의를 다하자 그때에서야 투항하였다.

오호대장군이 된 황충은 서천의 공략은 물론 한중 쟁탈전 등에서도 엄안과 콤비를 이루며 수많은 전공을 세웠다. 특히 하후연을 죽이며 후장군에 오르기도 하였다. 그러나 황충은 이릉대전에 참전하였다가 전사하였다. 사후에는 강후에 추증되었다.

마초馬超

마초는 일명 금마초라고도 한다.

그는 조조 암살을 기도하다가 처형된 마등의 아들이다. 아버지의 원수를 갚기 위해 조조와 일전을 벌였으나 가후의 이간계에 말려들어 패전하고는 한중의 장로에게 일시 몸을 의탁하였다. 또 마초는 장비와 둘이서 용호상박의 승부를 펼친 맹장이다. 후에 이회의 설득으로 유비에게 투항하였다.

마초가 유비 진영에 항복한 후 오호대장군의 반열에 들어오자, 관우는 제갈량에게 서신으로 마초의 능력을 물어보았다. 이때 제갈량이 관우의 성품을 잘 이해하기에 "마초는 문무를 겸비한 당대의 걸물이나 미염공(美髥公: 관우의 별칭)에는 미치지 못합니다."라고 관우를 위로하며 안심을 시킨 일화가 전해진다.

유비가 성도를 함락시킬 때와 한중의 전투에 참여하여 수많은 공을 세우며 오호대장군이 되었다. 그는 후에 표기장군이 되었고 사후에 태향후에 봉해졌다.

조자룡趙子龍

깨끗한 장수의 이미지 메이킹에 성공한 사람으로 조자룡을 꼽을 수 있다.

그는 항상 단정하고 모범적이었으며 신의와 충성의 아이콘이다. 또 그는 용맹한 장수이면서 지략이 출중한 장수였다.

속담에 "조자룡 헌 칼 쓰듯 한다."라는 말이 있듯이 그의 영웅적 자질은 젊은 시절부터 드러나기 시작하였다. 조자룡은 주로 유비의 경호를 담당하여 여러 차례 유비를 위기에서 구출하였고, 장판파에서는 혼자 적진에 뛰어들어 유비의 아들 유선을 구출하는 용감무쌍한 괴력을 발휘하기도 하였다.

조자룡은 적벽대전과 익주 및 기산전투 등에서 수많은 전공을 세우며 오호대장군으로 우뚝 섰다. 일찍이 그의 인품에 대하여 유비도 "조자룡은 장수 중의 장수요, 군자 중의 군자"라고 극찬을 하였으며, 제갈량 역시 조자룡에 최고의 믿음을 보이며 중용하였다.

한중전투에서 강력한 조조 군이 공격해오자, 조자룡은 성문을 활짝 열고 의연히 대기하였다. 이런 모습에 당황한 조조가 혹시나 복병이 있을까 두려워 머뭇거리는 사이 조자룡은 북을 치며 정면에서 공격하였다. 돌발적인 기습에 조조 군은 북새통이 되어 도망쳤다. 훗날 유비는 "조자룡의 몸은 전체가 간肝덩어리다."라고 하며 그의 용맹과 지략을 칭찬한 일화도 있다.

조자룡을 장수의 최고 반열에 올려놓은 사건이 바로 역참오장力斬五將이다. 기산 전투에서 서량의 대장 한덕이 네 명의 아들과 군사를 이끌고 촉나라 군과 대치하였을 때, 조자룡은 한덕은 물론 네 아들까지 잡아 죽이는 괴력을 발휘하며 용맹을 만천하에 떨쳤다.

한번은 촉나라 군이 조비 군에 패하여 퇴각하게 되었다. 유독 한 부대만이 대열에 흐트러짐 없이 질서 있게 퇴각하는 모습을 보고 제갈량이 감탄하여 소속을 확인해 보니 과연 조자룡의 부대였다. 이에 제갈량이 조자룡 부대에 상을 내리자, 조자룡은 "전쟁에서 패전하고 철수하면서 어찌 상을 받을 수 있겠습니까!"라며 포상을 사양하였다는 일화가 전해진다.

이처럼 그는 항시 대의명분에 맞는 행동만 하였고, 또 항시 예의범절을 갖춰 행동하였기에 유비는 물론 제갈량에게도 두터운 신임을 받은 지혜로운 장수였다. 사후에 순평후라는 시호를 받았다.

장비張飛

용맹한 장수의 아이콘 하면 바로 장비가 가장 먼저 떠오른다.

그는 도원결의 이후 황건적의 토벌부터 명성을 떨치기 시작하였다. 장비의 이름을 만방에 떨친 전투가 바로 조조와 벌인 장판교 싸움이다. 조조의 10만 대군이 장판교로 밀려오자, 장비는 필마단기匹馬單騎로 장판교에서 조조와 대치하였다. 장비의 우렁찬 호령만으로 적장이 말에서 떨어져 죽자, 조조의 10만 대군은 공포에 질려 혼비백산하여 도망쳤다. 사실 다소 과장이 들어갔지만, 이것으로 장비를 만천하에 용맹의 아이콘으로 각인시키는 계기가 되었다.

그 외 적벽대전에서의 활약, 그리고 서천공략 길에 엄안을 사로잡아 투항시킨 일, 또 마초와의 세기적 승부 등 수많은 승전으로 장비는 더욱 용장 중의 용장으로 솟아올랐다. 또 한중전투에서는 위나라 명장 장합을 누르며 최고의 정점에 이르기도 하였다.

장비는 유비를 따라 수십 년간 전쟁터를 전전하며 촉한의 창업에 크게 이바지하였다. 그 기세가 마치 용과 호랑이처럼 장렬하여 관우와 함께 만인지적萬人之敵이라 불리며 이름을 떨쳤다. 또 장비는 죽음을 불사하고 전장에 뛰어들어 항상 승리를 쟁취한 충성과 용맹 덕분에 관장지용關張之勇이란 명예를 얻었다.

그러나 관우의 복수를 위해 출정 준비를 하던 중 부하 범강과 장달에게 암살당하는 치욕을 뒤집어쓰며 허무하게 생을 마감하였다. 최고의 명장 장비에게 어울리지 않는 비참한 죽음이었다.

관우關羽

오호대장군의 으뜸은 역시 관우이다.

관우는 젊은 시절 악덕 소금장수를 죽이고 현상 수배자의 몸이 되어 떠돌다가 유비와 장비를 만나 도원결의를 맺으며 존재를 드러냈다. 그는 도원결의 후에 화웅과 안량 및 문추를 단칼로 베면서 일약 영웅의 반열에 올랐다. 그는 문무를 겸비한 장수이며 용맹과 지략에 덕망까지 겸비한 중국 최고의 명장으로 지금까지 추대되고 있다.

관우는 잠시 조조의 밑에서 조건부 투항을 하였다가 유비에게로 떠나온 오관참육장五關斬六將 이야기와 화용도에서 조조를 풀어준 이야기로 충성과 의리의 상징적 아이콘이 되었다.

또 유비가 서천을 공략할 때, 관우가 형주를 지키며 세운 무공은 조조와 손권조차도 간담을 서늘하게 만들었다. 심지어 번성이 관우에게 함락되자, 조조는 도읍을 옮기는 문제까지 고려하였을 정도로 관우의 존재감은 대단하였다.

그러나 관우는 순간의 방심으로 여몽의 계략에 말려들어 생포되었다. 손권이 투항을 회유하자 관우는 "옥은 깰 수 있으나 그 옥채를 바꿀 수 없고, 대나무는 태울 수 있으나 그 곧음을 꺾을 수 없다."라며 명예로운 죽음을 택하였다. 그는 수많은 전공으로 오호대장군 중의 으뜸가는 장수가 되었고, 한수정후와 장무후라는 직위까지 오른 최고의 명장이다.

관우를 참수한 손권은 유비의 분노를 조조에게 덮어씌우려 관우의 머리를 조조에게 보냈다. 조조는 관우를 제후의 예로 장례를 치르고 그의 넋을 위로해주었다. 그래서 머리가 매장된 하남성 낙양의 무덤을 관림關林이라 부르고, 또 신체가 매장된 호북성 당양의 무덤은 관릉關陵으로 불린다.

관우는 죽어서 더 승승장구하였다.

그는 의리와 충성의 화신이 되었고, 종교에서는 유·불·도를 아우르는 신이 되었다. 즉, 유교에서는 나라를 수호하는 무신武神이 되었고, 불교에서는 사찰을 지키는 가람신伽藍神이 되었으며, 도교에서는 악마를 쫓아내고 재난과 고통에서 벗어나게 해주는 삼계복마대제三界伏魔大帝가 되어 그야말로 유·불·도를 뛰어넘는 만능수호신萬能守護神이 된 것이다.

第 9 講

이릉대전夷陵大戰의 득과 실

- 도전은 이성으로 하는 것이지
감정으로 하는 것이 아니다

key word

패주맥성敗走麥城·이릉대전夷陵大戰·만인지적萬人之敵·오하아몽吳下阿蒙·괄목상대刮
目相對·거재두량車載斗量·장사진長蛇陣·탁고託孤

도전은 이성으로 하는 것이지,
감정으로 하는 것이 아니다

【소설 배경】(제74회-제85회)

　유비는 창업의 토대를 마련하는 과정에서 형주의 문제로 손권은 물론 조조와도 크게 대립하며 갈등을 빚었다. 형주를 지키고 있는 관우와 대적하기 위하여 위나라에서는 조인은 물론 방덕 및 우금까지 총동원하였으나 역부족이었다.
　그러나 관우가 독화살에 맞는 사건이 발생하며 형주의 정세가 급변하였다. 이때 오나라의 여몽이 이 틈을 이용하여 관우의 배후를 치는 바람에 관우는 위나라와 오나라의 협공을 받으며 궁지에 몰리기 시작하더니, 급기야 여몽과 육손의 계략에 걸려들어 장렬하게 전사하였다.
　얼마 후 여몽이 관우를 죽인 후유증으로 발작을 일으키며 죽자, 후임으로 육손이 승계하였다. 또 위나라 조조도 이어서 세상을 뜨자, 조비가 위왕 자리를 승계하였다. 그러나 조비는 이에 만족하지 않고 급기야 헌제에게 황위를 선양받아 위나라 황제로 등극하였다. 위나라가 한나라를 찬탈하자, 유비는 익주에서 한나라의 부활을 외치며 촉한을 세우고 황제로 등극하였다.
　한편 유비와 장비는 관우의 복수를 위해 오나라와의 승부를 대대적으로 준비하였지만, 제갈량과 조자룡 등 수많은 문무백관은 이릉대전을 극구 반대하였다. 이처럼 냉철한 이성 보다는 사사로운 감정이 앞선 전쟁은 시작부터 순탄하지 않았다. 전쟁을 서두르던 장비가 부하의 배신으로 암살당하는 불상사를 겪으며 어두운 암운을 보이기 시작하였다.

그러나 유비는 무모한 도전으로 이릉대전을 밀어붙이다가, 결국, 육손이 지휘하는 오나라 군대에 화공으로 대패하였다. 즉, 육손이 700리에 걸친 촉나라 군의 영채를 불태우자, 촉한의 군대는 속수무책으로 무너진 것이다. 유비는 황급히 백제성으로 퇴각하였으나 이로 인해 병을 얻게 되었다. 결국, 유비는 성도로 돌아오지도 못하고 백제성에 머물다가 병사하였다.

죽음을 예감한 유비는 제갈량과 조자룡에게 태자 유선을 보필해 줄 것과 촉한을 다시 부흥시켜 달라는 유언을 남기고 죽는다. 이렇게 유비는 "도전이란? 이성으로 하는 것이지, 감정으로 하는 것은 아니다."라고 하는 뼈아픈 교훈을 남기고 세상을 떴다. 천하삼분지계의 대망은 결국 제갈량의 몫으로 남게 되었다.

1

이릉대전의 배경

관우의 죽음으로 요동치는 국제정세

217년부터 219년까지 파촉으로 들어가는 관문인 한중을 차지하기 위해 유비와 조조는 치열한 공방전을 벌였다. 결국, 한중 공방전에서 승리한 유비에게 창업이라는 날개를 달아준 전투가 바로 한중전투였다.

그러나 유비의 불행은 엉뚱한 곳에서 발생하였다. 바로 형주를 지키고 있던 관우의 죽음으로부터 불행이 시작된 것이다. 형주에서 관우와 접전을 벌이던 조인은 크게 패하여 번성으로 물러났다. 그리고 조인은 조조에게 구원을 요청하였다. 이에 조조는 우금과 방덕을 급파하여 조인을 지원하라고 하였다.

이들은 관우와 맞서며 대치하였으나, 관우의 수공에 말려들어 우금과 방덕 모두 사로잡히는 신세가 되었다. 이에 우금은 목숨을 구걸하여 겨우 살아남았으나, 방덕은 끝까지 항복을 거부하다가 처형을 당하였다. 그리고 조인은 번성에서 끝까지 관우의 공격을 막아내며 분전하였다.

관우에게 우금과 방덕이 포로가 되다

우금과 방덕이 사로잡혔다는 소식을 전해 들은 조조는 도읍인 허창許昌을 다른 곳으로 옮기는 문제까지 고민하였다. 하지만 사마의의 지략으로 조인을 지원하게 하고, 한편으로는 손권에게 관우의 배후를 치라고 제의하였다. 평소 호시탐탐 형주 탈환을 노리던 손권도 이에 호응하여 여몽을 대도독으로 삼고, 그에게 관우 배후를 공격하라고 명령하였다.

여몽은 부하 육손의 계책을 받아들여 먼저 관우 군의 봉화대를 공략하였다. 그리고 여몽은 사로잡은 형주 군을 이용하여 형주성을 장악하였다. 이렇게 여몽은 주변의 민심을 다독이며 형주의 대부분을 점령하였다.

그 시각 번성을 포위하고 있던 관우는 위나라 서황과 대치하고 있었다. 전후방의 기습공격에 관우는 패퇴하여 양양성으로 후퇴했지만 이미 형주

여몽의 공격에 관우가 맥성으로 달아나다

일대가 여몽에게 넘어갔다는 소식을 듣고 유비에게 구원을 요청하였다. 조인은 번성의 포위가 풀리자 관우를 추격하였고, 여몽도 장흠을 앞세워 관우를 협공하였다. 궁지에 몰린 관우는 결국 남은 군사들을 이끌고 맥성으로 후퇴하였다.

전황이 불리해지자, 관우는 다시 맥성을 주창과 왕보에게 맡기고 관평을 데리고 서북 방향으로 탈출하려 하였지만, 매복하고 있던 오나라 군의 공격에 속수무책이었다. 결국, 관우는 남은 군사 10여 명을 이끌고 탈출하던 중 포위를 당해 사로잡히고 만다.

관우가 이렇게 장렬하게 죽자, 후환을 걱정하는 손권은 관우의 머리를 조조에게 보내어 책임을 위나라에 전가하고자 하였다. 관우의 머리를 본 조조는 지병이 도져 시름시름 앓다가 죽었고, 또 관우를 죽인 여몽도 발작 증세를 일으키며 급사하였다. 관우가 타던 적토마 역시 며칠 동안 식음을 전폐하다가 그대로 굶어 죽었다고 전해진다.

이어지는 불행과 장비의 죽음

관우의 죽음에 가장 분노한 사람은 유비와 장비였다.

특히 장비의 분노는 극에 달하였다. 장비는 관우가 죽은 날부터 보복의 칼을 갈며 오나라와의 전쟁을 독촉하였다. 결국, 이러한 비이성적인 행동은 스스로 수명을 재촉하며 대사를 망치는 결과를 초래하였다. 그중에서도 장비의 고약한 술버릇이 한몫하였다.

장비의 술버릇은 서주 시절부터 유명하다. 원술이 서주를 공격해오자, 유비는 장비에게 서주의 수비를 맡기며, 절대 술을 마시지 말고 또 부하를 때리지 말라고 신신당부를 하며 떠났다. 그러나 결국에는 장비의 술버릇으로 여포를 서주로 불러들이는 빌미를 제공하였다.

이번에도 술로 인하여 대사를 망치는 일이 또 벌어졌다. 관우의 복수를 위해 전투 준비를 하는 중, 장비가 술로 인하여 그의 부하에게 죽임을 당하는 황당한 사건이 벌어진 것이다. 장비는 관우의 죽음을 애도하기 위해 모든 병사에게 흰 군복을 입고 또 백기白旗를 들고 출정한다며, 부장 범강과 장달에게 흰 군복과 깃발을 만들라고 명령하였다.

그리고 장비는 만취 상태에서 자신의 명령에 이의를 제기하는 범강과 장달에게 온몸이 피투성이가 되도록 곤장을 쳤다. 그러면서 사흘 내 다 만들지 못하면 처형하겠다고 으름장을 놓았다.

그러자 어차피 기한 내에 명령을 수행하기 어렵다고 판단한 범강과 장달은 이왕 죽을 바에 장비의 목을 잘라 오나라로 도망치는 것이 낫다고 판단하였다. 그리하여 그들은 만취한 장비의 목을 취하여 오나라로 달아났다. 이처럼 장비는 술로 인하여 만인지적(萬人之敵: 혼자서 많은 적과 대항할 만한 지혜와 용기를 갖춘 호걸)이라는 명성에 어울리지 않게 허무하고 초라한 죽음을 맞이하였다.

관우의 죽음에 이어 장비마저 죽자, 유비는 감정이 극에 달하였다. 사실 당시 촉한은 오나라와 전쟁을 벌일 상황은 아니었다. 그러나 유비는 동맹국 오나라의 배신으로 의형제 관우가 목숨을 잃고, 또 관우가 맡았던 형주를 몽땅 빼앗긴 상황에서 더 이상 참을 수가 없었다. 그러기에 무리수를 두어가며 이릉대전을 준비하였다. 물론 유비의 최측근 제갈량과 조자룡 등 상당수의 신하는 전쟁을 반대하였으나, 유비는 이를 무시하고 원정을 강행하였다. 냉철한 이성보다 사사로운 감정을 앞세운 이릉대전은 시작부터 이미 그 결과를 예고하고 있었다.

2

이릉대전의 승리로
손권이 세상의 중심에 서다

　이릉대전의 발단 원인은 관우의 죽음에서 시작된 사사로운 전쟁이다.
　촉한의 신하들은 위나라와 대치하고 있는 상황에서 오나라와의 전쟁은 불가하다고 극구 반대하였지만, 이성을 잃은 유비는 오로지 보복에만 함몰되어 그야말로 무모한 전쟁을 일으킨 것이다.
　'무한 도전'과 '무모한 도전'은 한 글자 차이지만 의미상에는 천양지차天壤之差이다. 무한 도전이란 어떤 목표를 향해 끊임없이 그리고 치밀하게 준비하여 나가는 것이지만, 무모한 도전은 치밀한 준비나 대책도 없이 그저 막연하게 추진하는 도전을 말한다. 무한 도전과 무모한 도전의 기준점은 이성理性과 감정感情에 있다. 즉 "감정이 앞서는가? 아니면 이성이 앞서는가?"에 따라 성패 혹은 승패가 갈리는 중요한 단서가 되기도 한다.
　이렇듯 이성이 아닌 감정적 판단은 늘 실패 혹은 패배를 부르는 경우가 다반사이다. 그러기에 도전은 이성으로 하는 것이지 결코, 감정으로 하는 것이 아니다. 또 도전의 선행조건은 이성이고, 도전의 필수조건은 대의명분에 있음을 명심하여야 한다.

이릉대전의 초반 상황

이릉대전을 준비하던 중 장비가 범강과 장달의 손에 죽는 불길한 조짐이 보였음에도 불구하고, 유비는 이릉대전을 반대하는 책사 제갈량마저 성도에 남기고, 또 조자룡은 강주에 배치한 채 나머지 대군을 이끌고 오나라로 진군하였다.

유비 군대가 한여름에 대군을 이끌고 형주 지방에 도착하자, 당황한 오나라는 위나라에 파발을 보내 구원을 요청하였고, 또 한편으로는 촉한에 "더 큰 원수인 위나라 조비를 함께 치자."는 비책을 앞세우며 화해를 청하지만, 유비는 이를 거절하고 오나라를 공격하였다. 초반에는 유비 군이 오나라 군을 압도하였다. 그 기세가 하늘을 찌르자, 손권은 황급히 국난을 수습하고자 전전긍긍하였다.

이에 놀란 손권은 육손을 대도독으로 임명하여 대항하도록 하였다. 육손이 총사령관으로 임명된 이후 전쟁은 장기전으로 전환되었다. 유비는 고의로 기강이 약한 군사들을 보내 오나라의 장수들을 끌어내려 하였지만, 유비의 계책을 간파한 육손은 끝내 출전하지 않고 지구전으로 대응하였다.

무더위로 인하여 유비의 군대는 점점 지쳐가기 시작하였다. 한여름의 형주는 화로와 같아 전투가 거의 불가능한 상황이었다. 결국, 유비는 숲이 우거진 강가에 700리에 걸친 장사진長蛇陣을 펼치는 결정적 실책을 범하게 되었다. 마량을 통해 이 진법을 친 사실이 제갈량에게 알려지자, 제갈량은 크게 탄식하여 빨리 영채를 옮기라고 전통을 보냈다. 그러나 전통이 도착하기도 전에 이미 육손은 행동을 개시하고 있었다.

육손이 화공으로 이릉대전을 승리로 이끌다

유비의 군대가 한여름의 무더위를 피해 비교적 시원한 숲으로 진영을 옮기며 장사진長蛇陣을 펼치자, 이를 탐지한 육손은 대대적인 화공으로 나왔다. 육손은 수군과 육군이 동시다발적으로 촉나라 진영에 불을 질렀다. 기습적인 화공으로 촉한의 군대는 대혼란에 빠졌고 연락의 두절로 서로 고립되는 상태에 이르렀다. 앞뒤 전후의 진영끼리 연락이 끊기니 서로 연합작전이 불가능하였다. 결국, 유비는 본진을 포기하고 퇴각할 수밖에 없었다.

이렇게 촉한의 군대는 순식간에 대패하였고, 상당수의 촉한 군은 퇴로

이릉대전의 패배로 백제성으로 도망치는 유비

가 끊겨 항복하였다. 유비는 퇴각하여 다시 진을 세우고 손권에게 대항해 보려 하였으나, 전세는 이미 기울어 속수무책이었다. 후방에 있던 조자룡이 구원병을 이끌고 겨우 유비를 구출하여 백제성으로 돌아왔을 때 남은 군사는 100명에 불과하였다.

한편 유비를 추격하던 육손은 어복포에 당도하여 계속 추적을 하고자 하였으나, 제갈량이 설치한 팔진도에 갇히어 고립될 운명이 되었다. 그때 홀연히 나타난 제갈량의 장인 황승언의 도움으로 겨우 목숨을 구하여 철수하면서 마침내 이릉대전은 끝이 났다.

그러나 이릉대전에서 촉나라 군을 막아내고 승리를 쟁취한 손권에게는 세상의 중심에 설 기회가 찾아왔다. 사실 적벽대전 이후 손권은 형주에 지나친 욕심과 집착을 보이며 소탐대실을 거듭하였다. 또 조조가 대군을 이끌고 침략한 유수전투와 합비전투로 인하여 치욕을 치르기도 하였다. 그러나 유비를 물리치고 형주를 되찾은 이릉대전의 승리로 손권은 비로소 창업의 기초를 다지며 세상의 중심에 서게 되었다.

3

유비의 리더십과
손권의 리더십

성공한 군주는 자기만의 특유한 리더십을 가지고 있다.

사실 군주에게는 카리스마적 리더십이나 지혜와 혜안의 리더십 등 다양한 정치적 리더십이 필요하다. 그러나 이보다도 더 중요한 것이, 바로 리더에게는 인간미가 가미되어야 한다는 것이다. 왜냐하면, 인간이 인간을 통솔해야 하기에, 인간미야말로 리더가 갖춰야 할 필수 덕목이기도 하다. 이러한 덕목까지 갖춘 자가 비로소 천하를 경영할 수 있기 때문이다.

유비의 리더십

유비의 리더십은 표면적으로는 인의에 바탕을 둔 의리의 리더십이다.

그러면서도 내면적으로는 상대의 감성을 자극하는 인간미를 가지고 있다. 다시 말해 이중적 인간미가 두드러진다는 점이다. 유비가 주로 구사했던 리더십에도 인정과 감성을 자극하여 상대의 마음을 움직이는 고도의 전략이 숨어있었다.

또 한편으로는 대의명분을 내세우며 끝없이 기다리고 노력하는 신의와 믿음을 보여주었다. 이러한 방법으로 그는 수많은 위기를 극복하여 자신의 목표를 달성하는 치밀한 정치력을 발휘하였는데 이것이 바로 유비의 전매특허 의리의 리더십과 감성의 리더십이다.

사실 공손찬·도겸·조조·원소·유표·유장 등도 처음에는 유비에 호감을 보이며 도와주었다. 유비의 관상을 "용과 봉의 풍채이며 하늘의 해와 같은 기상이다."龍鳳之姿, 天日之表라고 하는 말이 있다. 이처럼 유비는 제왕의 용모와 자태를 가지고 있었기에 사람을 끌어모으는 묘한 매력을 가지고 있다. 유비는 이러한 매력을 잘 활용하여 시너지효과를 만들어냈다.

감성의 리더십에 한몫을 하는 것이 바로 유비의 뜨거운 눈물이다. "웃다 망한 조조, 울다 흥한 유비"라는 말이 있듯이, 유비하면 떠오르는 이미지가 울보 이미지이다. 유비의 눈물은 "형주에서 자신의 허벅지 살을 보고 탄식하며"髀肉之嘆, 혹은 "형주를 돌려달라고 찾아온 노숙 앞에서" 기회가 될 때마다 울음보를 터트리었다. 사실 유비의 눈물이 진실의 눈물이든 아니면 악어의 눈물이든 모두가 진정성을 가진 눈물이라고는 보기는 어렵다. 어쩌면 인위적인 쇼맨십의 눈물에 가까울 수도 있다. 그러나 어찌되었든 그가 사나이 가슴을 울리는 뜨거운 눈물로 상당한 실효를 거두었던 사실은 부인할 수 없는 사실이다.

유비가 가장 성공적인 리더십을 보인 것은 신야의 도주에서 보인 행위였다. 자신을 따르는 백성들을 돌보느라 피난 길이 자꾸 지체되었다. 급기야 조조 군이 근거리까지 추격해 오자, 유비의 참모들은 백성들을 포기하고 먼저 우리만이라도 도주해야만 살 수 있다고 보고한다. 그러나 유비는 뜨거운 눈물을 흘리며 "백성에게 버림을 받을지언정 내가 백성을 버릴 수는 없다."라는 명언을 하였다. 후대에 유비가 남긴 이 한마디는 군주로서의 이미지 메이킹에 성공을 거두는 계기가 되었다.

그러나 이러한 공든 탑을 일순간에 무너트린 사건이 바로 이릉대전이었다. 이릉대전이야말로 대의명분이라고는 전혀 없는 무모한 전쟁이었다. 오직 형제의 원수를 갚고자 의리로 일으킨 무모한 전쟁이기에 장비는 물론 유비 자신도 죽음에 이르는 치명타를 입었다. 또 그동안 한실 복원이라는 유비의 대업도 한순간의 오판으로 이렇게 망치고 말았다. 리더의 판단과 리더십이 왜 중요한가를 일깨워주는 대목이다.

손권의 리더십

손권의 리더십은 인화와 화합을 중시하는 믿음과 소통의 리더십에서 출발한다. 나이 어린 손권은 진정성을 가지고 중신들을 찾아가 소통을 하며 리더의 자질을 발휘하였다. 손권은 매사에 주도면밀한 성격으로 인재들을 챙기고 중용하니 신하들은 그를 따르지 않을 수가 없었다.

또 손권의 리더십에는 인재의 양성에 일가견이 있었다. 조조와 유비는 이미 만들어진 인재에 욕심을 부렸지만, 손권은 인재를 직접 만들어 쓰는 재주가 있었다. 이러한 경우로 주태와 여몽 그리고 육손 등이 있었다.

또 손권의 리더십 가운데 빼놓을 수 없는 것이 바로 당근과 채찍의 리더십이다. 손책이 주군으로 권력의 중심에 있을 때, 손권은 지방 관료로 재직하고 있었다. 당시 손권을 보좌하는 측근이 있었는데 그가 바로 여범과 주곡이었다. 손권이 행정을 처리하면서 어떤 문제가 생기면 여범은 융통성 없이 원리원칙에 근거하여 행정을 처리하였다. 이러다 보니 손권에게는 번거로움이 끊이지 않았다. 반면 주곡은 지나치게 융통성을 부렸다. 특히 손권이 번거롭지 않도록 임기응변으로 대처하며 손권을 감싸며 보좌하였다. 심지어는 공문서까지 위조하고 조작하며 손권을 위해 충성을 다하였다.

얼마 후 손책이 죽고 손권이 주군으로 등극하였다. 손권을 위해 충성을 바친 여범과 주곡은 출세의 기쁨에 큰 기대를 걸고 있었다. 그러나 손권은 권모술수와 아부로 충성을 다했던 주곡에게는 아무런 관직을 내리지 않았다. 오히려 원리원칙에 충실했던 여범을 크게 중용하였다.

이처럼 손권은 인재를 알아보는 혜안을 가지고 있었다. 결론적으로 리더의 사고방식은 리더의 위치에 따라 생각이 바뀌기 마련이다. 그러기에 주곡처럼 눈앞의 아부가 출세를 보장하지는 않는다는 사실을 우리는 명심해야 한다.

그 외, 손권이 보여준 또 하나의 리더십이 바로 여몽의 케이스이다. 여몽은 출중한 장수이지만 신분이 빈천하여 학문을 배우지 못한 무식한 장수였다. 그래서 나온 말이 오하아몽吳下阿蒙이라는 고사성어이다. 참다못한 손권은 여몽에게 사람이 큰일을 하려면 학문을 해야 한다며 후한의 황제 광무제가 국사로 바쁜 가운데에서도 손에서 책을 놓지 않은手不釋卷 이야기를 들려주며 자극을 주었다. 그러자 여몽은 그때부터 광무제처럼 책을 손에서 놓지 않고 학문에 정진하였다.

얼마 후 노숙이 시찰 길에 여몽과 만나 대담을 나누는데, 한층 유식해진 여몽의 말투에 깜짝 놀라 연유를 물으니 "선비는 헤어진 지 3일이면 눈을 비비고 서로를 살펴봐야 합니다."士別三日, 卽更刮目相待 라고 대답하였다. 여기에서 오하아몽과 괄목상대라는 고사성어가 유래되었다.

그 후 여몽은 노숙의 대를 이어 도독이 되었고, 또 관우를 사로잡고 형주를 탈환하는 전공을 세웠다. 그 외에도 손권은 육손의 재능을 알아보고 일찍부터 키우기 시작하였다. 그에게 자신의 보검을 하사하며 힘을 실어주었다. 이처럼 손권은 부하들에게 무한신뢰와 절대 권한을 위임하여 최고의 능력을 발휘하도록 발판을 마련해 주었다.

이처럼 손권의 인재양성은 혜안에서 나오는 것이라 할 수 있다. 주유·노숙·여몽·육손 등 수많은 인재가 그의 출중한 리더십으로 양성되었다. 손권의 리더십으로 양성된 인재들은 결국 오나라를 반석 위에 올려놓았다.

4

삼국지 3대 대전의
승패와 득실

삼국지 3대 대전

소설 《삼국지》에서 3대 대전이라 하면 관도대전·적벽대전·이릉대전을 일컫는다. 그중에서 소설적 허구와 예술성을 가장 많이 가미하여 각색한 것이 바로 적벽대전이기에 이 부분이 가장 흥미롭기도 하다.

3대 대전의 진행 과정과 승패의 원인을 분석하면 다음과 같다.

대전	대상	참모와 장수	전력	승패의 요인	결과
관도대전	원소	곽도·전풍·저수·장합·고람·순우경 등	11만	1. 허유의 배신 2. 원소의 독선과 오만 3. 곽도의 오만	조조군 승리 / 원소 사망
	조조	곽가·가후·순유·서황·악진·순욱 등	1만	1. 허유의 투항 2. 기습공격(식량기지 오소를 화공 공략)	

대전	대상	참모와 장수	전력	승패의 요인	결과
적벽대전	조조	순유·정욱·순욱·서황·조인·하후돈·장합·장료·악진 등	100만	1. 조조의 자만 2. 전략 전술의 부족과 오만 3. 주유의 기만술과 화공에 역이용 당함	손권과 유비 연합군의 승리 / 삼국정립
	손권 유비	제갈량·주유·노숙·정보·황개·관우·장비·조운·여몽·제갈근 등	10만	1. 고육계·연환계·반간계·사항계 등과 화공으로 기습 2. 제갈량과 주유의 지혜와 통솔력의 승리	
이릉대전	유비	황권·마량·황충 등	75만	1. 유비의 진법 실수와 전략가의 부족 2. 제갈량의 불참	손권군 승리 / 유비 사망
	손권	육손·정봉·주태 등	5만	1. 지구전(더위 이용) 2. 화공으로 기습	

관도대전은 조조와 원소의 싸움으로, 동북 일대를 장악했던 원소가 조조를 상대로 일으킨 전투이다. 초반에는 절대적으로 조조가 불리하다가 원소의 부하였던 허유가 조조에게로 귀순하여 고급정보를 제공하면서 정세가 급변하였다. 또 조조가 결단력 있게 원소의 식량창고인 오소를 급습하면서 승부가 결정되었다.

원소의 실패 원인은 곽도와 전풍의 반목으로 단합에 균열이 가고, 또 원소의 독선과 오만, 그리고 허유의 배신에서 패배의 원인을 찾을 수 있다. 절대적으로 열세였던 조조가 관도대전에서 승리함으로 조조는 황하 일대를 장악하는 동북의 강자로 부상하였다.

적벽대전은 조조가 손권과 유비를 상대로 일으킨 전쟁이다. 조조의 100만 대군에 10여 만의 손권과 유비 연합군이 맞서야 하는 싸움임에도 불구하고 약자인 손권과 유비 연합군이 대승을 거두었다. 손권과 유비 연합군의 승리 원인은 주유가 반간계·사항계·고육계·연환계 등을 이용하여 적의 기선을 제압한 것과 화공을 들 수 있다. 더 중요한 것은 주유의 전략 전술과 통솔력에서 승리의 원인을 찾을 수 있고, 조조의 실패 원인은 전략 전술의 부족으로 주유의 기만술에 역이용을 당한 것과 조조의 자만에서 그 원인을 찾을 수 있다. 적벽대전을 계기로 위·오·촉나라 삼국이 정립하는 계기가 만들어졌다.

이릉대전은 관우가 오나라의 여몽에게 살해되자, 유비가 오나라 손권을 대상으로 일으킨 보복 전쟁이다. 상대적으로 약세에 있었던 오나라의 육손이 지구전을 펼친 끝에 오나라의 승리로 끝났다. 손권의 승리 원인은 육손이 지구전으로 대응하여 유비 군대를 더위에 지치도록 유도한 것과 그리고 화공으로 기습 공격한 것을 들 수 있다. 유비의 실패 원인은 제갈량의 불참으로 인한 전략가의 부족과 그리고 유비의 병법과 진법 실수에서 그 원인을 찾을 수 있다. 이 대전을 계기로 유비가 병사하는 바람에 천하통일의 대업에 차질이 생겼다. 반면 승자인 손권에게는 천하를 주도할 수 있는 기득권이 생겼다.

이상 3대 대전의 결과는 기묘하게도 공통점을 가지고 있다.

첫 번째는 강자가 약자를 상대로 싸움을 일으켰다는 점이고, 두 번째는 강자가 모두 전투에서 패하고 약자가 대승하였다는 점이며, 또 세 번째는 모두가 화공으로 불태우며 승패를 갈랐다는 점이다. 그리고 마지막은 승자가 이러한 승리를 기반으로 반석에 올랐다는 사실이다.

관도대전의 승리로 조조는 황하와 북방 일대를 장악하였고, 또 창업의 기초를 다지며 세상의 중심에 서게 되었다. 그리고 적벽대전의 승자인 유비는 형주 일대를 전진기지로 삼아 익주를 확보하여 비로소 촉한을 창업할 수 있었다. 그러나 또 다른 승자 손권은 비록 조조의 보복으로 유수전투와 합비전투 등에 시달리며 모욕을 당하기도 하였으나 내실을 다지는 계기가 되었다. 그 후 이릉대전에서 유비를 물리치고 승리한 손권은 비로소 왕에서 황제의 경지까지 올랐고, 또 오나라 창업의 기초를 다지며 세상의 중심에 우뚝 서게 되었다.

3대 대전에서 우리가 주목할 점은 약한 자가 강자를 무찔렀다는 점이다. 싸움이란 늘 강자가 이기는 것이 아니라 철저하게 준비된 약자도 언제든지 역전이 가능하다는 사실이다. "강하니까 이긴 것이 아니라 이기니까 강한 것이다."라는 명언이 있듯이 약자가 강자를 이기기 위해서는 고도의 전략과 전술이 필요하다. 3대 대전도 바로 최고의 전략과 전술의 승리인 것이다. 그러기에 우리는 "강한 자가 살아남는 것이 아니라, 살아남은 자가 강한 자이다."라는 교훈을 다시 한번 되새겨 볼 필요가 있다.

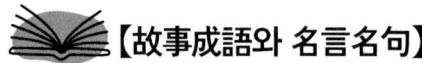
【故事成語와 名言名句】

패주맥성 敗走麥城

패주맥성은 중국의 속담으로 "만사가 물거품이 되었다."라는 의미이다. 여몽의 기습공격에 일격을 당한 관우는 최후의 보루인 맥성으로 들어가 고군분투하였으나 끝내 패하여 포로가 되었다. 여기에서 유래된 속담이다.

만인지적 萬人之敵

수많은 사람을 대적할 수 있는 지략과 용맹이 뛰어난 장수를 의미한다. 유래는 서초패왕 항우를 일컫는 말이었으나 후대에는 관우와 장비에 비유되는 말로 쓰인다. 유사어로 관장지용 關張之勇 혹은 만부부당 萬夫不當이 있다. 관장지용은 관우와 장비의 용기를 일컫는 말이다.

단도부회單刀赴會

단도부회는 "군사를 대동하지 않고 칼 한 자루만 가지고 적 진영에 들어간다."라는 뜻으로 소설《삼국지》제66회에 나온다. 손권은 유비가 형주를 반환하지 않자 노숙에게 책임을 지라고 독촉한다. 그러자 노숙이 연회를 베풀고 관우와 담판을 하는 장면에 나온다.

담소자약談笑自若

담소자약은 "위기에도 의연하게 대처하는 모습을 비유하는 말"로, 소설《삼국지》제66회에 오나라가 관우가 지키는 형주를 빼앗기 위해 노숙과 관우가 단독으로 만나 단판을 하는 장면에서 "노숙은 감히 얼굴을 들어 보지도 못하건만 관운장은 담소자약 하였다."不敢仰, 雲長談笑自若라는 부분에서 인용되었다.

비육지탄髀肉之嘆

비육지탄은 "헛되이 세월만 보내는 것을 한탄한다."라는 말이다. 어느 날 연회에서 유비의 눈물 자국을 본 유표가 연유를 묻자, 유비는 "나는 언제나 말안장을 떠나지 않아 넓적다리에 살이 붙을 겨를이 없었는데 요즈음은 말을 타는 일이 없어 넓적다리에 다시 살이 붙었습니다. 세월은 속절없이 빨리 흐르고 자꾸만 늙어 가는데 아무런 대업도 이루지 못해 이를 슬퍼하였던 것입니다."라고 한데서 유래되었다. (소설《삼국지》제34회)

거재두량車載斗量

거재두량은 "수량이 헤아릴 수 없을 정도로 많은 것"을 의미하는 말이다. 관우의 죽음으로 유비가 오나라를 치려고 군사를 일으키자, 오나라는 위나라에 조자를 파견해 구원을 요청한다. 조자의 능수능란한 언변에 놀란 조비가 "오나라에는 그대와 같은 인재가 얼마나 많은가?"라고 묻자 조자가 "나 같은 자는 수레에 싣고 말로 잴 정도입니다."如臣之比, 車載斗量, 不可勝數 라고 답변 한데서 유래되었다. (소설《삼국지》제82회)

오하아몽吳下阿蒙 / 수불석권手不釋卷 / 괄목상대刮目相對

오하아몽은 오나라의 여몽이란 뜻이며 의미는 무용은 있으나 학식이 없는 사람을 이르는 말로 오나라 무장 여몽에서 유래되었다.

무용은 출중하나 학문을 배우지 않은 여몽에게 손권은 "국가의 대사를 하려면 학문을 해야 한다."라며 후한의 황제 광무제는 국사로 바쁜 가운데서도 손에서 책을 놓지 않았다手不釋卷는 이야기를 들려주었다. 그러자 여몽은 그야말로 손에서 책을 놓지 않고 학문에 정진하였다.

그 후 노숙이 시찰 길에 여몽과 대화를 나누다가 여몽이 너무나 박식해진 데에 깜짝 놀라 연유를 물었더니 여몽이 "선비는 헤어진 지 3일이면 눈을 비비고 서로를 살펴봐야 합니다."士別三日, 卽更刮目相待 라고 대답하였다.

오하아몽은 여몽처럼 무용만 있고 학식이 없는 무식한 사람을 일컫는 말이고, 괄목상대는 학식이나 재능이 일취월장 발전한 것을 의미하는 말이다.

장사진長蛇陣

장사진은 긴 뱀과 같이 진을 치는 병법을 말한다. 손무의《손자병법》에 솔연이라는 뱀은 머리를 공격하면 꼬리가 달려들고, 꼬리를 치면 머리가 공격하는 전설의 뱀이다. 이를 군사 진법에 적용하여 적이 어느 쪽을 공격하더라도 다른 쪽에서 바로 구조하고 맞대응할 수 있도록 진을 치는 방식을 말한다. 그러나 이릉대전에서는 유비가 규칙 없는 장사진을 펼쳤다가 오히려 대패하였다.

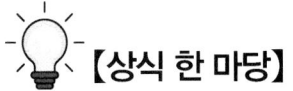

【상식 한 마당】

현상 수배자에서 신이 된 관우

관우는 산서성 하동군 사람이다.

그는 젊은 시절 악덕 소금장수를 죽이는 바람에 현상 수배자가 되었다가, 유비와 장비를 만나 도원결의를 맺으며 세상의 중심에 서게 되었다. 관우는 일시적으로 조조의 휘하에 조건부 항복을 하며 지낸 적이 있었다. 관우는 백마전투에서 명장 안량과 문추를 죽이면서 명성을 세상에 떨쳤다. 그리고 수많은 전공으로 한수정후라는 관직을 받았다. 관우는 비록 조조에 조건부 항복을 하였지만, 유비의 거처를 확인한 후에는 그를 찾아 오관참육장五關斬六將을 하면서 충성과 의리의 화신이 되었다.

적벽대전 승리 후 유비가 형주를 평정할 때, 관우는 장사를 공격하여 태수 한현 수하의 황충을 굴복시키고 장사를 점령한다. 또 유비가 익주를 평정하러 나서자, 관우는 형주의 군사 총독으로 형주의 수비를 담당하였다. 관우는 형주를 지키면서 조조가 수도 천도를 고민할 정도로 그의 존재감을 드러냈다. 독화살을 맞고 잠시 주춤하기도 하였으나 관우는 다시 번성을 공격하여 우금을 생포하고 방덕을 참수하는 전공을 세웠다.

그러나 여러 차례 관우에게 수모를 당했던 오나라의 손권은 마침내 여몽을 선봉으로 삼아 관우의 배후를 치라고 명하였다. 오나라 여몽의 기습 공격을 받은 관우는 평정심이 무너지면서 대패하였다. 관우의 죽음은 결과적으로 이릉대전을 야기시켰고, 또 장비와 유비의 죽음에 직간접적인 원인을 제공하였다.

그러나 관우는 죽어서 오히려 더 승승장구하기 시작하였다. 관우는 죽어서도 그에 대한 명성과 추모가 끊기지 않더니, 북송 휘종 때에 관우는

죽어서 유·불·도교의 신이 된 관우

충혜공에서 무안왕으로 격상되었고, 명대 신종 때에는 충의대제라는 황제의 신분까지 격상되었다. 급기야 조정에서는 문무이성文武二聖으로 추존되어 문묘에는 공자를, 무묘에는 관우를 최고의 지성으로 숭배하였다.

그 후 관우는 성인의 경지에서 다시 신의 경지로 격상되었다. 즉, 관우는 유교에서는 나라를 수호하는 충의의 무신武神, 불교에서는 사찰을 지키는 가람신伽藍神, 도교에서는 악마를 쫓아내고 재난과 고통에서 벗어나게 해주는 삼계복마대제三界伏魔大帝가 되어 그야말로 유·불·도 3교를 통괄하는 만능수호신이 되었다.

관우를 제일 먼저 신으로 끌어들인 종교는 불교였다. 당 고종은 관우에게 가람신이라는 시호를 처음으로 추증하였고, 당 덕종 때에는 호북성 당양에 옥천사가 세워지면서 관우가 가람신으로 등극하였다. 또 유교에서는 대략 북송 시기부터 관우를 신적 대상으로 숭배를 하기 시작하였고, 도교에서도 역시 북송부터 도교의 숭녕진군으로 숭배하다가 명청대에는 관성제군關聖帝君으로 승격시켜 최고의 경지에 올려놓았다.

사실 관우가 신의 경지에 오른 배경에는 물론 종교적 영향도 있었지만, 정치적 의도도 다분히 깔려있었다. 특히 송·원·명·청 시대에 이루어진 황실의 정치적 의도와 도교가 상승작용을 일으키며 급속도로 발전하였다. 현재 관우 신은 전지전능한 만능신으로 무신과 문신 및 수호신의 역할 외에도 재물을 모아주는 재물신, 질병을 치유해 주는 치유의 신 등으로 다양한 신의 역할을 담당하며 민속신앙의 뿌리를 내리게 되었다.

관우 신앙은 중국뿐만 아니라 동남아와 동북아까지 두루 확산하였다. 우리나라에도 임진왜란 때 명나라 장수 진인陳寅이 1598년 남대문 밖 남산기슭에 관우 사당을 최초로 세운 이후, 대략 30여 곳 이상의 관우묘가 건립되었다. 현재 대표적인 곳이 바로 동대문 근처에 있는 동묘東廟이다.

第 10 講

5로공격五路攻擊과 남만정벌南蠻征伐

– 싸우지 않고 이기는 것이 최상의 병법이다

key word

5로공격五路攻擊 · 칠종칠금七縱七擒 · 남만정벌南蠻征伐 · 군중무희언軍中無戲言 · 만사구비지흠동풍萬事具備, 只欠東風 · 허허실실虛虛實實 · 리더십과 쇼맨십 · 장계취계將計就計 · 심리전心理戰

싸우지 않고 이기는 것이 최상의 병법이다

【소설 배경】(제85회-제91회)

　유비는 이릉대전의 패배로 성도에 돌아오지도 못하고 백제성에서 제갈량과 조자룡에게 한실 부흥과 태자 유선에 대한 탁고를 하고 죽었다. 유비의 유언대로 유선이 대를 이어 황제에 취임하며 조직을 정비하는 사이 위나라 조비는 그 틈을 이용하여 총공세를 펼쳤는데 이것이 바로 5로공격이다. 5로공격이란 위나라가 바로 오나라 등 주변의 인접 국가 및 여러 부족과 연합하여 다섯 방향으로 촉나라를 공격한 전쟁을 말한다.
　갑작스러운 조비의 5로공격을 받은 유선이 당황하여 안절부절못하고 우왕좌왕하는 사이에 제갈량은 서재에 앉아서 적을 퇴치하는 심리전의 정수를 보여주었다.
　이렇게 5로공격의 위기를 극복하니, 이번에는 다시 남쪽에서 맹획이 공격해 왔다. 북벌을 준비하던 제갈량의 관점에서 남만의 침략은 향후 촉나라의 두통거리라 판단하여 그 후환을 제거하고자 남만정벌의 대장정을 떠나게 되었다.
　그러나 남만정벌은 간단하지 않았다. 단순하게 맹획만 잡아 죽이는 것만이 능사가 아니었기 때문이다. 향후 재침략을 막기 위해서는 맹획을 진심으로 복종시켜야만 했다. 제갈량은 여러 번 맹획을 달래어 풀어주었으나 맹획은 또 다시 전열을 정비하여 반란을 일으켰다. 이때마다 제갈량은 지략을 이용하여 맹획을 잡았다가 다시 풀어주기를 일곱 차례나 하였다. 이것이 바로 칠종칠금七縱七擒의 유래이다. 제갈량은 결국 칠종칠금으로 맹획의 항복을 받아내어 배후 위협을 제거하고 드디어 본격적인 북벌을 준비하였다.

5로공격에서 적의 심리를 이용하여 싸우지 않고 이기는 것과 남만정벌에서 보여준 칠종칠금은 제갈량의 뛰어난 전공 중의 하나로 평가되는 전쟁이다. 특히 상대의 심리를 이용한 제갈량의 전략 전술은 그야말로 심리전의 백미를 보여준다.

1

5로공격과 심리전

병법과 심리전

병법이란 싸움의 기술이며 싸움의 방법을 말한다.

병법에서는 힘을 겨루어 이기는 것이 하책이고, 꾀를 이용하여 이기는 것은 중책이며, 심리를 이용하여 이기는 것이 상책이라고 한다.

또 병법에서는 백전백승을 최고의 선善으로 치지 않는다. 왜냐하면, 싸우지 않고 이기는 것이야말로 최고의 선이며 최고의 병법이기 때문이다.

그러기에 《손자병법》에는 다음과 같은 명언이 있다.

"적을 알고 나를 알면 백번 싸워도 위태로울 것이 없으나, 나를 알고 적을 모르면 1승 1패를 각각 주고받을 것이며, 적을 모르고 자기조차도 모르면 모든 싸움에서 위태롭다."知彼知己, 百戰不殆. 不知彼而知己, 一勝一負. 不知彼不知己, 每戰必殆 라고 하였다.

여기에서 "적을 알고 나를 알면"의 의미는 바로 적의 심리를 역이용해서 마음대로 전략 전술을 펼칠 수가 있다는 의미이다. 그러기에 병법에서 가장 기본이 되는 것이 바로 심리전인 것이다.

그러면 심리전이란 무엇인가?

심리전은 군사적으로 명백한 적대 행위 없이 적군이나 상대에게 심리적인 자극과 압력을 주어 아군에게 유리하도록 이끄는 전략 전술로 일명 총성 없는 전쟁이라고도 한다.

이 심리전을 가장 효율적으로 활용한 전투가 바로 초한대전에서 유방이 항우에게 펼친 사면초가四面楚歌이다. 사면초가는 유방이 항우의 군대를 동서남북 사방으로 포위하고 달 밝은 야밤에 초나라 민가를 불러 초나라 군대의 사기와 전투력을 떨어트린 전략 전술로 심리전의 진수를 보여준 병법이다.

유비의 죽음으로 후사를 부탁받은 제갈량은 죽기 전까지 3번에 걸친 큰 전투를 벌인다. 첫 번째 전투가 바로 조비와 사마의가 주도한 5로공격이고, 두 번째가 남방의 맹획을 정벌하는 남만정벌이며, 세 번째가 6번에 걸쳐 싸운 북방정벌이다. 남만정벌은 일명 '칠종칠금'으로 알려져 있고, 북방정벌은 '육출기산'으로 잘 알려져 있다.

이러한 전투들의 특징은 모두가 심리전에 기반을 두고 있다. 전쟁에서 심리전은 전쟁의 절반을 차지한다고 해도 과언이 아니다. 그만큼 심리전은 전쟁의 기본이며 또 전쟁의 승패에 중요한 변수로 작용하기도 한다.

과연 3번에 걸친 전쟁에서 제갈량이 얻은 득과 실은 무엇일까?

사마의가 주도한 5로공격을 제갈량이 심리전으로 막아내다

5로공격이란?

유비의 죽음으로 세자 유선이 대를 이어 촉한의 황위를 계승하였다. 이때 정권교체의 어수선한 틈을 이용하여 위나라 조비와 사마의가 계책을 꾸미어 다섯 방향에서 촉나라를 총공격하는 전쟁이 벌어졌다.

    제1로 공격 : 선비족의 10만 군대를 동원시켜 서북쪽에서 촉한을 공격.
    제2로 공격 : 남만의 맹주 맹획을 부추겨 남쪽에서 촉한을 공격.
    제3로 공격 : 조비가 손권과 동맹을 맺고 오나라가 동쪽에서 촉한을 공격.
    제4로 공격 : 촉한에서 투항한 장수 맹달에게 한중지역을 공격하도록 명령.
    제5로 공격 : 위나라 조진이 병력을 이끌고 북쪽에서 촉한의 양평관을 공격.

사실 5로공격은 사마의가 매우 치밀하게 계획한 공격으로, 이제 막 촉나라의 황위를 계승한 유선에게는 치명적인 사건이었다. 이처럼 갑작스러운 공격에 당황한 유선은 안절부절못하고 있었다.

이때 제갈량이 병을 핑계로 입조를 하지 않고 황제조차 만나질 않자, 초조해진 유선은 직접 제갈량의 집으로 찾아가 대책을 상의하였다. 제갈량은 서재에서 황제 유선의 방문을 접대하며 대책을 털어놓았다. 제갈량의 대책을 들은 유선은 그때 서야 안도의 한숨을 내쉬며 환궁하였다. 5로공격은 제갈량이 적군의 심리를 역이용하여 적을 물리친 심리전으로 유명하다. 그 대책은 다음과 같다.

5로공격	상대	공격	대책과 결과
제1로	선비족	서북방 선비족 10만 명이 공격	지역 연고를 가진 맹장 마초와 마대로 배치하여 선비족이 회군함
제2로	남만의 맹획	남만의 맹획이 공격	연고가 있는 맹장 위연을 배치하자 위연의 기세에 눌려 철군함

5로공격	상대	공격	대책과 결과
제3로	오나라	오나라 손권 군의 침략	외교가인 등지를 파견하여 오나라와 동맹 체결
제4로	위나라	촉에서 항복한 맹달에게 한중을 공격시킴	이전에 맹달과 생사지교를 맺은 이엄을 파견하여 대응시키니 대치하다 철군함
제5로	위나라	위나라 대장군 조진이 양평관으로 공격	맹장 조자룡을 출진시키자 두려워 대치상태로 들어감

결국, 위나라의 5로공격은 제대로 싸우지도 않고 이렇게 간단하게 끝나버렸다. 전쟁에서 싸우지 않고 이기는 방법이 최상의 병법이라고 했다. 이처럼 제갈량은 심리전에 기반을 둔 고도의 전략 전술과 외교로 싸우지도 않고 승리하는 최고의 성과를 올렸다.

즉, 제1-2로의 공격은 지역 연고를 가진 맹장 마초와 위연을 파견하여 심리전으로 선비족과 남만을 회군시켰고, 제3로의 공격은 외교가 등지를 파견하여 다시 오나라와 동맹을 회복시켰으며, 제4로 공격은 맹달의 생사지교 친구 이엄을 보내 싸움을 무마하였고, 제5로 공격은 당시 최고의 무장 조자룡을 파견하여 상대의 전투력을 초기에 꺾어버렸다. 이처럼 제갈량은 상대의 심리를 역이용한 고도의 심리전으로 대승을 거둘 수 있었다.

2

남만정벌과 심리전

칠종칠금: 마음에서 우러나오는 복종이 진짜 항복이다

  5로공격을 심리전으로 막아낸 제갈량의 또 하나 심리전이 바로 남만정벌에서의 칠종칠금七縱七擒이다. '칠종칠금'은 일곱 번 풀어주고 일곱 번 잡는다는 뜻으로 상대를 내 뜻대로 혹은 내 마음대로 움직인다는 의미이다.

  유비의 뜻을 받들어 북벌을 준비하던 제갈량은 남방에서 맹획이 반란을 일으키자 곤란에 빠진다. 북벌에 전념하기 위해서는 총화단결이 필요한 시기인데 남방에서의 혼란은 북벌에 크나큰 장애가 되기 때문이다. 결국, 제갈량은 북벌에 앞서 남방을 정벌하여 배후를 평안하게 하려고 결정하였다.

  이렇게 하여 일으킨 정벌이 남만정벌인데, 제갈량은 계략을 써서 맹획을 손쉽게 생포할 수 있었다. 그러나 문제는 맹획의 처벌만이 능사가 아니라는 것이다. 만일 맹획을 죽이면 남만의 오랑캐들이 원한을 품고 다시

칠종칠금으로 맹획의 마음을 돌리다

공격할 것이기에, 오랑캐를 통치하기 위해서는 반드시 충분한 수의 군대를 남만에 주둔시켜야만 했다. 그러기에 북벌에만 전념하기 위해서는 맹획의 진심 어린 복종이 필요했다.

그때 마속은 "용병술 가운데 최상의 방책이 민심을 공략하는 것이고, 군사를 동원한 무력은 하책이기에 심리전으로 맹획의 마음을 정복하자."라는 계책을 올렸다. 제갈량 또한, 오랑캐로부터 절대적 신임을 받는 맹획을 죽이는 것만이 능사가 아니라고 생각하여 마속의 계책에 따르기로 하였다.

결국, 제갈량은 포획한 맹획을 달래어 풀어주었다. 그러나 풀려난 맹획은 다시 전열을 정비하여 계속해서 반란을 일으켰다. 이때마다 제갈량은 지략을 이용하여 맹획을 잡아들였다가 달래어 다시 풀어주기를 일곱 차례나 하였다.

일곱 번째 잡았다가 다시 풀어주자, 맹획은 마침내 눈물을 흘리며 "일곱 번 사로잡고 일곱 번 놓아주었다는 이야기는 자고이래로 들어 본 적이 없습니다."라며 마음으로부터의 진정한 항복을 하였다. 그것이 바로 고사성어 칠종칠금의 유래이다.

이처럼 남만의 정벌에서 제갈량은 최고의 심리전을 펼쳤다. 칠종칠금은 제갈량의 뛰어난 업적 중 하나이며 심리전의 백미라고 할 수 있다. "진정한 복종은 몸을 숙이는 것이 아니라 마음을 정복하는 것이다."라는 명언을 만들어냈다.

칠종칠금의 전략 전술

제갈량이 남만정벌에서 펼친 전략 전술을 보면 다음과 같다.

익주의 장수 옹개와 남만의 왕 맹획이 결탁하여 남방에서 반란을 일으켰다는 소식이 들리자, 제갈량은 즉시 조자룡을 불러들여 남만을 정벌할 채비를 한다. 전쟁이 시작되자, 맹획은 패배할 때마다 각종 핑계를 대며 패배를 인정하지 않았다. 그러자 제갈량은 맹획을 번번이 풀어주며 마음속의 항복을 기다렸다.

회수	전투 경과(전략 전술)	맹획의 변명
1	제갈량은 맹획에게 반간계 유인작전을 펴서 거짓으로 패한 척하다가 조자룡과 위연을 매복시켜 퇴로를 차단	맹획은 산길이 좁아서 실수로 잡힌 것이기에 승복할 수 없다고 함

회수	전투 경과(전략 전술)	맹획의 변명
2	풀려난 맹획이 노수를 방패삼아 저항하자, 제갈량의 군대는 기습적으로 노수를 건너 맹획을 생포	맹획은 부하의 배신으로 잡힌 것이기에 승복하지 못한다고 함
3	다시 풀려난 맹획은 동생 맹우에게 거짓 항복을 하게 한 후, 안팎에서 화공으로 공격하나 제갈량에 간파당하여 실패함	맹획은 동생이 술을 탐하다 실패한 것이기에 승복하지 못한다고 함
4	맹획이 총공격하자, 퇴각하는 척하다가 조자룡이 후미를 공격하여 결국 제갈량이 놓은 함정에 걸림	맹획은 제갈량이 비겁한 계책을 썼기에 승복하지 못한다고 함
5	맹획은 독룡동에서 대항하나, 제갈량은 산속 노인에게서 해독법을 알아내고 다시 맹획을 공격	맹획은 내부 첩자 때문이라며 승복하지 못한다고 함
6	맹획은 처남인 대래동주가 맹획 자신을 붙잡아 제갈량에게 넘기는 척 위장하게 한 후에 제갈량을 죽이는 작전을 시도하나 제갈량이 이를 간파하여 역이용	맹획은 제발로 찾아와 잡힌 것이니 승복하지 못한다고 함
7	맹획은 오과국과 연합하여 공격하였으나 제갈량은 이들을 화공으로 무찌르고 마대가 맹획을 생포	일곱 번째 잡히자 더이상 변명하지 못하고 항복함

이처럼 제갈량은 심리전으로 적군의 심리를 꿰뚫어 보며 맹획을 마음대로 요리하였다. 칠종칠금은 그야말로 심리전의 결정판이라 할 수 있다.

결국, 일곱 차례 전투를 벌인 끝에 겨우 전쟁이 끝났다. 제갈량은 포로로 잡힌 맹획을 융숭하게 대접하고 풀어준 뒤 철군을 하였다. 제갈량이 철군하는 길에 노수에 이르자 심한 풍랑을 만나게 되었다. 어떤 이가 말하길 노수에는 황신이라는 신이 사는데 그 신이 노한 것이라며, 사람 49명의 목을 베어 노수강에 던지라고 진언하였다. 이에 제갈량이 더이상 살인할 수는 없다며 밀가루로 만인의 머리 모양을 빚어 제사를 지내자, 풍랑이 가라앉았다고 한다.

그 후 남방 사람들은 제갈량이 바친 음식 때문에 노수가 잠잠해진 것으로 생각하여 "기만하기 위한 머리"라는 의미에서 이것을 만두饅頭라고 불렀다. 중국의 만두가 바로 여기에서 유래가 되었다고 전해진다.

3

심리전이란 무엇인가?

제갈량의 심리전 – 싸우지 않고 이기는 것이 최상의 병법이다

소설《삼국지》에서 심리전의 대가는 제갈량이 으뜸이다.

적벽대전에서 보여준 제갈량의 외교 전술과 병법은 대부분 상대의 심리를 교묘하게 이용하는 심리전에 바탕을 둔다.《손자병법》에 나오는 "적을 알고 나를 알면 백번을 싸워도 위태롭지가 않다."라는 말과 일맥상통한다.

이처럼 제갈량은 치밀하게 상대의 심리를 꿰뚫어 보며 심리전을 펼쳤기에 최고의 승자로 우뚝 설 수 있었다. 또 제갈량의 심리전은 적군과 아군을 가리지 않았다는 특징을 가지고 있다. 이처럼 제갈량은 상대의 심리를 이용하여 빈틈없는 전략 전술로 화려하게 정치무대에 등장하였다.

특히 제갈량은 사마의의 5로공격에 대한 대응과 남만정벌의 칠종칠금을 통해서 심리전의 진수를 보여주었다. 또 육출기산에서 사마의와 펼친 공성계空城計는 심리전의 백미를 보여주기도 하였다. 본장에서는 조조와

5로공격과 남만정벌을 심리전으로 물리친 제갈량

심리전과 주유와의 심리전 그리고 아군인 관우와의 심리전을 소개하고자 한다.

조조와의 심리전

제갈량과 조조의 심리전은 적벽대전의 마지막 부분에 등장하는데 이것이 바로 유명한 조조삼소曹操三笑이다.

주유에 쫓기던 조조는 오림지역으로 도망쳤다. 오림에 도착하자, 조조는 껄껄 웃으며 제갈량의 병법을 비웃다가 갑자기 출현한 조자룡한테 크게 당하여 호로구로 도망친다. 호로구에서도 조조는 제갈량의 병법을 비웃다가 이번에는 장비의 매복에 걸려 혼비백산하여 화용도로 도망친다.

화용도 부근에서는 관우가 연기를 피워놓고 조조를 유인하였다.

일반 장수 같으면 연기가 피어오르는 반대 방향으로 도망가는 것이 상식이나 조조는 이것이 제갈량의 기만전술이라고 생각하고 오히려 연기가 피어오르는 쪽으로 방향을 잡았다. 그리하여 조조는 연기를 피우며 기다리는 관우에게 외통으로 걸리게 되었다. 이는 꾀 많은 조조의 심리를 역이용한 제갈량의 이중 복선으로 이것이 바로 허허실실虛虛實實 병법이다.

주유와의 심리전

적벽대전의 전반부에서 주유와 조조 간의 팽팽한 심리전은 흥미는 물론 긴장감마저 불러오기에 충분하다. 즉, 조조가 보낸 첩자 장간을 주유는 역이용하여 채모를 제거하는 반간계로 대응하였고, 조조의 사항지계에 주유가 역 사항지계와 고육지계로 맞대응하였던 장계취계將計就計의 병법이야말로 고도의 심리전에서 나온 심리전의 정수를 보여주었다.

그 외에도 제갈량은 적벽대전에서 주유와 세 번에 걸친 심리전을 펼친다. 주유와는 같은 우군이기에 양자 간의 심리전이 더 긴장감으로 이어지며 흥미를 자아낸다.

첫 번째 심리전은 제갈량이 먼저 선공을 날린다.

적벽대전에 동오를 끌어들이기 위해서는 손권과 주유의 마음을 자극해야 했다. 그래서 그는 조식의 시 동작대부 가운데 '강동이교'라는 말의 의미를 왜곡하여 "동남의 두 교씨를 잡아들여 그들과 함께 즐기리라."라는 의미라며 주유와 손권의 심리를 자극하였다.(강동이교는 당시 손책의 처를 대교라 부르고 주유의 처를 소교라고 부름) 제갈량의 심리전에 말려들은 주유는 격분하여 결국 참전 쪽으로 결심하는 계기가 되었다.

두 번째 심리전은 주유가 반격으로 나왔다.

주유는 제갈량의 지혜가 범상치 않음을 감지하고 본격적으로 제갈량을 견제하기 시작하였다. 주유는 제갈량이 자신의 대업에 장애가 될 것으로 판단하여 합법적인 제거 방법을 찾았다. 그리하여 주유는 제갈량에게 전쟁에 필요한 화살 10만 개를 만들라는 무리한 요구를 한다. 그러나 그 심리를 꿰뚫은 제갈량은 오히려 3일 안에 화살 10만 개를 만들겠다며 맞대응한다. 그러자 주유는 제갈량이 자신의 덫에 제대로 걸렸다고 생각하고 군중무희언(軍中無戱言: 군대에서는 농담이란 없다)이란 말로 다짐까지 받아 놓는다. 그러나 제갈량은 초선차전을 이용하여 화살 10만 개를 만들며 주유를 경악하게 만들었다.

세 번째 심리전은 제갈량에 의해서 시작되었다.

주유는 조조 함대를 화공으로 불태워 버리려 고육지계와 역 사항지계 등으로 만반의 준비를 하였다. 그러나 마지막 부족한 것이 동풍萬事具備, 只欠東風이었다. 화공의 의도를 간파한 제갈량은 주유를 찾아가 자신이 동풍을 몰고 오겠다며 호언장담한다. 과연 얼마 후 동풍이 불자, 주유의 주력부대는 조조의 함대를 공격하면서 일부 병사를 은밀히 급파하여 제갈량을 제거하고자 하였다. 그러나 제갈량은 주유의 심리를 꿰뚫고 미리 준비한 함선을 이용하여 주유의 감시망을 뚫고 유유히 탈출하였다. 이처럼 적벽대전에서 세 번에 걸친 주유와의 심리전은 일방적인 제갈량의 승리로 막을 내렸다.

관우와의 심리전

제갈량의 심리전은 아군과 적군을 가리지 않고 펼치는 것이 특징이다.

특히 아군장수의 자존심을 자극하여 아군장수의 능력을 기대 이상으로 발휘하게 하는 심리전을 펼치기도 하였다. 즉, 아군의 심리를 이용하여 더 큰 전공을 세우도록 독려하거나 혹은 상대의 아킬레스건을 잡아 심리적으로 상대를 제압하기도 하였다.

적벽대전에서 제갈량은 오림에 조자룡을 파견하고, 호로구에는 장비를 매복시킨다. 그러나 관우에게는 일언반구의 말이 없었다. 화가 난 관우가 그 연유를 따지자, 제갈량은 관우가 조조와의 의리 때문에 조조를 잡지 못할 것이기에 관우를 제외했다고 말한다. 그러자 관우는 버럭 화를 내며 목숨을 담보로 출정을 요구하였다. 이렇게 출정한 관우는 결국 제갈량의 예상대로 조조를 잡지 못하고 돌아온다. 이렇게 제갈량의 덫에 걸린 관우를 참수하려고 하자, 유비의 간청으로 관우는 겨우 목숨을 보전하게 된다. 이렇게 천하의 관우도 제갈량의 심리전에 덜미를 잡힌 것이다.

이처럼 제갈량의 전략과 전술은 모두가 상대의 심리를 꿰뚫어 보는 독심술에서 시작한다. 그의 심리전은 아군과 적군을 가리지 않고 적용되었기에 그 위력은 더욱더 파괴력이 있었다.

4

리더의 리더십과 쇼맨십

리더에게 리더십은 필수이다.

그 리더십에 쇼맨십을 활용하면 더 좋은 시너지 효과를 얻을 수 있다. 그러기에 훌륭한 리더에게는 적절한 쇼맨십이 필수 덕목인 것이다. 사실 쇼맨십은 일종의 연기력이기도 하다. 어설픈 연기력은 오히려 목표한 효과가 감소하기도 하며, 심한 경우 역효과를 내기도 한다. 그러기에 적절한 연기로 시너지 효과를 불러와야 한다.

과연 조조·유비·손권·제갈량의 쇼맨십은 어떠하였을까?

조조의 쇼맨십

리더들은 과연 어떠한 쇼맨십을 펼쳤을까? 쇼맨십에 강한 리더는 단연코 조조이다. 그러나 조조의 쇼맨십은 교활한 일면이 있다.

한번은 전쟁터에서 군량 보급을 담당하는 군량관 왕후가 식량이 고갈

되어 간다고 보고하자, 조조는 곰곰이 생각한 후에 식량 배급을 반으로 줄이라고 명령을 내렸다. 얼마 후 굶주림에 지친 군사들이 폭동을 일으킬 기세로 나오자, 조조는 군량관을 희생양으로 삼아버린다.

조조는 군량관 왕후에게 군량미를 빼돌렸다는 죄목을 씌워 효수하여 군사들의 분노를 군량관의 책임으로 돌려놓는다. 그리고는 군사들에게 "우리는 이제 3일치 식량밖에 없다. 그러나 우리가 적군을 물리치면 살 수 있다. 여기서 굶어 죽을 것인가? 아니면 적군과 싸워 적을 물리 치고 살 것인가?"라며 군사들을 독려하였다. 그리고 최후의 일전에 앞서 군사들을 배불리 먹여 사기를 끌어 올린 다음 전투를 승리로 이끌었다. 그리고 이러한 방법으로 위기를 벗어난 조조는 죄 없이 죽은 군량관 가족의 생계를 끝까지 돌봐주며 속죄하였다. 이것이 바로 조조만이 가진 조조 쇼맨십이다.

그 외 관도대전에서 보인 조조의 쇼맨십은 그를 최고의 리더로 만들어 주었는데 이것이 바로 문서의 파기 사건이다. 승전 후 전리품의 수습과정에서 조조 측근들 상당수가 북방 최강의 원소 진영과 내통하며 양다리를 걸치고 있었다. 이 사건이 점점 더 크게 붉어지자, 원소와 내통한 자들을 응당 철저히 가려 처벌을 해야만 했다. 그러나 조조는 고민 끝에 문무백관 모두를 불러 모은 다음, 벌벌 떨고 있는 신하들이 보는 가운데 그 문건을 불태워 버렸다.

사실 조조의 관점에서 내통자들을 가려내어 참수해 봤자 별 실리가 없었고, 오히려 아까운 인재들만 죽이는 상황이었다. 이러한 상황에서 조조는 차라리 화끈하게 문건을 불태우는 자비의 쇼맨십을 보이며 충성을 다짐받는 것을 더 실리적으로 판단한 것이다.

이처럼 조조의 쇼맨십은 교활성은 물론 다분히 의도적이고 계획적인 부분이 많이 보인다. 조조는 자신의 리더십에 출중한 연기력을 가미한 쇼맨십으로 더 많은 시너지 효과를 얻을 수 있었다.

유비의 쇼맨십

유비 역시 쇼맨십의 달인이라 할만하다. 특히 그는 눈물 연기의 달인이다.

유비 쇼맨십의 특징은 상대의 감성을 자극하는 쇼맨십에서 시작된다. 소설《삼국지》에서 유비는 눈물을 흘리는 장면이 특히 많이 나온다.

눈물의 감성 연기 외에도 유비가 쇼맨십은 겸양을 통한 약자의 쇼맨십으로 자신을 숨기거나 존재감을 드러내기도 하였다. 유비의 쇼맨십은 조조와 술을 마시며 논했던 '천하영웅론'에서 잘 드러난다.

유비가 여포에게 패하여 반 인질 상태로 조조의 진영에서 재기를 준비할 때의 일이다. 하루는 조조가 유비에게 주연을 베풀며 유비의 야심을 떠보려고 천하의 영웅에 대하여 논하였다. 유비가 원소와 원술 등 수많은 영웅을 거론하자, 조조는 천하의 영웅은 오직 유비와 조조 자신이라고 지목한다. 이에 깜짝 놀란 유비가 속내를 들킨 것에 당혹스러워하는 순간 때마침 천둥과 번개가 치자, 젓가락을 떨어트리고 술상 밑으로 몸을 숨기며 소심한 척 연기를 펼친다. 이처럼 유비는 소심하고 나약한 모습으로 조조의 의심에서 벗어나는 쇼맨십을 펼치기도 하였다.

그 외 유비는 겸양의 쇼맨십에 특히 일가견이 있었다. 서주와 형주 및 익주를 차지할 때도 유비는 절대 먼저 나서지를 않았다. 간절히 원하면서도 일부러 겸양의 미덕을 보이며 사양하였다. 특히 한중왕으로 등극할 때도 그랬고, 또 황제에 오를 때도 사양의 미덕을 보이며 겸양의 쇼맨십을 펼쳤다. 그러다가 주위에서 모두 들고 일어서면 못이기는 척하며 이를 수용하였다. 이처럼 쇼맨십을 적절히 활용하여 명분을 얻고 또 실리까지 취하는 유비만의 쇼맨십이 따로 있었다.

손권의 쇼맨십

손권은 당근과 채찍의 리더십을 즐겨 사용하였다.

손권의 리더십은 인정에 바탕을 둔 인화와 실리에서 출발한다. 그는 항상 자유분방하고 거침없는 토론을 권장하며 신하들의 의견을 경청하였다. 신하들과 서슴없는 토론을 거친 후, 군신 간의 의견이 어느 정도 조율이 되면 그때 마지막으로 결론을 내는 방식을 취하였다.

한번은 적벽대전에서 승리한 노숙이 먼저 선발대로 귀환하자, 손권은 그야말로 버선발로 뛰어나가 "내가 대문 앞까지 뛰어나가 또 말에서 내리면서까지 귀공을 마중하였는데 이만하면 귀공의 공로에 대한 대접은 되지 않겠소?"라고 하였다. 그러자 노숙은 "아직 부족합니다. 주공께서 천하

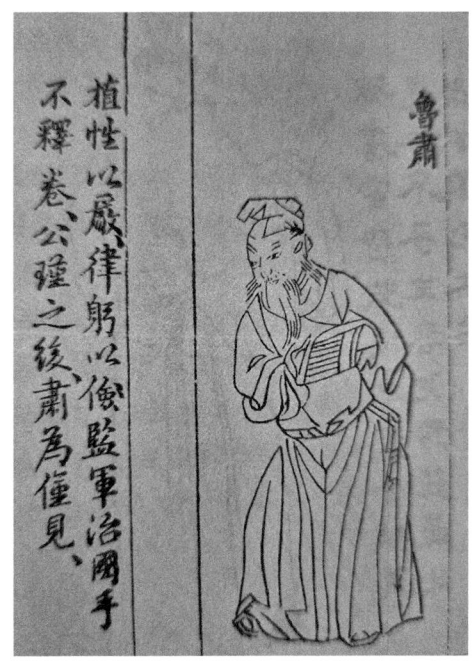

오나라 제2의 책사 노숙

통일의 대업을 이루게 한 다음, 또 제 이름이 역사에 길이 남을 때에 저는 제대로 대접을 받고자 합니다."라고 하며 호탕하게 웃었다고 한다. 이처럼 손권은 신하하고도 멋진 쇼맨십으로 소통하였다.

또 손권이 오랫동안 키워온 인재가 육손이다. 육손은 강동의 명문가 출신으로 어려서부터 뛰어난 재능을 보이자, 손권은 손책의 딸과 결혼시켜 조카사위로 삼았다. 손권은 육손이 낙하산 인사라는 인상을 주지 않으려고 관직에 바로 임명하지 않고 주변의 중신들이 육손을 추천하게 하는 쇼맨십을 발휘하여 임명하였다.

그리고 임명식을 성대하고 거대하게 거행하여 육손에게 힘을 실어주었다. 또 그 자리에서 손권 자신의 보검을 풀어주며 "누구든 명을 어기면 처형해도 좋다."라는 곤외지권閫外之權을 넘겨주며 전폭적인 지지와 신임을 보여주었다.

이러한 손권의 쇼맨십은 출전하는 장수마다 승전고를 울리며 개선장군이 되도록 만들어 준 원동력이었다. 이러한 케이스가 바로 적벽대전을 승리로 이끈 주유, 형주의 관우를 기습하여 때려잡은 여몽, 그리고 이릉대전을 승리로 이끈 육손 등이다.

제갈량의 쇼맨십

제갈량의 쇼맨십은 치밀한 계산 아래 상대의 심리를 적절히 이용하며 시작된다. 그러기에 제갈량의 쇼맨십은 극적 반전을 가져오는 경우가 많다. 앞에서 언급한 가맹관에서 벌인 장비와 마초의 혈전 역시 그러했다. 제갈량이 은연중 장비의 능력을 무시하자, 기분이 상한 장비는 목숨을 걸고 출전 의사를 보인다. 그때 제갈량이 못이기는 척하며 마초와의 혈전을 허락하자, 장비는 심기일전하여 최고의 전투력을 발휘하며 승리를 이끌었다.

　간혹 제갈량은 적군은 물론 아군도 속이는 원맨쇼를 펼쳐 주변을 놀라게 하기도 한다. 이것이 바로 제갈량이 즐겨 사용하는 제갈량 방식의 쇼맨십이기도 하다. 어느 날 제갈량은 위연과 강유에게 사흘 안에 진창을 공격하라고 명령을 내리고, 자신은 은밀하게 관흥과 장포를 데리고 하루 만에 진창에 도착하였다. 그리고 제갈량은 성안에 미리 투입한 첩자와 내통하여 진창을 점령해 버렸다. 후에 위연과 강유가 진창에 도착했을 때는 이미 제갈량이 진창을 점령하고 있었다. 이처럼 제갈량의 전략 전술은 적군은 물론 아군장수조차도 모르게 하는 쇼맨십으로 세상을 놀라게 하였다.

　이상에서 여러 리더의 다양한 쇼맨십을 살펴보았다. 쇼맨십을 위선적이라고 하는 사람도 있으나 쇼맨십은 결코 위선이 아니라, 멋지게 연기해 내는 표현예술이라고 할 수 있다. 이처럼 쇼맨십은 부정적인 측면보다는 오히려 긍정적인 측면이 더 많다. 오히려 쇼맨십은 또 다른 훌륭한 전략 전술이기도 하다. 그러기에 쇼맨십은 리더들에게 꼭 필요한 기본 덕목이며 리더십의 일부인 것이다.

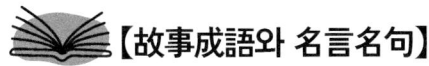
【故事成語와 名言名句】

지피지기 백전불태知彼知己, 百戰不殆

　《손자병법》에 나오는 말로 "적을 알고 나를 알면 백번 싸워도 위태로울 것이 없다."라고 하는 의미이다. 지금은 지피지기면 백전백승知彼知己, 百戰百勝

으로 바꾸어 사용하고 있다.

칠종칠금七縱七擒

칠종칠금은 "일곱 번 풀어주고 일곱 번 잡는다."라는 뜻으로 상대를 자기 마음대로 쥐락펴락할 수 있는 것을 의미한다. 이 고사성어는 남만 정벌에서 제갈량이 맹획을 상대로 펼친 전략에서 유래되었다.

만사구비 지흠동풍萬事具備, 只欠東風

"만사를 모두 구비 하였으나, 오직 동풍이 부족하다."라는 뜻이다. 주유가 적벽대전에서 화공을 이용하여 적의 배를 태우려 하였으나 동풍이 불어오지 않아 고민하고 있었다. 이때 이를 간파한 제갈량이 주유를 찾아가 자신이 동풍을 몰고 오겠다며 호언장담하면서 한 말이다.

허허실실虛虛實實

허허실실은 "허한 듯 실하고, 실한 듯 허하게 대처"하여 상대에게 어느 것이 진짜인지 가짜인지를 헷갈리게 하는 병법이다. 적의 심리를 이용하여 이중 복선으로 대응하는 심리전의 일종이다.

장계취계將計就計

장계취계는 상대방의 계책을 미리 알아채고 그것을 역이용하여 공격하는 병법 혹은 계교를 말한다. 적벽대전에서 조조가 사항지계로 나오자, 주유가 역 사항지계와 고육지계로 맞대응하였던 실례가 있다.

일신시담一身是膽

일신시담은 온몸이 담 덩어리라는 말로 "두려움을 모르는 대담한 사람"을 비유하는 고사성어이다. 위급한 상황에서 조조의 공격을 받은 조자룡이 배짱으로 허허실실 병법을 사용하여 조조를 물리친 데서 유래하였다.

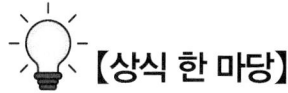
【상식 한 마당】

소설 《삼국지》의 역할분담과 바꿔치기

소설 《삼국지》를 읽다 보면 간혹 역사 《삼국지》의 내용과 인물의 역할이 다르게 묘사된 것이 종종 발견된다. 예를 들어 소설 《삼국지》 제2회에 탐관오리 독우를 매질한 사람을 장비로 묘사하고 있다. 그러나 배송지 주에는 오히려 유비가 200대를 매질한 것으로 묘사되어 있다.

이는 소설화 과정에서 나관중이 유비의 역할을 재분담하여 각색을 시도한 것이다. 즉, 유비가 독우를 매질하는 모습은 인자하고 관인대도한 유비의 이미지에 어울리지 않기에, 오히려 거칠고 호탕한 성격의 장비가 그 역할을 대신하여 바꿔치기한 것이다.

이러한 경우는 초선차전草船借箭의 케이스에서도 발견된다.

소설 《삼국지》에는 주유가 제갈량을 제거하고자 무리하게 화살 10만 개를 마련해 달라고 요구하자, 제갈량이 안개 낀 야밤에 짚을 실은 배를 조조의 진영으로 몰고 가 북을 치며 소란을 떨자, 놀란 조조 군이 화살 세 례를 퍼부었다. 얼마 후 화살이 배에 가득 꽂히자, 돌아와 확인하니 10만 여 개의 화살이 되었다는 이야기가 바로 초선차전의 유래이다.

그러나 사실 초선차전은 손권의 전공을 제갈량이 가로채 간 것이다. 역사 《삼국지》에서는 손권이 조조의 침공을 받고 유수에서 대치하는 장면이 나온다. "손권이 배를 타고 전황을 살펴보는 중, 조조가 손권에게 화살 세례를 퍼부었다. 화살이 배에 가득 꽂히자, 배의 무게 중심이 한쪽으로 기울어 전복될 지경이었다. 그러자 손권이 배를 반대로 돌리게 하니 화살이 반대편으로 날아 들어왔다. 한동안 시간이 지나, 화살로 인하여 배가 다시 평형을 이루게 되자, 손권은 유유히 회귀하여 돌아왔다."(오주전(213년)/배송지 주에서 인용된 《위략》)라는 내용이 있다. 이러한 내용을 빌려와 적벽대전에서의 제갈량의 초선차전으로 돌려막기를 한 것이다.

그 외, 공성계空城計 역시 마찬가지로 돌려막기를 하였다.

공성계는 일반적으로 제갈량이 사마의의 기습을 받고 임기응변으로 쓴 계책으로 널리 알려진 병법이다. 즉, 제갈량이 주력군을 다른 지역에 배치하였을 때 갑자기 사마의 군대가 쳐들어 왔다. 이에 깜짝 놀란 제갈량은 침착하게 성문 주변을 깨끗이 청소하게 하고 또 성문을 활짝 열어 놓았다. 그리고 자신은 성벽 누각에 올라 거문고를 뜯었다. 이 모습을 본 사마의는 필경 매복이 있다고 의심하여 머뭇거리다가 퇴각하였다. 이것이 바로 잘 알려진 제갈량의 공성계 병법이다.

그러나 여기에도 반전이 숨어있다. 《삼국지》(조운전)의 배송지 주에 인용된 《조운별전》에 조자룡이 연락이 끊어진 황충을 맞으러 출병하였다가 도중에 갑자기 조조의 대군에 포위를 당하게 되었다. 조자룡은 포위망을 뚫고 겨우 진영으로 돌아왔다. 진영으로 돌아온 조자룡은 갑자기 성문을 활짝 열어젖히고 침묵으로 일관하였다. 이에 조조는 조자룡의 복병을 의심하여 공격하지 못하고 군사를 철수하였다. 그러자 조자룡이 갑자기 북소리를 크게 울리며 병사들과 함께 조조 군을 맹렬하게 추격하자, 조조 군은 혼비백산하여 도망치기 시작하였다.

후에 유비가 조자룡의 진영에 당도하여 격전지를 둘러보고는 "조자룡은 온몸이 담덩어리로구나"子龍一身都是膽也라며 감탄하였다. 여기에서 유래한 '일신시담一身是膽'은 후에 "두려움을 모르는 대담한 사람"을 비유하는

두려움을 모르는 대담한 장수 조자룡

고사성어가 되었다.

　이러한 역할의 바꿔치기는 옹유폄조의 차원에서 각색한 부분도 있지만, 소설《삼국지》의 문학성과 예술성을 고려한 편저자의 적절한 안배도 작용하였다.

第 11 講

출사표出師表 와
육출기산六出祁山

– 일은 사람이 도모하지만 성패는 하늘에 달려있다

key word

출사표出師表·국궁진췌鞠躬盡瘁·육출기산六出祁山·읍참마속泣斬馬謖·공성계空城計·모사재인 성사재천謀事在人, 成事在天·식소사번食少事煩·공수래공수거空手來空手去·사공명 주생중달死孔明, 走生仲達

일은 사람이 도모하지만 성패는 하늘에 달려있다

【소설 배경】(제91회-제104회)

　제갈량은 기상천외한 심리전으로 사마의의 오로공격과 남만정벌을 통하여 나라를 안정시키고 본격적인 북벌을 준비한다. 이때 위나라에서는 조비가 죽고 그의 아들 조예가 황위를 계승한다. 조예가 사마의를 서량도독으로 임명하자, 이를 우려한 제갈량은 이간책을 사용하여 조예와 사마의 사이를 벌려놓는다. 결국, 사마의는 관직에서 물러나게 된다.
　이간계로 사마의를 간단하게 제거한 제갈량은 드디어 출사표를 내고 기산으로 출병한다. 제갈량은 초반에 하후무와 조진을 격파하고 또 맹장 강유를 투항시키는 등 수많은 승전고를 울린다. 그러나 마속의 경솔함으로 결정적 기회를 놓치고 철군을 하게 된다. 철군한 제갈량은 군기를 바로 세우기 위해 마속을 울면서 참수하고 스스로 자신의 관직을 강등시키는 고육지계로 모범을 보인다. 그리고 절치부심하며 다시 북벌 준비에 전력을 쏟는다.
　제갈량은 전력을 가다듬고 다시 북벌을 시도하였으나, 이번에는 제갈량이 과로로 쓰러져 철군하였고, 얼마 후 제갈량은 다시 출병하였으나 이번에는 사마의의 유언비어에 속은 촉나라 유선이 제갈량을 호출하는 바람에 북벌에 차질을 빚게 된다.

수도에 돌아온 제갈량은 사마의의 유언비어에 놀아난 촉한의 간신배들을 철저히 척결하고 다시 출사표를 내고 출병한다. 초반에는 승리를 거두며 승승장구하였으나 이번에는 장수 이엄의 거짓 보고로 인하여 전략에 큰 차질이 생기며 그동안의 성과가 수포가 되어버렸다.

그 후 제갈량은 접전을 거부하고 수성에 치중하는 사마의를 맞아 고전을 면치 못하다가 간신히 사마의를 상방곡으로 끌어들인다. 이렇게 제갈량은 상방곡에서 사마의를 화공으로 몰살시킬 결정적 기회를 잡았으나, 갑자기 내린 소나기로 인하여 사마의는 기적적으로 살아서 도망친다. 최후의 기회를 놓친 제갈량은 결국 지병이 악화되어 세상을 뜨고 만다. 여섯 번에 걸친 기산 진출은 제갈량의 죽음과 함께 종말을 고한다.

1

출사표出師表

출사표란?

출사표는 군대를 일으켜 출병하면서 임금에게 올리는 글을 말한다.

요즘은 정치인이 선거 출마 결심을 표명할 때 쓰는 말로 주로 쓰인다.

중국에는 3대 명문으로 손꼽히는 표문이 있다. 즉, 진晉나라 이밀李密이 무제에게 올린 진정표陳情表와 당나라 문인 한유韓愈가 쓴 제십이랑문祭十二郞文 그리고 제갈량이 촉나라 유선에게 올린 출사표를 말한다.

제갈량의 출사표가 나온 배경에는 촉나라 유비가 위나라를 수복하지 못한 채 이릉대전에서 패하고 죽을 때, "반드시 북방을 수복하라."라는 유언을 제갈량에게 남기었다. 후에 제갈량은 유비의 유언을 받들어 위나라 토벌에 전력투구하였다. 마침내 북벌을 떠나는 날, 제갈량이 촉한의 제2대 황제 유선 앞에 나아가 바친 글이 바로 출사표이다.

제갈량의 출사표는 〈전 출사표〉(227년)와 〈후 출사표〉(228년)로 나누어

제갈량이 출사표를 올리며 육출기산이 시작되다

져 있는데, 전 출사표가 더 유명하다. 제갈량의 출사표는 양나라의 문학가 유협劉勰의 문심조룡文心雕龍에서 "뜻을 다하고도 문리가 잘 소통되어 표表의 정수를 보여 준" 문장이라고 극찬하면서 더 알려졌다. 또 예로부터 "출사표를 읽고 눈물을 흘리지 않는 자는 충신이 아니다."라고 할 정도로 명문으로 알려져 있다.

중국 3대 명문이라고 하는 출사표는 무슨 내용일까?
출사표의 내용은 국가의 장래를 걱정하고, 각 분야의 현명한 신하들을 추천하며, 유선에게 올리는 간곡한 당부의 말이 담겨있는데, 출사표의 내용은 크게 3부분으로 나눌 수 있다.

第 11 講 출사표出師表와 육출기산六出祁山 279

전반부에는 제갈량이 나라의 장래를 걱정하는 내용과 그리고 주군을 향한 제갈량 자신의 일편단심과 충성심을 주로 기술하고 있다.

중반부에는 나라를 다스리는 올바른 길에 대하여 호소하면서, 아울러 황제로서 유선의 처신과 몸가짐에 대하여 간곡한 당부의 말을 하였으며, 또 유능한 인재들을 잘 선발하여 적재적소에 쓰라는 충언을 담고 있다.

후반부에는 제갈량과 선제 유비와의 각별한 인연 그리고 선제 유비의 유지를 받들어 제갈량 자신이 단행한 북벌의 당위성과 필요성을 호소하는 내용이다.

제갈량의 출사표에서 핵심 내용은 바로 신하와의 소통과 공평이다. "폐하께서는 신하들의 간언을 폭넓게 들으시고, 뜻 있는 선비들의 의기를 더욱 널리 배양시켜야 하며, 또 충성스러운 간언이 들어오는 언로를 막아서는 안 됩니다."라며 소통의 중요성을 강조하였다.

둘째는 공평성이다. "군주가 거처하는 궁중과 신하가 정사를 보는 조정은 하나가 되어야 합니다. 즉, 신상필벌에 있어서 궁궐의 기준이 다르고 조정의 기준이 달라서는 안 됩니다."라는 내용이다.

여기에서 제갈량이 1,800여 년 전에 언급한 '소통'과 '공평성'은 1,800여 년이 지난 지금에도 여전히 우리의 가슴에 절실하게 와닿는 어휘로 남아있다.

제갈량의 〈후 출사표〉에서는 선제 유비의 유지에 따른 북벌의 당위성과 그 이유 및 결과의 불확실성에 대하여 6가지 예를 들며 호소하고 있다.

그중 최고의 명언은 "무릇 일이란 미리 헤아려 예측하기가 실로 어렵습니다. 신은 다만 엎드려 몸을 돌보지 않고 죽을 때까지 최선을 다할 뿐, 성공과 패배, 이로움과 해로움에 대해서는, 저 역시 미리 결과를 예측할 정도로 총명하지는 못합니다."凡事如是, 難可逆見. 臣鞠躬盡瘁, 死而後已, 至於成敗利鈍,

非臣之明所能逆覩也.라고 한 부분이 가장 인상적인 부분이다.

특히 후 출사표의 마지막 부분에 언급한 '국궁진췌鞠躬盡瘁'라는 성어의 의미는 마음과 몸을 다해 나라에 이바지한다는 뜻으로 죽을 날까지 최선을 다해 몸 바쳐 충성을 다하겠다는 의미이다. 즉 제갈량은 최선을 다해 한실 부흥을 위해 노력하겠다는 의지의 표현이며 충성의 맹세이기도 하다.

제갈량의 출사표와 악비 그리고 이순신

제갈량은 장자방과 함께 중국 최고의 참모로 쌍벽을 이루는 인물이며, 또 명재상으로 손꼽히는 인물이기도 하다. 제갈량은 일인자가 아닌 이인자이기에 항시 원리원칙과 법칙을 중요시하였다. 그래서 그가 가장 흠모하여 우상으로 삼았던 인물이 바로 관중이었다. 제갈량이 관중을 롤모델로 삼았던 배경은 관중이 제나라를 정치와 경제 및 외교 분야까지 단숨에 반석에 올려놓았을 뿐만 아니라, 자기의 주군 제 환공을 춘추시대 최초의 패자로 올려놓았기 때문이다.

유비를 도와 촉한의 승상에 오른 제갈량은 갑작스러운 유비의 죽음 앞에 충성을 다해 북벌을 이루겠다고 맹세하였다. 그리고 제갈량이 유비의 마지막 유업을 성취하고자 북벌을 감행하며 올린 표가 바로 〈출사표〉出師表라고 앞에서 언급하였다. 이 출사표는 지금까지도 충정으로 가득한 천하의 명문으로 손꼽히고 있다. 그러나 제갈량이 육출기산하며 전력을 다하였지만, 그는 끝내 북벌을 성사시키지 못하고 순국하였다. 그리하여 촉나라에서는 제갈량에게 충무후忠武侯라는 시호를 하사하였다.

제갈량의 출사표는 후대에 많은 문인으로부터 칭송을 받아왔다. 또 역대 수많은 충신이 제갈량의 출사표를 읽고 또 쓰면서 충성과 헌신을 결의하고 맹세하였다. 그 후 900여 년의 세월이 지난 송나라 때에 제갈량을 지극히 흠모했던 충신이 하나 있었다. 그가 바로 송나라의 악비 장군이다.

송나라가 금나라의 침략으로 나라의 존망이 풍전등화일 때, 악비는 몸과 마음을 바쳐 조국 수호를 위해 고군분투하였던 장수이다. 그러던 어느 날 악비는 남양에 있는 무후사에서 하루를 보내게 되었다. 무후사는 제갈량을 모신 사당으로 벽에는 제갈량의 출사표가 쓰여있었다. 악비가 비 내리는 가을밤에 출사표를 읽다가 문득 기로에 선 조국 송나라와 황실의 걱정으로 감정이 이입되어 눈물로 밤을 지새웠다고 한다. 그리고 그날 밤 악비는 제갈량의 출사표를 단숨에 써 내려갔다. 이것이 바로 유명한 악비의 출사표이다. 그리하여 예로부터 "출사표를 읽고 눈물을 흘리지 않는 자는 충신이 아니다."라는 말이 여기에서 유래되기 시작한 것이다.

악비가 쓴 제갈량의 출사표

후대에 악비가 쓴 출사표는 비분강개한 필체로 인해 세상에 유명해지면서 지금까지도 명성이 높다. 악비가 1141년에 누명을 쓰고 죽자, 후에 송나라 조정에서는 그에게 제갈량의 시호와 동일한 충무忠武라는 시호를 하사하였다.

그 후 300여 년이 지나 조선에 악비를 매우 흠모한 장수가 있었는데 그가 바로 이순신이다. 이순신은 그의 《난중일기》에도 여러 차례 악비의 이야기를 기록하고 있을 정도로 악비를 존경하였다고 한다. 이순신은 자신의 처지와 비슷했던 악비를 존경하여 그를 열심히 연구하고 또 배우려고 노력하였다. 그러기에 전쟁 중에도 《정충록》을 읽으며 공부하였다고 라고 하는 기록이 있다. 이순신이 악비를 우상으로 여겨서인지 모르지만 묘하게도 이순신이 죽은 후에 충무공忠武公이라는 시호가 하사되었다.

또다시 약 300여 년이 지나 충무공 이순신을 자신의 우상으로 삼은 사람이 하나 있었다. 그가 바로 박정희 대통령이다. 그는 이순신을 너무나 존경하여 충남 아산시에 현충사를 만들며 지극정성으로 그를 추모하였다. 매우 흥미로운 인연이 아닐 수 없다.

2

육출기산 六出祁山

육출기산의 경과

육출기산은 227년~234년까지 제갈량이 6차례에 걸쳐서 위나라 토벌을 추진한 북벌을 말한다. 실제 촉나라의 북벌은 5회이며 1회는 위나라가 먼저 침략한 전투이다. 사실 육출기산이라고 하지만 다섯 번의 북벌 가운데 첫 번째와 마지막에만 기산에 진출하였고 나머지는 그 인근 지역이거나 한중 부근에서 벌인 전투였다. 대략 6번에 걸쳐 위나라와 전투가 벌어졌기에 일반적으로 육출기산이라 통칭하고 있다.

위나라에서는 황제 조비가 사망하자, 그의 아들 조예가 즉위하였다. 이때 사마의가 서량 자사로 임명되자, 제갈량은 사마의가 역모를 꾸민다는 유언비어 계책을 펼쳐 사마의를 서량 자사에서 물러나게 만드는 데 성공하였다. 그리고 출사표를 내고 원정길에 나서면서 본격적인 육출기산이 시작되었다.

육출기산의 득과 실

전투	상대	촉한의 득得	촉한의 실失	기타
제1차	조예·조진·사마의	하후무 대파 후 삼군 탈취, 조진 격파, 강유 투항	마속의 실수로 철군	읍참마속, 공성계, 공명의 우장군 격하
제2차	조진·왕쌍	위연에게 왕쌍을 맡기고 공명은 조진 격파	군량미 부족으로 철군	마지막 오호대장군 조자룡 전사
제3차	사마의	무도와 음평 탈취(강유/왕평), 사마의와 심리전 승리	공명의 득병으로 한중으로 철군	한중으로 철군
제4차	사마의·조진	위나라가 한중을 선제공격 큰비로 철군	사마의의 유언비어로 촉 조정에서 제갈량 호출	감병첨조법으로 철군하고 간신배 척결
제5차	사마의	사마의를 공격하여 개가	이엄의 거짓 보고(오나라의 침략)로 촉한군은 철군	막대한 전력의 차질
제6차	사마의	지구전 끝에 상방곡에서 사마의 포위	화공을 펼치나 소나기로 사마의 회생	제갈량의 죽음과 철군

이처럼 6차에 걸친 공방전 끝에 제갈량은 사마의를 상방곡으로 유인하여 결정적인 기회를 잡았으나 소나기로 인하여 사마의가 기적적으로 기사회생하자, 이러한 충격으로 제갈량은 지병이 재발하여 결국 병사한다. 사마의가 기적적으로 살아 도망치는 것을 본 제갈량은 "일을 꾸미는 것은 사람이 하지만 일을 이루는 것은 하늘에 달렸구나."謀事在人, 成事在天라고 한탄을 하였다. 이처럼 사마의의 철통같은 방어전략과 오장원에서 제갈량의 죽음으로 인하여 6차에 걸친 촉나라의 북벌은 실패로 마감하였다.

육출기산의 득실

육출기산의 전투는 제갈량의 원맨쇼라 할 정도로 수많은 전공과 승리를 거둔 전투였다. 이처럼 육출기산의 전투에서 제갈량이 대부분 승리하였다. 그러나 이 전쟁의 최후 승리자는 사마의였다. 한마디로 제갈량은 전투에서는 승리했지만, 전쟁에서는 진 싸움이었다.

사실 사마의는 제갈량의 지략에 눌려 시종일관 수비 위주로 대응하였다. 한마디로 사마의는 "강한 적과는 싸움하지 않는다."라는 병법의 기본에 충실하였다. 그러다가 빈틈이 생기면 기습을 가하며 치고 빠지는 전략으로 일관하며 적의 동향을 주도면밀하게 살피고 또 끈질기게 때를 기다렸다.

옛말에 "뛰는 놈 위에 나는 놈이 있다."라는 말이 있듯이 제갈량의 머리 위에 사마의가 있었다. 제갈량은 끈질기게 싸움을 걸어 사마의를 성 밖으로 끌어내려고 하였지만, 전세의 불리함을 알고 있는 사마의는 성문을 굳게 닫고 대응하지 않고 철통방어로 일관하였다. 심지어 제갈량이 여인의 옷과 여성 장신구 등 여성용품을 보내어 사마의를 조롱하기까지 하였지만, 사마의는 오히려 화를 내기는커녕 껄껄 웃으며 상황을 즐기는 여유를 보이기도 하였다.

이처럼 제갈량의 원맨쇼는 멋진 승리와 전공을 거두었지만, 결정적인 순간에는 부하의 실수나 혹은 예기치 못한 변수가 발생하여 대사를 망쳐버리고 말았다. 예를 들어 1차전에서 부하 마속의 실수, 2차전에서는 군량의 부족, 3차전에서는 제갈량의 와병, 4차전에서는 사마의의 유언비어, 5차전에서는 아군장수 이엄의 거짓 보고, 마지막 6차전의 상방곡 전투에서는 소나기마저 사마의를 도와주는 바람에 결국 실패로 돌아갔다. 즉, 전술에서는 이기고 전략에서는 진 싸움이었다.

육출기산의 전투에서는 읍참마속과 공성계 등 수많은 에피소드를 만들며 제갈량이 지혜와 지략 그리고 뛰어난 리더십과 쇼맨십 등을 발휘하며 세상을 놀라게 하였다. 그야말로 제갈량의 독무대였다고 해도 과언이 아니다. 그러나 전술학적인 측면에서 보면 육출기산의 전쟁은 수많은 인명피해는 물론 엄청난 군량의 손실 그리고 막대한 국가 재정의 낭비 등 매우 비효율적인 전쟁이었다.

또 육출기산의 결과를 총평하자면 "강한 자가 살아남는 것이 아니라, 살아남은 자가 강한 자이다."라는 명언이 가장 잘 어울리는 부분이기도 하다.

3

제갈량과 사마의의 지략대결

소설 《삼국지》에서 묘사기법과 구성의 특징 중 하나가 바로 라이벌의 대립 구도이다. 초반에는 조조와 유비의 라이벌 대결에서 조조와 유비가 죽자, 후반에는 자연히 제갈량과 사마의의 대립 구도가 만들어졌다. 제갈량과 사마의의 대립 구도는 곧 지략의 대결로 이어지며 흥미를 배가시키고 있다.

제갈량과 사마의의 지략대결

제갈량과 사마의는 대략 6차에 걸쳐 지략대결을 펼친다.
첫 번째 지략대결은 사마의의 5로공격부터 시작된다.
사마의는 위나라를 중심으로 한 연합군을 만들어 다섯 길로 나누어 촉한을 협공하면서 시작하였다. 그러나 제갈량이 재빨리 심리전을 이용한 계책으로 대응하면서 5로공격을 물리쳤다. 이것이 바로 사마의가 제갈량

제갈량이 사마의를 상대로 공성계를 펼치다

과 벌인 최초의 지략대결이라 할 수 있다.

두 번째 지략대결은 제갈량부터 시작된다.

조비 사후 조예가 그 뒤를 잇는 과정에서 지략이 뛰어난 사마의가 군을 지휘한다면 북벌에 차질이 생길 것을 우려하여 제갈량이 유언비어를 퍼트려 이간계로 사마의를 실각시키며 기선을 제압하였다.

세 번째 대결은 제갈량의 1차 북벌에서 지휘관 조진이 대패하자, 조예가 다시 사마의를 끌어들이면서 대결이 성사되었다. 먼저 사마의가 제갈량과 내통 중인 맹달을 곧바로 평정하고, 가정에 장합을 급파하여 마속을 굴복시키며 기선을 제압하였다. 기세를 몰아 사마의는 곧바로 서성으로 진군하여 제갈량을 압박하였다. 그러나 성에 군사가 없었던 제갈량은 오

第 11 講 출사표出師表와 육출기산六出祁山 289

히려 성문을 활짝 열어젖히고 성루에 올라 거문고를 연주하는 공성계를 펼쳤다. 의심 많은 사마의는 제갈량의 복병을 염려하여 퇴각하였다.

네 번째 대결은 육출기산 제3차전으로 제갈량이 심리전을 이용하여 무도와 음평을 탈취하며 승전고를 울리며 다시 승상으로 복귀한다. 그러나 제갈량의 건강 문제로 한중으로 잠시 철수하며 끝났다.

다섯 번째 대결은 육출기산의 제4차전으로 사마의가 제갈량이 모반을 꾀한다는 유언비어를 촉 조정을 상대로 퍼트린다. 결국, 사마의의 이간계가 효과를 발휘해 촉나라 조정에서는 제갈량의 호출로 이어지며 사마의 승리로 귀결된다. 그렇게 촉나라 조정에 호출된 제갈량은 간신배와 탐관오리를 척결하고 다시 전쟁터에 복귀한다. 그 외 제갈량은 사마의를 상대로 목우유마木牛流馬로 식량을 확보하는 등 수많은 지략대결에서 다시 우위를 점한다.

여섯 번째 대결은 제갈량이 싸우지 않고 오직 진지를 지키는 사마의에게 여성 옷류와 여성용품으로 도발하면서 시작된다. 제갈량은 사마의를 아녀자에 비유하며 모욕을 주었으나 사마의는 분노하지 않고 이를 역이용하여 후사를 도모하였다.

어느 날 촉나라의 사신이 왔을 때, 사마의는 제갈량의 근황을 넌지시 물어보았다. 그러자 촉나라 사신은 "제갈량이 식사는 별로 못하면서 일만 열심히 한다."라고 이야기하였다. 이때 사마의는 "제갈량이 먹는 것이 적으면서 과중한 일을 하니, 어떻게 오래 살 수 있겠는가!"食少事煩, 安能久乎!라는 말을 하며 제갈량의 건강을 살피기 시작하였다. 이처럼 사마의의 통찰력은 예리했고 또한 인내력을 가지고 끝까지 인내하며 최후의 순간을 기다렸다. 과연 그 말이 적중하여 제갈량은 얼마 후 병으로 세상을 떠난다. 이처럼 수많은 지략대결에서 제갈량이 우위를 점하였지만 결국에는 사마의가 최후의 승자가 되었다.

일은 사람이 도모하지만, 성패는 하늘에 달려있다

"모사재인 성사재천"謀事在人, 成事在天이라는 명언이 있다.

이 말은 제갈량이 한 말로 "일을 꾸미는 것은 사람이 하지만 일을 이루는 것은 하늘에 달려있다."라는 의미이다.

제갈량의 6차 북벌에서 제갈량이 꾀를 부려 마침내 사마의를 상방곡으로 유인하는 데 성공하였다. 제갈량은 상방곡 안으로 들어온 사마의를 화공을 이용하여 사지에 몰아넣지만, 마침 내린 소나기로 인하여 사마의는 극적으로 기사회생하여 탈출하였다. 제갈량은 이때 하늘을 우러러보며 "모사재인 성사재천"謀事在人, 成事在天이라며 탄식을 한다. 급기야 이러한 원인으로 제갈량은 병을 얻고 세상을 하직하였다.

죽은 공명이 산 중달을 달아나게 하다

第 11 講 출사표出師表와 육출기산六出祁山

그러나 제갈량의 죽음에 반신반의하던 사마의는 용기를 내어 후퇴하는 촉한 군을 추격하였으나, 제갈량은 수레에 살아있는 듯한 제갈량 모습의 인형을 만들어 최후까지 사마의를 농락하였다. 이것이 바로 "죽은 공명이 산 중달(사마의)을 달아나게 하다."死孔明, 走生仲達라는 명언의 유래가 되었다.

이처럼 육출기산에서는 수많은 고사성어와 명언 명구 및 기묘한 병법 등이 출현하여 흥미를 고조시킨다.

먼저 고사성어 읍참마속泣斬馬謖과 마씨오상馬氏五常 그리고 백미白眉의 유래이다. 육출기산의 첫 번째 원정에서 초반에는 승승장구하며 기세를 떨쳤으나 가정지역을 지키기 위해 급파한 마속의 잘못으로 인하여 전세가 뒤바뀌는 위기를 자초하였다. 결국, 제갈량은 눈물을 머금고 마속을

눈물을 머금고 마속을 참수하다

죽여야만 했다. 여기에서 유래된 고사성어가 바로 읍참마속이다. 읍참마속은 제갈량이 타인에게 본보기를 보이기 위해 어쩔 수 없이 택한 최후의 방법을 말한다.

그리고 제갈량이 총애했던 마속의 집안에는 다섯 형제가 있었는데 5형제 모두 재주가 뛰어난 인재들이었다. 그래서 이들 형제를 가리켜 마씨오상馬氏五常라 불렀다. 마씨오상은 뛰어난 형제들을 가리켜 부르는 말인데 5형제 가운데 마량이 가장 뛰어난 영재로 명성이 높았다. 그런데 마량은 어릴 적부터 눈썹이 흰색이었다. 그리하여 세상 사람들은 마량을 호칭할 때마다 백미라고 불렀다. 그가 바로 마속의 형이다. 마량은 제갈량과 유비에게 신임을 얻어 높은 벼슬을 하였으나 안타깝게도 이릉대전에서 전사했다.

또 육출기산에서 보인 유명한 병법으로 공성계空城計와 감병첨조법減兵添竈法을 꼽을 수 있다. 가정방어에 주력부대를 다른 곳으로 분산시킨 제갈량은 갑작스러운 사마의의 공격을 받고 크게 당황한다. 이때 제갈량은 나머지 군사들에게 성의 안과 밖을 깨끗하게 청소시키고 대담하게 성문을 활짝 열어 놓았다. 그리고 자신은 성 누각에 올라 유유자적하게 거문고를 뜯었다. 이를 본 사마의가 결국, 제갈량의 매복을 우려하여 공격하지 못하고 퇴각하였다는 일화가 바로 공성계이다. 공성계는 세력이 약할 때 상대의 심리를 역이용하여 허세를 부리는 허장성세虛張聲勢이기도 하다.

병법에는 감병첨조법減兵添竈法이라는 병법이 있다. 이는 병력이 줄 때마다 화덕 수를 늘리고, 병력을 늘릴 때마다 오히려 화덕 수를 줄이는 병법을 의미한다. 즉 아군이 약세일 때에는 오히려 화덕 수를 늘려 병력이 많은 것처럼 위장하고, 반대로 아군이 강할 때에는 식사를 조리하던 화덕 수를 줄여 마치 병력이 적은 척 위장하여 적을 기만하는 전술을 말한다. 이는 제갈량이 부득이하게 철군할 때 적의 추격을 따돌리기 위하여 쓴 병법으로 유명하다.

  그 외에도 제갈량은 귀신놀이神出鬼沒와 목우와 유마를 이용하여 군량을 옮기는 등 기상천외한 지혜와 지략을 펼치며 육출기산의 전투를 자신의 독무대로 만들었다. 그러나 그러함에도 불구하고 작은 전투에서는 승리하고 큰 전쟁에서는 패하는 결과를 초래하였다. 이렇게 제갈량의 죽음과 함께 사마의와의 지략대결은 막을 내렸다.

4

제갈량 집안과
사마의 집안의 삶과 죽음

부운浮雲

빈손으로 왔다가 빈손으로 가는 인생이라.	空手來空手去是人生.
낳을 때는 어느 곳에서 왔으며,	生從何處來,
죽을 때는 어느 곳으로 가는가.	死向何處去.
사는 것 역시 뜬구름이 이는 것이요,	生也一片浮雲起,
죽는 것 역시 뜬구름이 사라지는 것이라.	死也一片浮雲滅.
뜬구름 자체는 본래 실체가 없나니,	浮雲自體本無實,
죽고 살고 오고 가는 것 역시 이와 같도다.	生死去來亦如然.

이 시는 '부운浮雲'이라는 유명한 선시禪詩이다. 이 시는 나옹화상懶翁和尙의 누님이 동생 나옹화상에게 지어 보낸 시로, 인생을 뜬구름에 비유하며 사람의 일생이 공수래공수거空手來空手去처럼 빈손으로 왔다가 빈손으로 가는 것이라고 노래한 유명한 시이다.

소설《삼국지》에서 이릉대전을 기점으로 관우와 장비 그리고 유비와 조조가 죽으며 갑자기 긴장감과 흥미가 크게 반감한다. 그나마 제갈량과 사마의가 등장하며 마지막 불꽃을 피우지만, 육출기산에서 제갈량마저 죽으면서 소설《삼국지》는 더이상 지탱할 힘을 잃으며 마무리 작업으로 들어간다.

육출기산부터 독자들의 흥미를 이끌었던 것이 바로 제갈량과 사마의의 치열한 지략대결이었다. 또 두 영웅의 삶과 죽음뿐만 아니라 이들 집안의 가풍 역시 극명한 대조를 이루며 독자의 흥미를 끈다. 제갈량 집안과 사마의 집안은 서로 다른 인생의 방향과 목표를 향하여 치열하게 살아갔다. 그리하여 독특한 가풍을 만들어냈고 또 후대에 수많은 에피소드를 만들어냈다. 두 집안의 삶과 죽음, 그들의 성공과 실패 그리고 득과 실에 대한 평가는 시대에 따라 다르게 평가된다.

제갈량 집안과 사마의 집안의 삶과 죽음

옛날부터 지금까지 충신의 화신으로 추앙받고 있는 인물이 바로 제갈량이다.

그는 한나라의 개국공신 장량과 함께 중국 최고의 참모로 후세에 회자되고 있다. 제갈량은 유비의 삼고초려를 통하여 화려하게 자신의 모습을 세상에 드러냈다. 그리고 적벽대전에서 존재감을 드러내기 시작하여 5로 공격과 남만정벌 그리고 육출기산에서는 그 위세가 하늘을 찔렀다. 제갈량은 살아서는 승상이 되었다가, 죽어서는 충무후忠武侯라는 시호와 함께 신이 되었다. 지금도 중국 각지에서는 무후사武侯祠라는 사당을 만들어 그를 추앙하고 있다.

제갈량의 집안은 대를 이은 충신의 집안으로 명성이 높다.

촉나라 황실의 부마가 된 제갈량의 아들 제갈첨은 촉나라가 위기에 빠지자, 친히 전쟁에 나가 장렬히 싸우다가 전사한 충신이다. 그리고 제갈량의 손자 제갈상도 촉나라의 대장이 되어 조국 촉나라를 지키다가 전사한 충신이다. 이처럼 제갈량의 집안은 3대에 걸쳐 충신을 배출한 명문가이다. 그리고 제갈량의 동생 제갈균 역시 촉나라에 출사하여 촉나라와 운명을 함께한 충신이었다.

또 제갈량의 친형 제갈근은 오나라에서 대장군으로 충성을 다했던 충신이다. 그리고 제갈근의 아들 제갈각도 대를 이어 오나라의 막료가 되었다. 그 역시 대장군이 되어 오나라의 부흥과 재건을 위해 헌신한 충신이다. 그 외 제갈량 집안의 친척인 제갈탄 역시 비록 위나라에서 벼슬을 한 인물이지만 위나라를 위하여 충성을 다한 충신으로 전해진다.

이처럼 제갈량 집안은 비록 촉나라와 오나라 혹은 위나라 등에서 각자 벼슬을 하였지만 자기가 모시는 주군을 위하여 충성을 다했던 충신들이다. 특히 제갈량 집안은 3대에 거쳐 충성을 다하다가 조국을 위해 장렬하게 목숨을 바친 기풍이 있는 집안으로 후세에 존경을 받는 명문가가 되었다.

그러면 사마의 집안은 어떠한가?

사마의는 이릉대전 이후부터 서서히 그의 재능이 드러난 인물이다.

그는 제갈량과 대적할 수 있는 지략과 지모를 갖춘 인물로 일찍이 제갈량이 그의 재능을 알고 경계하였던 인물이다. 조조에게 발탁된 사마의는 위나라 초기에는 둘도 없는 충신이었으나 그의 야심을 알아본 조조는 그를 경계하기 시작하였다. 조조가 죽으면서 조비에게 사마의의 재능은 활용하되 절대 요직을 맡기지는 말라고 유언까지 하였던 인물이다.

그 후 사마의는 오로공격을 주도하였고 또 제갈량이 주도한 육출기산에서의 공격을 효율적으로 방어하며 위나라를 구해냈던 충신이다. 그러

최후의 승자가 된 사마의

나 그의 야욕을 본 조비와 조예 역시 그를 간혹 견제는 하였지만, 그의 출중한 능력은 다시 그를 중용할 수밖에 없는 상황을 만들었다. 이러한 지속적인 견제와 중용 사이에서 그는 점차 역신으로 변모하였다. 결국, 위나라 말기에는 완전한 역신이 되어 역성혁명을 주도하는 쿠데타의 주역이 되었다.

쿠데타에 성공한 사마의가 늙어 죽자, 그의 아들 사마사와 사마소는 더욱 잔인한 역신으로 돌변하여 위나라 황실을 농락하기 시작하였다. 특히 큰아들 사마사는 황제 조방을 제거하고 조모로 황제를 교체하는 포악무도한 만행을 저질렀다.

또 사마의의 둘째 아들 사마소는 사마사보다 더 사악한 역신으로 변하여 급기야 황제를 시해하고 본인이 진왕으로 등극하였던 인물이다. 그리고 사마소 아들 사마염은 위나라 마지막 황제 조환을 밀어내고 마침내 제위를 찬탈하였다. 이처럼 사마의 집안은 3대에 걸친 배신으로 권력을 장악하더니 최후에는 진晉나라를 개국하며 천자에 올랐던 집안이다.

이상 제갈량과 사마의 두 집안을 통해서 충성심과 역심을 비교할 수 있다. 제갈량 집안은 3대에 거쳐 일편단심으로 충성을 다하였고, 사마의 집안은 3대에 거쳐 제위 찬탈을 위한 치밀한 계획과 준비로 일관하였다.

제갈량 집안은 비록 북벌을 통한 한실 복원의 목표를 이루지는 못하였으나 역사에는 긍정적 이미지로 남아 제갈량 가문을 추앙하고 존경하는 반면 사마의 집안은 최후의 승자로 남아 개국까지 하였지만, 역사에는 여전히 부정적 이미지로 기록되고 있다.

필자는 여기에서 제갈량과 사마의라는 두 영웅의 삶과 죽음에 대하여 그들의 옳고 그름을 논하려고 하는 것은 아니다. 왜냐하면, 두 영웅은 나름의 가치관을 가지고 한 시대를 풍미하였기 때문이다. 그러나 우리는 그들의 삶과 죽음에 대하여 진지하게 생각해볼 필요가 있다. 이들의 삶과 죽음에는 분명 수천 년이 지난 지금에도 우리가 교훈으로 받아들여야 할 부분이 여전히 남아있기 때문이다.

사실 어떤 처세술을 가지고 세상을 살 것인가? 하는 명제 앞에 한마디로 시시비비를 가려 단언하기는 어려운 문제이다. 그러나 가끔은 영웅들의 삶과 죽음을 들춰보며 그들의 처신을 살펴볼 필요가 있다.

【故事成語와 名言名句】

국궁진췌鞠躬盡瘁

국궁진췌는 제갈량의 〈후출사표〉에 나오는 말로 의미는 마음과 몸을 다해 나라에 이바지한다는 뜻으로 죽는 날까지 최선을 다해 나라를 위해 헌신하며 충성을 다하겠다는 의미이다. (소설《삼국지》제97회)

공성계空城計

공성계는 세력이 약할 때 상대의 심리를 역이용하여 허세를 부리는 허장성세虛張聲勢로 제갈량이 사마의의 기습을 받자, 성문을 활짝 열고 누각에 올라 거문고를 치며 심리전으로 대응한 데서 유래되었다.

읍참마속泣斬馬謖

읍참마속은 소설《삼국지》제96회에 제갈량이 울면서 아끼던 마속을 죽인 데서 유래되었다. 타인에게 공평하고 엄격한 본보기를 보이기 위해 어쩔 수 없이 아끼는 사람을 벌해야 하는 상황에서 쓰이는 고사성어이다.

언과기실言過其實

언과기실은 말이 과장되고 실행이 부족함을 비유하는 말이다. 마속은 재주가 뛰어나 제갈량이 총애하였던 인물이다. 그러나 유비는 마속의 언행을 탐탁하지 않게 여겼다. 어느 날 유비가 제갈량에게 뒷일을 부탁하면서 "마속은 말이 실제보다 지나치니 크게 쓰지 말도록 하고, 그대가 잘 살피시오."馬謖言過其實, 不可大用, 君其察之라고 당부한 데서 유래한다. (소설《삼국지》제96회)

마씨오상馬氏五常 / 백미白眉

마씨오상은 뛰어난 형제들을 가리켜 부르는 말이다. 마씨 5형제 가운데 마량이 가장 명성이 높았는데, 마량만 어릴 적부터 눈썹이 흰색이었다. 백미란 '흰 눈썹'을 말하며 여럿 가운데 가장 뛰어난 것을 가리키는 말이다. 소설《삼국지》제52회에 마량은 오 형제가 있었는데 "마씨 오상은 모두 뛰어나지만, 흰 눈썹이 가장 훌륭하다."馬氏五常, 白眉最良에서 유래되었다. 신하 이적이 유비에게 인재를 추천하는 대목에 나온다.

식소사번食少事煩

소설《삼국지》제103회에 사마의가 사신에게 제갈량의 근황을 물으니 "제갈량이 식사는 별로 못하면서 일만 열심히 한다."라고 사신이 대답했다. 이때 사마의가 "제갈량이 먹는 것이 적으면서 과중한 일을 하니, 어떻게 오래 살 수 있겠는가!"食少事煩, 安能久乎!라고 한데서 식소사번이 유래되었다.

감병첨조법減兵添竈法

감병첨조법은 병력이 줄 때마다 화덕 수를 늘리는 병법을 의미한다. 즉 아군이 약세일 때에는 오히려 화덕 수를 늘려 병력이 많은 것처럼 위장하는 전술을 말한다. 이는 제갈량이 부득이하게 철군할 때 적의 추격을 따돌리기 위하여 쓴 병법으로 유명하다.

모사재인, 성사재천謀事在人, 成事在天

사마의가 상방곡에서 제갈량의 화공을 뚫고 기적적으로 탈출하자, 제갈량이 "일을 꾸미는 것은 사람이 하지만, 일을 이루는 것은 하늘에 달렸구나."라고 탄식한 말에서 유래되었다. (소설《삼국지》제103회)

공수래공수거空手來空手去

이 말은 '부운浮雲'이라는 시에 나오는 말로 나옹화상의 누님이 동생 나옹화상에게 지어 보낸 선시禪詩에서 유래되었다. 인생을 뜬구름에 비유하여 빈손으로 왔다가 빈손으로 가는 것이 인생이라고 노래한 시이다.

사공명, 주생중달死孔明, 走生仲達

죽은 제갈량이 수레에 살아있는 듯한 모습의 인형을 만들어 최후까지 사마의를 농락한 고사에서 유래하였다. 이 일화는 소설《삼국지》제104회에 나오는데 이것이 바로 "죽은 공명이 산 중달(사마의)을 도망치게 하다."死孔明, 走生仲達라는 속담의 유래이다.

남전생옥藍田生玉

남전생옥이라는 고사성어는 남전 지방에서 옥이 생산된다는 뜻으로, 좋은 집안에서 유능한 인재가 계속 나고, 어진 부모 슬하에서 훌륭한 자제가 난다는 말이다. 손권이 제갈근의 아들 제갈각의 총명함에 찬사를 보내면서 유래되었다.

【상식 한 마당】

제갈량 집안의 옥의 티, 제갈각

제갈각諸葛恪은 오나라 제갈근의 장남이자 제갈량의 조카이다.

그는 어려서부터 재능이 뛰어나 손권의 신임을 받으며 정치적 거물로 성장한 영재이다. 어느 날 손권은 제갈각에게 이렇게 물었다.

"너는 부친(제갈근)과 삼촌(제갈량) 중 누가 더 똑똑하다고 생각하느냐?"

"그야 저의 부친이 삼촌보다 똑똑하지요."

"왜 그렇게 생각하느냐?"

"부친은 전하 같은 현군을 섬기고 있지만, 삼촌은 그러지 못하니까요."

손권은 제갈각의 재치있는 대답에 찬사를 보내며, "남전에서 옥이 난다는 말이 과연 틀리지 않구나."藍田生玉라고 하였다. 남전은 중국 섬서성의 산 이름인데, 품질이 좋은 옥이 나는 명산지이다.

그 후 손권은 제갈각(232년 32세)을 험준한 지형인 단양지역의 태수에 임명하였다. 그는 산월족을 흡수 통합하여 불과 몇 년 만에 4만의 병사를 만들어내는 기염을 토하여 손권을 놀라게 하였다. 이러한 공로로 제갈각은 다시 위북 장군과 도향후에 임명되었다.

그러나 아버지 제갈근은 그에 대해 "우리 집안을 크게 흥하게 하지 못하고, 오히려 우리 가문을 멸족에 이르게 할 것"이라고 우려하였다. 제갈근은 아들이 비록 똑똑하지만 오만하고 이기적이며 겸손하지 못한 성품으로 인하여 집안에 큰 재앙을 몰고 올 것이라 예언한 것이다.

그 후 손권이 말년에 후계자 선정을 잘못하는 바람에 조정에 큰 재앙을 이끌어 왔지만, 제갈각은 중립적인 위치를 취하여 다행히 큰 피해를 보지는 않는다. 하지만 제갈각의 장남인 제갈작이 후계자 분쟁을 일으킨 손패와 친했다는 이유로 손권의 미움을 받게 되었다. 그러자 제갈각은 자기 아들 제갈작을 독약을 먹여 죽여 버리는 매정한 모습을 보이기도 하였다. 그리고 246년에는 육손의 뒤를 이어 대장군으로 임명되었다.

손권이 임종에 이르자, 제갈각을 불러 태자 손량을 부탁하면서 제갈각은 오나라 최고 권력자가 되었다. 그는 세금을 면제시키고 또 관세를 철폐하여 백성들에게 큰 지지를 받았고, 또 동흥전투에서는 위나라 군대를 대파하는 전공으로 막강한 권력을 거머쥐었다.

253년 제갈각은 대군을 다시 일으켜 손권의 숙원사업인 위나라 공격을 단행하였다. 신하들 대부분이 전쟁을 반대하였으나 제갈각은 고집스럽게 대군을 이끌고 위나라를 공격하였다. 초반에는 위나라 합비를 포위하여 접전을 벌였으나 끝내 함락시키지 못하였다. 게다가 전염병마저 돌자, 결국 철군을 하였다.

그 후에도 그는 위나라와의 전쟁을 포기하지 않고, 계속 전쟁을 도모하면서 결국, 병사들과 백성들의 원성을 사게 되었다. 또 제갈각은 전쟁 등 행정의 모든 책임을 남 탓으로 돌리며, 오만과 교만으로 국정을 농단하기 시작하였다.

제갈각이 다시 군대를 재정비하여 전쟁을 준비하자, 이를 지켜보던 손준이 황제 손량과 의논하여 제갈각을 잡아들여 참수하였다. 그리고 손준은 제갈각의 동생 제갈융과 제갈각의 아들을 포함하여 삼족을 멸해 버렸다.

후에 새로운 황제 손휴가 죽은 제갈각을 다시 복권을 시켜주었으나 이미 대가 끊겨 있었다. 그러나 다행히도 제갈각의 동생 제갈교의 가족이 촉나라에 남아있었기에 제갈각이 복권된 후 오나라로 돌아와 대를 이었다고 한다.

정사《삼국지》를 쓴 진수는 제갈각에 대하여 "그는 재능과 기질 그리고 모략에는 뛰어났으나 교만하고 도량이 좁았다. 자기를 과시하고 다른 사람을 깔보면서 어찌 실패하지 않을 수 있겠는가!"라고 평가를 하였다.

第 12 講

천하통일天下統一과 수성론守成論

– 창업이 어려운가? 수성이 어려운가?

key word

창업이수성난創業易守成難·천하통일天下統一·사마염司馬炎·마지막 황제皇帝·파죽지세破竹之勢·낭고상狼顧相·구벌중원九伐中原·합구필분, 분구필합合久必分, 分久必合

창업이 어려운가? 수성이 어려운가?

【소설 배경】(제105회-제120회)

　제갈량이 없는 촉나라는 급격히 분열의 조짐이 나타나기 시작한다. 급기야 위연의 반역으로 촉나라는 한동안 혼란 국면에 처하게 된다. 다행히 제갈량이 생전에 마대에게 위연을 제거하라고 한 유언대로 마대가 위연을 제거하면서 촉나라는 겨우 안정을 되찾게 된다. 그 후 강유가 제갈량의 대통을 이어 고군분투하나 국제정세는 점점 불리하게 전개된다.
　한편 위나라도 조예가 죽자, 병권을 장악한 조상이 사마의를 집중적으로 견제한다. 그러자 사마의는 병든 척 위장하고 있다가, 조상이 사냥 나간 틈을 이용하여 쿠데타를 시도한다. 쿠데타에 성공하자, 이때부터 권력의 중심이 급격히 사마의 집안으로 기운다. 그러던 중 사마의가 죽자, 그의 아들 사마사와 사마소 형제가 권력의 중심으로 등장한다. 급기야 사마사는 황제 조방을 폐위시키고 조모를 새 황제로 세우며 권력을 농락한다. 얼마 후 조모마저 죽자, 사마소는 다시 조환을 허수아비 황제로 만들며 사마씨 정권을 공고히 한다.
　또 오나라도 손권이 죽고, 손량이 대를 이었으나 후계 구도를 잘못 설정한 손권으로 인하여 오나라는 급격히 붕괴의 조짐을 보이기 시작한다.

정봉 등 원로장군과 충신들이 충성을 다해 오나라를 지탱시키고 있지만, 오나라는 풍전등화처럼 위태롭기만 하다.

그중 가장 먼저 위기에 봉착한 나라가 촉나라이다. 촉나라의 유선은 간신 황호와 놀아나며 나라가 도탄에 빠지고, 오직 강유만 홀로 구벌중원하며 고군분투하였지만, 위나라 종회와 등애의 양면 공격으로 불가항력에 빠진다. 결국, 무능한 유선은 나라를 지키지 못하고 위나라 등애에게 항복을 한다. 또 위나라의 허수아비 황제 조환 역시 진晋나라의 사마염에게 제위를 넘기며 망국의 길로 접어든다.

한편 마지막으로 남은 오나라는 손휴에 이어 손호가 등극하면서 잠시 부흥을 꾀하는 듯하였으나 이미 백성의 지지를 잃은 정국은 대혼란에 빠진다. 진나라 두예가 이러한 혼란한 국면을 이용하여 파죽지세로 오나라를 공격하자, 오나라는 끝내 저항하지 못하고 항복한다. 이렇게 천하는 삼국시대의 종말을 고하며 빠르게 사마염의 진나라로 흡수통일 된다.

1

수성론 – 창업이 어려운가? 수성이 어려운가?

창업創業이냐? 수성守成이냐?

창업이란 나라에 비유하면 개국이라 할 수 있고, 수성이란 개국해 놓은 나라를 지켜나가는 것을 의미한다. 그러면 과연 창업이 어려울까? 아니면 수성이 어려울까?

고사성어에 창업이수성난創業易守成難이라는 말이 있다.

이 말의 의미는 "어떤 일을 시작하기는 쉬우나, 이룬 것을 지키기는 어렵다."라는 뜻이다. 즉, 창업보다는 수성이 더 어렵다는 의미이다.

《맹자孟子》에서 창업은 패도覇道로도 가능하지만, 수성은 반드시 왕도王道가 있어야만 가능하다고 하였다. 다시 말해, 개국은 무력으로도 가능하지만, 수성은 도와 덕이 있어야 가능하다는 말이다. 그러기에 창업보다는 수성이 더 어렵다는 의미이다.

《정관정요貞觀政要》는 당 태종의 정치 철학을 담은 제왕학帝王學의 명저인데 여기에 창업과 수성에 대한 흥미로운 이야기가 있다. 당 태종은 천하를 통일시키고, 문물 및 제도를 정비하여 "정관의 치"貞觀之治를 이룬 황제로 후대에 성군이라 부른다. 그가 이러한 업적을 이룰 수 있었던 배경에는 방현령과 위징 같은 훌륭한 참모가 있었기에 가능했다.

어느 날 당 태종은 수많은 문무백관이 모인 자리에서 신하들에게 물었다.

"창업과 수성 가운데 어느 것이 더 어려운가?"

그러자, 방현령은 "우후죽순처럼 일어나는 군웅 가운데 오직 최후의 승자만 창업할 수 있으니 당연히 창업이 어렵습니다."라고 말하였다.

옆에 있던 위징이 "예로부터 임금의 자리는 온갖 고난 속에서 어렵게 얻지만, 그러나 안일함 속에서 쉽게 잃는 법입니다. 그러기에 수성이 더 어렵습니다."라고 말하였다.

이 말을 들은 당 태종이 "창업은 이제 과거지사가 되었으니 앞으로 수성의 어려움을 그대들이 잘 지켜주시오."라고 당부하며 결론지었다는 일화가 전한다.

사실 창업도 어렵지만, 수성이 더 어려운 쪽에 무게가 실린다. 이러한 예로 진시황이 창업한 진나라는 2대에서 바로 망국의 길로 접어들었고, 수나라 문제가 창업한 수나라 역시 2대에서 역사의 뒤안길로 사라졌다. 또 우리나라 역사에서 후백제의 견훤과 후고구려의 궁예도 역시 이러한 전철을 밟았다.

수성의 어려움은 정치뿐만 아니라 경제에서도 나타난다. 우리나라 대기업 가운데 3대까지 가업을 이어간 회사를 살아보면 의외로 몇 개가 안 된다. 모 일간지에 1950년대의 100대 대기업 가운데 70여 년이 지난 지금까지 살아남은 기업이 절반도 안 된다는 사실에 깜짝 놀란다. 이는 수성이 얼마나 어려운가를 새삼 확인시켜주는 것이기도 하다.

옛말에 "부자가 망해도 3대는 간다."라는 말이 있다.

사실 제3대째가 분기점이 된다. 일반적으로 제1대는 창업주이기에 형

그리 정신으로 무장되어 있으며 또 단단한 조직관리에 빈틈이 없기에 수성에는 별문제가 없다. 또 제2대는 창업주 옆에서 창업의 어려움을 지켜보았기 때문에 그 역시 긴장감을 늦추지 않고 전력을 다하기에 별문제가 없는 경우가 많다. 그러나 문제는 제3대에 생긴다. 제3대에 오면 창업주가 고군분투하는 모습을 못 보았기 때문에 헝그리 정신은 사라지고, 조직은 방만하고 느슨해지기 마련이다. 이때가 바로 조직정비가 필요한 시기이다. 이때 대대적인 조직관리가 이루어지지 않으면 결국 제3대에서 무너지고 마는 것이다.

소설 《삼국지》에서도 수많은 영웅호걸이 창업을 위해 전력투구하였으나 최후까지 살아남은 나라는 겨우 위나라와 촉나라 그리고 오나라 3국뿐이었다. 그러면 이들은 수성을 위하여 어떻게 준비하였을까?

어떻게 지켜낼 것인가?

역대 600여 명이 넘는 중국 황제들의 공통된 고민이 바로 수성이었다. 수성에 성공하려면 제2대나 제3대에 걸출한 영웅이나 리더가 나와야 한다. 그러면 삼국의 수성은 어떠했을까?

1) 유비의 수성 대책

유비는 이릉대전에서 대패하고 백제성에서 63세의 나이로 병사하였다.

후계자 선정 과정에서 유비는 제갈량에게 "만약 유선이 황제로서 보좌할 만하다고 판단되면 황제로 옹립하고, 그렇지 못하다고 판단되면 그대가 대를 이어 주시오."라는 파격적인 유언을 하였다. 이는 신의를 중시하는 제갈량의 마음을 역이용한 것이다.

이러한 유언방식은 동서고금을 통하여 유래를 찾아볼 수 없는 기상천외한 후계자 선정 방식이었다. 역시 제왕학의 달인 유비다운 수성의 대책이었다. 그러면서 유비는 또 유선에게 "승상과 함께 일을 도모하고, 항상 승상을 아버지처럼 섬겨라. 그리고 크든 작든 악한 짓은 하지 말고, 선행은 작더라도 꼭 실행해라. 오직 어질고 덕이 있어야만 사람을 복종시킬 수 있다."勿以惡小而爲之, 勿以善小而不爲之. 惟賢惟德, 可以服人.라는 명언에 가까운 유언을 남기고 죽었다.

이러한 노력으로 유비의 수성 대책은 제갈량이 살아있을 당시에는 유비의 대책대로 충실하게 이행되는 듯하였다. 그러나 제갈량이 죽은 이후에는 곧바로 위기에 직면하게 되었다. 어지러운 정국에 무능하고 안일한 군주 유선이 이 위기를 타개하기에는 역부족이었다. 결국, 위나라의 등애와 종회가 촉나라로 진격해 오자, 촉나라는 순식간에 무너져 버렸다. 비록 강유와 같은 충신들은 사생결단으로 나라를 지키려 하였으나 나약한 유선은 이미 항복을 준비하고 있었다. 결국, 촉나라는 창업한 지 2대 만에 수성에 실패하였다.

2) 조조의 수성 대책

조조의 수성은 초반에는 비교적 성공적이었다.

그는 임종에 이르러 "둘째 조창은 용맹하나 꾀가 없고, 셋째 조식은 평생 애지중지한 자식이나 위인이 허황해서 성실함이 없고, 또 술을 좋아해 언행마저 방종한 까닭에 세자로 세우지 않았으며, 넷째 조웅은 병이 많아 보전하기 어렵다고 판단되오. 오직 큰아들 조비 만이 독실하고 후덕하

조비가 위나라의 황제로 등극하다

여 가히 대업을 이을 만하니 경들은 부디 잘 보좌해 주시오."라고 유언하였다. 사실 조조는 셋째아들 조식의 총명함에 한때는 마음이 흔들린 적도 있었으나 원소 집안의 말로를 보며 맏아들 조비로 입장을 선회하였다.

유비의 유언은 엄숙하고 비장하지만, 조조의 유언은 오히려 낭만적이고 풍류가 있어 보인다. 그는 자신의 장례를 검소하고 간략하게 치루라고 하며, 자신의 시첩들에게는 일일이 선물을 주며 또 호구지책을 알선해 주는 자상함과 낭만을 보여주었다. 사실 가묘 72개를 만들어 후세 사람들이 자신의 무덤을 알지 못하게 하라는 부분은 소설에서만 나오는 허구이다.

조조의 수성 대책에서 특이점은 바로 자신의 행보와 후계 구도에 장애가 되는 인사는 냉정하게 제거하였다는 점이다. 양수와 같은 인재도 이러한 연유에서 제거되었다. 조조는 수성에 가장 위험한 신하를 사마의로 보았다. 어느 날 조조가 말 세 마리가 한 구유에서 여물을 먹고 있는 꿈을 꾸었다고 한다. 괴이하여 해몽을 해보니, 구유槽는 조曹씨를 의미하고, 말馬은 사마司馬씨를 의미한다는 것이었다. 즉, 사마씨가 조씨 정권을 탈취한다는 해몽이었다. 의심이 많은 조조는 이후로 사마의를 더 경계하였다는 일화도 있다.

특히 사마의가 야심이 많다는 것을 알고 있던 조조는 늘 경계하였고 심지어 조비에게는 유언으로 남겼다. 이러한 노력으로 조조의 수성은 조비 및 조예까지는 성공적으로 이어졌으나, 조예의 요절로 인하여 갑자기 위기가 찾아왔다. 비록 황실 측근인 조상이 병권을 쥐고 사마의를 집중적으로 견제하였지만, 조상이 잠시 방심한 사이 사마의가 쿠데타를 일으켜 버린 것이다.

쿠데타의 성공으로 권력의 중심은 순식간에 사마의 집안으로 옮겨졌다. 조예 다음의 황제 조방과 조모 그리고 조환으로 이어졌으나 그들은 그야말로 허수아비 황제들이었다. 결국, 위나라는 265년에 사마의의 손자 사마염에게 강제 선양을 하면서 6대에 걸친 수성은 이렇게 종말을 고했다.

3) 손권의 수성 대책

손견과 손책 및 손권으로 이어지는 후계 구도는 매우 성공적으로 이루어지며 오나라의 창업에 확고한 기반을 다져 놓았다. 그러나 손권이 말년에 이상한 행보를 하며 공든 탑을 일순간에 무너뜨렸다. 후계자의 선정에서 손권은 손화를 황태자로 삼았지만, 오히려 다른 아들 손패를 더 총애하였다. 이러다 보니 신하들 사이에서도 손화 라인과 손패 라인으로 양분되었다.

그 후 후계 싸움이 더욱 격렬해지자, 손권은 더 결정적인 실수를 범하였다. 황태자 손화를 폐세자하였고, 또 손패에게는 자결을 명하였다. 그리고 새로운 후계자로는 10살의 막내아들 손량을 세웠다. 이 사건으로 조정은 사분오열하여 피바람을 불러왔다. 그리고 손권은 후사를 제갈각에게 부탁하고 71세(252년)의 나이로 죽었다.

오나라를 반석 위에 올려놓은 손권은 말년에 이처럼 황당한 후계자 선택으로 스스로 몰락을 초래하였다. 도를 넘는 그의 행동은 결국 정권 안정에 치명타가 되었으며 후계 구도에 엄청난 부담으로 작용하였다. 한번 무너진 나라의 기강은 이때부터 몰락이 가속화되며 정국은 점점 혼란으로 빠져들었다.

특히 황실의 권력다툼은 골육상쟁으로 처절한 피를 불러들였다. 아비 손권이 아들 손패를 죽였고, 형 손휴가 동생 손량을 죽였으며, 또 조카 손호가 숙부 손분을 죽이고, 종친 손준이 황족 손화를 죽이는 비극이 벌어졌다. 결국, 오나라의 마지막 황제 손호는 사마염에게 나라를 바치며 수성의 꿈은 6대 만에 물거품이 되고 말았다.

이렇게 기세등등하던 촉나라와 위나라 그리고 오나라는 결국 진나라에게 무너졌다. 이는 창업도 어려운 것이지만 수성이 더 어렵다는 것을 보여주는 한 실례이기도 하다. 그러함에도 불구하고 조선시대에 수성에 성공한 한 문중이 있어 소개해 보고자 한다.

경주 최부자 집은 조선시대 약 12대 300여 년에 거쳐 만석꾼을 유지했던 가문으로 유명하다. 이 집의 가훈 중에는 "만석 이상의 재산을 모으지 말라. 만약 만석이 넘으면 사회에 환원하라." 또 "흉년에는 남의 땅을 사지 마라." 그리고 "사방 100리 안에 굶어 죽는 사람이 없게 하라." 그 외에 "당상관 이상의 벼슬은 하지 마라." 등의 내용이 담겨있다고 한다.

높은 벼슬로 인하여 당파에 휘말리지 말고 이웃과 더불어 살아가는 처세술이 그 핵심이다. 이러한 마음가짐으로 이 가문은 전란 속에서도 또 모진 풍파 속에서도 큰 어려움 없이 수성에 성공할 수 있었다. 그야말로 시대를 살아가는 가장 훌륭한 처세이고 또 수성의 모범을 보여주는 사례이기도 하다.

2

마지막 황제들의 삶과 죽음

학습효과란 정말 무서운 것이다.

조조와 조비는 한나라 황실을 압박하여 황제를 폐위시키고 심지어 황제를 죽이며 강제 선양으로 황위를 찬탈하였던 인물이다. 그러던 조조의 위나라가 쇠퇴하자, 이번에는 사마의와 사마사 및 사마소 형제가 조조와 조비가 자행했던 행태를 그대로 모방하며 황위를 찬탈하였다. "역사란 순환한다."라는 말이 있듯, 또 "돌고 도는 것이 인생"이라는 말을 증명이라도 하듯…

결국, 사마염에 의하여 삼국은 다시 진晉나라로 통일되었다. 삼국 중에서 가장 먼저 망한 나라가 촉나라이고 이어서 위나라가 진나라에 통합되었다. 또 최후의 오나라도 오래 버티지 못하고 결국 사마염의 진나라에게 통합되면서 진나라가 천하통일의 승자가 되었다. 그러면 과연 마지막 황제들의 말로는 어떠하였을까?

천하를 통일한 사마염과 마지막 황제들

마지막 황제의 삶과 죽음

유비의 아들 유선은 감부인 소생으로 촉한의 제2대 황제이다.
황제가 된 유선이 제갈량에게 전권을 주고 국정을 총괄할 때는 그런대로 나라가 유지되었으나 제갈량 사후, 환관 황호를 총애하면서 급격히 나라가 기울었다. 263년 등애 정예병의 기습공격으로 촉한은 결국 위나라에 항복하였다. 그 후 유선은 낙양에 압송되어 안락공安樂公으로 봉해졌다. 그는 평생을 낙양에 살다가 271년에 사망하였다.
유선은 낙양에 살면서 한 번도 반기를 들거나 불만을 표시하지도 않으며 잘 적응하여 살았다고 한다. 어느 날 사마의의 아들 사마소가 유선의 의중을 떠보기 위하여 주연을 베풀었다. 그리고 그 자리에서 촉나라 음악과 무용을 공연하였는데, 촉나라 관료들은 모두 고향 생각에 눈물을 떨구었다. 그러나 오직 유선만은 태연자약하게 여흥을 즐기고 있었다. 이때, 사마소가 "촉나라 고향이 그리우십니까?"라고 묻자, 유선은 "여기가 너무 좋아 촉나라 생각이 나지 않습니다."라고 답변을 하였다. 이 말을 들은 사마소는 유선에 대한 경계를 풀고 안심하였다고 한다. 유선은 끝내 고향 촉한으로 돌아가지 못하고 낙양의 뒷산 북망에 묻혔다고 전해진다.

두 번째로 망한 나라가 위나라이다.

이때는 사마의가 정변을 일으켜 위나라의 정권은 이미 사마씨 집안으로 넘어간 상태였다. 그리고 사마소가 촉나라를 정벌한 공으로 264년에 진왕晉王으로 등극하였으나 265년에 갑자기 죽었다. 이때 대를 이은 사마소의 아들 사마염이 위나라 황제 조환을 협박하여 265년에 제위를 강제로 선양 받으며 위나라는 역사의 뒤안길로 사라졌다.

사마염은 반대파 세력들을 강력하게 처단하고 위나라 제6대 황제 조환을 진류왕陳留王으로 봉하였다. 사마염은 진류왕 조환에게 그나마 황족의 품위를 유지할 수 있게 해주었고, 또 망한 위나라 황실의 제사도 지낼 수 있도록 허락하였다.

마지막으로 망한 나라가 오나라이다.

오나라 마지막 황제 손호는 나라의 재건을 위해 노력한 인물이며 기백이 있었던 인물이었으나 결국 280년에 진나라 명장 두예에게 항복하였다. 낙양에 인질로 잡혀 온 손호에게 사마염이 "여기 낙양에 그대의 자리를 오래전에 마련하고 기다리고 있었소."라고 하자, 손호 역시 "신 또한 남쪽에 폐하의 자리를 마련하고 기다리고 있었습니다."라고 받아넘긴 일화가 전해진다. 촉나라 유선의 처신과는 매우 다른 당당함이 엿보인다.

오나라 제6대 황제 손호는 항복한 후에 귀명후歸命侯라는 작위를 받았다. 손호 역시 낙양에서 인질로 잡혀있다가 284년에 죽었다.

유선은 찌질이인가? 달인인가?

중국 속담에 "활재소항, 사재북망"活在蘇杭, 死在北邙이라는 말이 있다.
의미는 "살아서는 소주나 항주에 살아야 하고, 죽어서는 북망에 묻힌다."라는 뜻이다. 우리나라의 "살아서는 진천에 살고, 죽어서는 용인에 묻힌다."(생거지 진천이요, 사거지 용인이라.[生居地鎭川, 死去地龍仁])라는 말과 유사하다.

북망은 바로 낙양 근처에 있는 산 이름이다. 사실 북망은 패망한 황제들의 공동묘지라고 할 정도로 왕과 황제들의 무덤이 많은 곳으로 유명하다. 촉나라의 유선과 오나라의 손호도 죽어서 북망에 묻혔다. 그리고 더 아이러니한 것은 오나라의 마지막 황제 손호의 무덤 옆에는 진陳나라의 마지막 황제 진숙보의 무덤도 나란히 있다는 사실이다. 또 백제 최후의 왕이었던 의자왕義慈王도 인질로 끌려와 낙양에 묻혔다는 기록이 있으나 비석 같은 기록이 없어 아직도 그 무덤을 찾지 못하고 있다. 그도 당연한 것이 패망한 나라의 군주를 누가 돌보며 챙기겠는가! 참으로 묘한 인연들이다.

촉한의 제2대 황제 유선은 아명이 아두阿斗이다.
아두阿斗라는 말은 지금도 중국에서 "무능하고 모자란 사람"을 가리키는 말로 흔히 쓰인다. 일설에는 조자룡이 장판파에서 유선을 구출하여 유비에게 바칠 때, 유비가 "이놈 때문에 용맹한 장수 하나를 잃을 뻔했다."라며 유선을 땅바닥에 내던지는 바람에 머리를 다쳐 바보가 되었다는 설도 있다.

심지어 검각산 취운랑의 웅장한 측백나무 가운데 제일 볼품없고 찌질한 나무를 아두백阿斗柏이라 부르기도 한다. 이처럼 유선은 무능한 처신으로 후대에 바보라는 대명사가 되어 굴욕을 당하고 있다.

유비의 뒤를 이어 황제에 오른 유선은 처음부터 제갈량에게 전폭적으로 의지하였다. 그러나 제갈량 사후에는 장완과 비의 그리고 강유 등에 국정을 맡기고 환관들과 놀아나다가 결국 263년에 등애 별동대의 기습을 받고 순식간에 무너졌다. 그 후 강유가 부흥 운동을 꾀하면서 분전하였으나 결국 성공하지 못하였다.

소설《삼국지》제119회에 나오는 재미난 에피소드가 하나 있다.

어느 날 사마소는 낙양에 인질로 잡혀 온 유선의 의중을 떠보기 위하여 주연을 베풀고 촉나라 가무를 연주하게 하였다. 촉나라 관료들은 고향이 그리워 눈물을 떨구었지만, 오직 유선은 아무런 생각도 없이 가무를 즐기고 있었다.

옆에 있던 사마소가 "안락공은 고향 촉나라가 그리우십니까?"라고 묻자, 유선은 "여기가 좋아서 촉나라 생각이 나지 않습니다."라고 하였다.

잠시 후 유선이 화장실에 가자, 비서랑을 지냈던 극정이 유선의 뒤를 따라가 "폐하께서는 왜 촉나라 생각이 안 난다고 하셨습니까? 만일 또 묻거든 눈물을 흘리시며 선왕의 묘가 촉에 있어 늘 마음이 아프고 그립다고 하십시오. 그러면 혹시 촉나라로 돌아갈 수 있을지 모릅니다."라고 하였다.

그리고 술이 몇 순 돌아가 취기가 오르자, 사마소가 다시 유선에게 "촉나라 고향이 그립나요?"라고 다시 물었다.

그러자 유선은 눈을 지극히 감고, 극정이 시킨 그대로 대답하였다.

그러자 사마소는 시치미를 뚝 떼고 "어째 극정이 한 말과 똑같소?"라고 하자,

유선이 깜짝 놀라 "대왕의 말이 맞습니다. 방금 극정이 그렇게 가르쳐 주었습니다."라고 하는 통에 장내는 박장대소가 터졌다.

이러한 유선의 우스꽝스러운 행동으로 사마소가 안심하게 되는 계기가 되었다고 한다. 이처럼 살아서 불과 수십 년의 편안함을 추구했던 유선은 오히려 죽어서 수천 년의 불명예를 앉고 지금까지 곤욕을 치르고 있다. 그러나 일각에서는 그를 오히려 처세의 달인이라고 평가하는 사람도 있다. 차라리 기울어진 나라를 포기하고 일신의 평안한 삶에 만족하였던 것이 더 지혜롭고 현명한 처신이었다고 보는 견해이다. 즉, 능력도 부족한 인물이 괜히 나라를 재건한답시고 역적모의를 시도하다가 발각되면, 오히려 아까운 목숨만 단축한다는 논리이다. 사실 이에 대한 명확한 답은 없다. 판단은 오로지 독자의 몫이기 때문이다.

3

미완의 책사인가?
최후의 승자인가?

사마의는 과연 미완未完의 책사인가?

사마의는 미완의 책사인가? 최후의 승자인가?

조조가 사공이었을 때 사마의를 불렀으나 그는 병을 핑계로 출사하지 않았다. 조조가 승상이 되어 사마의를 다시 호출하였는데, 그때는 거절할 명분이 없어 할 수 없이 출사하였다. 그 후 사마의는 조조의 아들 조비의 스승으로 암암리에 조비를 후원하기 시작하였다.

조조는 사마의가 대단한 야심과 야망을 품고 있음을 알아채고 적절하게 견제하였다. 특히 조조는 사마의가 반역의 관상인 낭고상狼顧相이란 소문과 또 세 마리의 말이 한 구유(槽:조씨의 曹와 동음)에서 먹이를 먹는 꿈을 꾸면서 견제가 더 심해졌다.

형주의 번성에서 우금과 방덕이 관우에게 대패하며 관우의 기세가 중원까지 압도하자, 사마의는 조조에게 손권을 달래 관우의 후방을 기습하면 번성의 포위는 자연히 풀린다는 계책을 제시하였다. 이 계책을 받아들인 손권이 여몽을 시켜 형주를 치면서 관우까지 제거할 수 있었다. 조조는 말년에 조비에게 유언하길, 사마의는 다른 사람의 신하가 될 사람이 아니라며 항상 경계할 것을 충고하였다.

조비가 후한으로부터 선양을 받아 위나라의 황제가 되었을 때, 사마의는 상서와 무군대장군과 녹상서사 등의 벼슬이 더해졌다. 아버지 조조의 당부에도 불구하고 사마의에 대한 신뢰는 더욱 두터웠다. 물론 사마의가 조비의 정신적 스승인 점도 있었지만, 천부적으로 타고난 사마의의 능력이 너무 출중하여 어찌할 수 없었다. 특히 제갈량과 손권을 감당할 수 있는 인물은 오직 사마의밖에 없었기 때문에 사마의가 조비의 시대에도 최고의 책사로 남을 수 있었던 이유이다.

조비가 죽고 다시 조예가 황제가 된 후에도 사마의는 건재하였다. 특히 맹달의 모반을 초기에 제압하는 등의 전공으로 인하여 사마의는 대장군에 임명되었으며 여기에 대도독의 벼슬이 더 해졌다. 그리고 제갈량의 북진에 맞대응하며 본격적인 제갈량과의 지략대결이 시작되었다.

제갈량의 북벌은 227년부터 대략 7년여 동안 6차례에 걸쳐 이루어졌다. 1차 북벌에서 하후무와 조진이 대패하자, 사마의를 대타로 출전시키면서 본격적인 대결 구도가 형성되었다. 사마의는 제갈량이 보낸 마속의 허점을 정확하게 파고들어 촉한 군을 퇴각하게 만들고 또 제갈량을 위기에 몰아넣기도 하였다. 그 후에도 사마의는 제갈량의 유일한 맞수로 잘 버티어 냈다.

오장원에서 사마의는 또다시 지구전으로 나왔다. 시간이 급급한 제갈량은 여성용품과 여성 장신구 등을 사마의에게 보내며 조롱하였지만, 사마의는 여전히 동요하지 않고 오히려 제갈량의 진영을 염탐하며 지구전을 펼쳤다.

한번은 사마의가 제갈량의 화공 전략에 말려 상방곡에서 죽음의 위기에 몰렸으나, 갑자기 소나기가 내리며 하늘까지 사마의를 도와주는 바람에 그는 구사일생으로 살아날 수 있었다. 결국, 육출기산의 전투는 제갈량의 죽음으로 사마의가 최후의 승자가 되었다.

이처럼 사마의는 미래를 보는 혜안을 가지고 있었다. 또 그는 철저히 인내를 가지고 때를 기다렸다. 결국에는 수많은 영웅호걸이 꿈꾸던 천하통일의 꿈을 이루며 진나라를 세울 수 있었던 토대를 마련하였다.

육출기산에서 최후의 승자가 된 사마의는 사실상의 명예직인 태위 자리에 오르며 또 군권과 명예까지 겸하는 최고의 존재감을 발휘하였다. 또 238년에는 위나라에 반기를 든 요동의 공손연을 토벌하여 많은 공을 세웠다. 이처럼 사마의는 제갈량과 비유해도 전혀 손색없는 최고의 책사다운 면모를 보였다. 사실 사마의가 조조와 조비 그리고 조예까지 3대의 주군을 섬기며 충성으로 다해온 공적은 위나라의 충신 가운데 그 누구도 따라잡기 어려운 전공이었다. 심지어 노년의 나이에 친히 요동까지 정벌하며 충성을 다한 것으로 보아 사마의야말로 위나라 최고의 책사임에는 틀림이 없어 보인다.

최후의 승자 사마의

다음의 명언은 사마의가 공손연의 난을 평정하면서 한 말이다.

"싸울 수 있을 때는 싸우고, 싸울 수 없을 때는 지키고, 지킬 수 없을 때는 달아나고, 달아날 수 없을 때는 항복하고, 항복할 수 없으면 죽어야 한다."

여기에는 사마의의 전쟁 관념과 그의 삶과 죽음 그리고 그의 가치관까지 녹아있는 명언이다. 사마의가 위나라의 조씨 왕조를 위하여 그 누구도 따라올 수 없는 대단한 업적을 쌓은 영웅임은 부인할 수 없는 사실이다.

사마의가 쿠데타를 일으키다

사마의는 사실 조조와 조비 등을 모시면서, 한 황실을 농락하고 결국에는 한 황실을 찬탈하는 과정을 모두 지켜보았던 인물이다. 그러나 그는 조조처럼 승상이나 왕이 되어 정권을 찬탈한 적도 없었다. 벼슬은 나라 안팎에서 많은 공을 세우며 최고직인 태위와 태부라는 벼슬을 지냈을 뿐이다.

그러나 문제는 조예가 죽은 뒤부터 일어났다. 사마의의 본격적인 야심과 야망은 조예가 죽은 뒤 조상과의 대립부터 노골적으로 드러나기 시작하였다. 조상은 한동안 사마의를 후대했으나 점차 경계심을 품고 급기야 사마의를 명예직인 태부로 높이면서 사마의의 병권을 박탈해 버렸다. 그리고 조상은 지독한 감시로 사마의의 동태를 살폈는데, 거의 연금 상태라고 할 수 있다. 이렇게 권력을 독점한 조상은 사치와 낭비를 하며 독점한 권력을 마구 휘두르기 시작하였다.

사실 조조 때부터 조비 및 조예에 이르기까지 상당한 군권과 재정이 사마씨의 수중에 들어와 있었으며 정계 및 군부에도 단단한 인맥이 형성되어 있었다. 그러기에 사마씨에 대한 병권의 박탈과 집중 견제는 사마씨 집안의 분노를 일으키며 저항을 불러왔다. 그러나 이럴수록 사마의는 두문불출하고 꾀병을 부리며 칩거하는 지혜로 조상을 안심시켰다.

사마의는 조조의 조씨 가문이 유씨의 한나라를 찬탈하는 과정을 직접 지켜본 산 증인이기에, 그는 더욱 교활하고 치밀하게 반란을 준비하였다. 유능한 책사 사마의가 결국, 쿠데타를 일으키며 혁명가로 변신하는 순간이었다. 그리하여 후대에 사마의는 충신인가? 역신인가? 하는 꼬리표가 항상 따라다니며 담론의 중심에 서게 되었다.

고평릉 사변의 성공으로 사마씨 가문은 위나라 조씨 정권을 허수아비로 만들고 모든 정권을 탈취하였다. 그리고 사마의는 오래전부터 앓아오던 지병으로 마침내 파란만장한 삶을 정리한다. 그 후 권력은 장남인 사마사에게 이어졌다가, 사마사가 급사하자 차남인 사마소가 적통을 이었다. 그리고 사마소는 진왕晉王이 되었다. 그 후 사마소의 대를 이은 사마염이 오나라를 멸망시키고, 천하통일과 함께 진나라의 공식적인 황제로 등극하였다.

4

천하통일 그리고
최후의 승자와 패자

치열한 삼국의 전쟁은 위·촉·오나라가 아닌 사마의의 진晉나라로 돌아갔다. 전쟁에는 승자와 패자가 있기 마련이다. 여기에서는 천하를 통일시킨 최후의 승자인 군주 사마염과 최고의 참모 두예가 있었고, 그리고 영웅이 되려다 실패한 등애와 종회 그리고 비운의 영웅 강유가 있었다.

실패한 영웅 등애와 종회 그리고 비운의 영웅 강유

실패한 영웅 등애鄧艾와 종회鍾會

등애는 비록 말더듬이였지만 어린 시절부터 군사학 공부에 전념하며 대야망을 꿈꾸었던 인재로 알려진 인물이다. 그는 항상 지도를 놓고 지형지물을 살피며 병법 연구를 즐겼다고 한다. 후에 사마의의 수하가 되면서 두각을 나타내기 시작하였다. 그는 특히 '반 사마씨 봉기'를 진압한 공로를 인정받아 장군이 되었으며, 사마씨의 충실한 신하가 되었다. 등애는 또 촉나라 최고의 명장 강유를 여러 차례 곤경에 빠트리기도 한 장수로 유명하다. 특히 그는 촉나라 정벌에 참여하여 종회와 충성 경쟁을 벌이기도 하였다.

동시대에 또 하나의 인재가 바로 종회이다. 종회는 어린 시절부터 박학다식하여 주위에 명성이 높았던 천재로 20살에 조정에 출사한 이래 고속 승진하여 벼슬이 관내후 직위에 올랐다. 특히 사마소에게 장자방이란 소리를 들을 정도로 지략이 높은 인재였다.

종회는 등애와 촉나라를 점령하기 위해 함께 출정하였다. 그러나 종회의 군대는 강유가 지키는 검각에 막히어 주춤거리고 있을 때, 등애는 정예부대를 이끌고 음평을 거쳐 산길과 강을 건너 촉나라 수도로 진격하였다. 험난한 길을 뚫고 수도인 성도成都에 은밀히 입성하여 마침내 촉나라의 항복을 받아냈다. 이는 그 누구도 예상하지 못한 기상천외한 방법으로 성도에 잠입한 등애의 결사대 앞에 촉나라 군대는 혼비백산하여 저항 한 번 못하고 항복하였다. 또 성도에 도착한 등애는 부하들에게 약탈을 금지하는 등 민심까지 얻어내는 리더의 면모를 보이기도 하였다.

이렇게 종회는 촉나라와의 전쟁에서 전공이 등애에게 밀리고 말았다. 당시 등애와 종회는 위나라 최고의 명장으로 지모와 지략이 출중한 장수들로 라이벌 관계였다. 그러나 그들 상호 간의 지나친 불신과 견제가 그들의 발목을 잡았다. 조급해진 종회는 등애를 모함하기 시작하였다. 결국, 등애는 모반죄의 누명을 뒤집어쓰고 죽었다. 그러나 종회 역시 오래가지 못했다. 종회의 야심을 알아챈 사마소가 종회를 견제하려고 하자, 급기야 그는 반란을 도모하려다 결국 살해되었다.

이처럼 뛰어난 지략과 지모를 겸비하여, 한 시대의 영웅으로 주목받았던 등애와 종회 두 장수는 결국 서로의 시기와 견제로 공멸의 길을 가게 되었다. 그러기에 천하경영을 꿈꾸는 리더는 항상 대인관계에서 공생의 처세술과 상생의 처세술을 명심해야 한다.

구벌중원으로 충성을 다한 강유姜維

강유는 제갈량도 인정하는 "학문과 무예 및 인품까지 두루 겸비한 장수로 심지어 마량馬良보다 뛰어난 인재"라고 극구 칭찬하였던 장수이다. 또 제갈량이 자신의 후계자로 지목하여 자신이 쓴《제갈공명 병법》을 넘겨준 촉나라 최고의 무장이자 최후의 충신이기도 하다.

구벌중원의 주인공 강유

第 12 講 천하통일天下統一과 수성론守成論 329

제갈량이 세상을 떠난 후, 강유는 대장군으로 임명되어 위나라의 침공을 저지하라는 책무를 받았다. 그리고 또 제갈량의 유지를 받들어 아홉 차례 북벌을 감행하였는데, 이것이 바로 유명한 구벌중원九伐中原이다. 그러나 강유는 결정적 순간에 위나라 장수들의 전술에 막히거나 혹은 촉나라 환관 황호의 농간으로 대업에 차질이 생겼다.

위나라 종회와 등애가 양면으로 촉나라를 공격해 오자, 강유는 검각에서 종회 장군과 맞서 싸웠으나, 등애의 기상천외한 계략으로 성도가 뚫리는 바람에 결국 촉나라는 항복하였다. 그러함에도 불구하고 강유는 무너진 촉나라를 다시 세우려고 고군분투하였으나 결국 실패하여 자결을 택한 비운의 영웅이며 촉나라 최후의 명장이기도 하다.

최고의 참모 두예杜預

두예의 부친과 조부는 위나라에서 높은 관직을 지낸 명문가의 관료이다. 이때 사마의가 위 왕조를 찬탈하자, 그들과 맞서다가 유배되기도 하였다. 그러나 두예는 사마의의 딸과 결혼하며 자신의 운명을 반전시켰다. 또 뛰어난 처세로 요직에 두루 등용되었다. 그는 진남대장군 등의 무관 관직을 거쳐 태위까지 오르게 되었다.

두예는 진나라의 대장군으로 오나라를 평정한 뛰어난 군사 전략가이며 훌륭한 학자이다. 그야말로 문무를 겸비한 영웅이며 위대한 리더이기도 하다, 그는 사마염의 두터운 신임을 얻으며 성공적인 삶을 살다 간 대표적 인물이기도 하다.

그가 오나라와의 전투에서 형주를 평정한 후에, 한 참모가 "봄이 오면 강물이 불어나 오래 머무르기 어려우니 겨울까지 기다렸다가 오나라를 다시 공격하자."라고 보고하였다. 그러자 두예는 "지금 상황은 대나무를

파죽지세로 오나라를 멸망시킨 두예

쪼개는 것과 같아 한번 쪼개지면 전부 쪼개지는 것과 같다."라고 하면서 단숨에 오나라의 수도 건업을 공격하여 승리하였다. 이것이 바로 고사성어 파죽지세破竹之勢의 기원이 되었다.

또 두예는 박학다식하고 지혜로워 수많은 백성의 민원을 잘 해결한 것으로 유명하다. 그의 해박한 지식과 지혜로 처리한 공무가 무궁무진하였기에, 그의 지혜를 무기창고에 비유하여 '두무고杜武庫'라 하였다고 전한다. 이처럼 두예는 전시에는 군사 전략가가 되었다가 평시에는 유능한 행정가이기도 하였다.

또 그는 학문에도 뛰어난 재능을 보여, 많은 저술로 학문의 발전에 기여가 많은 유명한 문인이었다. 특히 학문에서는 경학 연구에 일가견이 있어 《춘추좌씨경전집해》와 《춘추석례》 및 《춘추장력》 등을 저술하였다. 후대에 그는 빼어난 전략전술가보다는 오히려 뛰어난 학자로 명성이 높았다.

최후의 승자 사마염司馬炎

사마의司馬懿는 아들로 사마사와 사마소가 있었으나, 사마사가 전사하는 바람에 동생 사마소로 대통이 이어졌다. 사마소는 위나라의 정권을 장악하여 위나라 4대 황제인 조모曹髦를 죽이고, 제5대 황제로 조환曹奐을 세운 비정한 인물이다. 사마소는 263년 촉나라를 멸망시킨 공로를 인정받아 진왕晉王이 되었으나 황제에 오르지는 않았다. 얼마 후 사마소가 죽자, 그의 아들 사마염이 265년에 위나라를 멸망시키고 황제의 제위에 올랐다. 그리고 280년에는 드디어 오나라를 패망시키며 명실상부한 천하통일의 대업을 이룩하게 되었다.

사마염은 백성과 신하들로부터 민심과 인심을 얻으며 진나라의 황제가 된 인물이다. 사마염은 건국 초기에는 백성들이 평안하게 생업에 종사할 수 있도록 국가안보와 사회질서 및 율령과 각종 세법을 잘 정비하여 진나라를 크게 안정시켰다. 특히 토지제도와 조세제도의 개혁 등에서 정치적 수완과 리더십을 유감없이 발휘하여 크게 민심을 얻었다.

사마염은 어려서부터 총명하고 비범하며 리더십이 강했던 인물로 알려져 있다. 특히 오나라와의 전투에서 무구검과 왕창의 도주 사건과 그리고 부하 진태의 실수 등으로 자신이 곤궁에 처하는 상황에서도, 사마염은 부하의 잘못을 자신의 과오로 받아들이며 스스로 책임지는 태도를 보였다. 이러한 리더십은 후에 부하로부터의 충성과 백성으로부터의 민심을 함께 얻으며 삼국통일의 원동력이 될 수 있었다.

천하를 통일하고 진나라를 세운 사마염

사마염은 남의 잘못에는 관대하고 나의 잘못에 엄격한 리더의 필수 덕목을 잘 지킨 영웅으로 평가된다. 이처럼 사마염은 황위에 등극할 때는 나라를 반석 위에 올리며 태평성대를 이루었으나, 그의 아들 혜제惠帝에 이르러서는 '팔왕八王의 난'이 일어나면서 진나라의 기반이 급격히 흔들리기 시작하였다.

【故事成語와 名言名句】

창업이수성난創業易守成難

창업이수성난의 의미는 "어떤 일을 시작하기는 쉬우나, 이룬 것을 지키기는 어렵다."라는 뜻으로 창업보다는 수성이 더 어렵다는 의미이다. 보통 창업수성創業守成이라고도 한다.

유현유덕 가이복인惟賢惟德, 可以服人

의미는 "오직 어질고 덕이 있어야만 사람을 복종시킬 수 있다."惟賢惟德, 可以服人.라는 뜻으로 유비가 유선에게 남긴 유언 내용이다. 이 명언은 《명심보감》에도 나온다.

활재소항, 사재북망活在蘇杭, 死在北邙

의미는 "살아서는 소주나 항주에 살고, 죽어서는 북망에 묻힌다."라는 뜻으로 중국의 속담에서 나왔다. 북망은 낙양 인근에 있는 산 이름으로 역대 황제들의 공동묘지라고 할 정도로 많은 사람이 묻힌 곳으로 유명하다.

낭고상狼顧相

낭고상이란 이리나 늑대처럼 고개를 완전히 뒤로 돌릴 수 있는 사람을 일컫는다. 옛날부터 반역의 관상이라 하여 경계하였는데 바로 사마의가 낭고상이어서 조조가 항상 경계하였다고 전한다.

두무고杜武庫

두무고는 두예의 무기창고를 말한다. 사마의의 최고 참모 두예가 박학다식하고 똑똑하여 어떠한 민원도 지혜롭게 처리한 데서 유래되었다. 무궁무진한 두예의 아이디어를 지혜의 무기창고에 비유한 데서 나온 말이다.

파죽지세破竹之勢

파죽지세는 두예가 오나라와 전쟁할 때, 한 장수가 겨울까지 기다렸다가 오나라를 치자고 하자, 두예가 "지금 상황은 대나무를 쪼개는 것과 같아 한번 쪼개지면 전부 쪼개지는 것과 같다."라고 하면서 단숨에 오나라를 공격하여 승리한 데서 유래하였다.

패군지장 불가이언병敗軍之將, 不可以言兵

"전쟁에서 패한 장수는 병법에 대해 논하지 않는다."라는 의미로 본래는 한나라의 이좌거가 한 말이지만, 소설 《삼국지》 제116회에서 위나라 사마소가 소제에게 "패장은 병법을 말하지 못하고, 망국의 대부는 딴 일을 도모하지 못하는 법입니다."敗軍之將, 不可以言兵, 亡國之大夫, 不可以圖存라고 말한 데서 유래하였다.

【상식 한 마당】

삼국 영웅들의 승기勝氣와 기운氣運

황건적의 난과 십상시의 난이 일어나면서 한나라의 조정은 순식간에 붕괴가 시작되었다. 그러한 혼돈의 세상을 거치면서 갑자기 승기勝氣를 타고 영웅호걸로 부상하였다가 갑자기 기운氣運이 꺾이면서 역사의 뒤안길로 사라지는 현상이 반복되었다.

가장 먼저 승기를 잡은 영웅은 동탁과 여포였다.

동탁의 경우 우연히 전란에 쫓기던 소제를 만나 황제의 신변을 장악하면서 승기를 잡았다. 그리고 그는 천하의 여포를 자신의 양아들로 끌어들이며 권력의 최고 정점에 올랐다. 그러나 초선의 미인계로 인하여 만들어진 불화는 결국 그들을 공멸의 길로 인도하였다.

다음에 승기를 잡은 사람은 원소였다.

4대 삼공의 명문가 출신 원소는 초반 십상시를 일소하며 기세를 올렸으나 동탁의 개입으로 중앙의 핵심세력에서 밀려났다. 그러나 반 동탁 연합의 수장으로 기세를 올리며 다시 차세대 영웅으로 등장하였다. 특히 원소는 황하 이북의 대부분을 장악하며 최고의 강자로 부상하였다. 그러나 조조와 벌인 관도대전에서 대패하면서 목숨은 물론 집안까지 몰락하였다.

그다음 주자는 조조였다.

조조는 관도대전에서 엄청난 전력 차이를 극복하고 당당하게 승기를 잡았다. 더군다나 황제까지 끼고 북방 일대를 장악한 것은 물론 한나라 문무백관까지 자기의 인재그룹에 편입시키며 그 기세가 하늘을 찔렀다. 조조는 그 기세를 타고 천하를 제압하려 하였다. 그리하여 일으킨 전쟁이 바로 적벽대전이다. 그러나 적벽대전이 의외로 조조의 승리가 아닌 손권과 유비 연합군의 승리가 되면서 조조의 기세는 급격하게 꺾이고 말았다.

이러한 승세를 타고 갑자기 기세를 올린 사람이 바로 유비였다.

적벽대전의 승자는 동오의 손권이었지만 축배를 든 사람은 유비였다. 유비는 제갈량의 지략을 받아들여 형주를 장악하고 또 익주까지 손에 넣으며 삼국정립의 토대를 만들었다. 그러나 의형제 관우의 죽음과 장비의 죽음은 유비의 이성을 마비시키는 계기가 되었다. 결국, 유비는 형제의 원수를 갚기 위해 이릉대전을 일으켜 패전은 물론 자신의 목숨까지 잃고 말았다.

이릉대전에서 승리한 손권이 이러한 기세를 타고 승기를 잡았다.

손권은 제갈량과 사마의의 전투를 옆에서 즐기며, 오나라의 부국강병에 전력을 다하였다. 손권의 승기와 기세는 승승장구하여 나라를 반석 위에 올려놓았다. 급기야 오나라 황제까지 오르도록 만들어 주었다. 손권의 기세가 꺾이기 시작한 것은 바로 자식의 후계 구도에 치명적 문제를 보이면서이다. 이때부터 손권의 기세는 빠르게 사마씨 집안으로 옮겨가기 시작하였다.

마지막 주자가 바로 사마의 집안이었다.

제갈량의 북벌을 효과적으로 막아낸 사마의는 조상의 견제로 한때 위기에 몰리기도 하였으나, 고평릉 사변을 일으키며 화려하게 부활하였다. 사마의는 그의 아들 사마사와 사마소 형제들과 함께 본격적인 위나라의 실권자로 등장하였다. 사마씨 집안은 끝내 위나라 정권을 탈취하였다. 결국, 사마소의 아들 사마염은 위나라에 이어 오나라를 제압하며 드디어 천하통일의 꿈을 이루었다. 이렇게 하여 천하통일의 승기와 기운이 사마씨의 집안으로 옮겨지면서 진晉나라 창업의 토대가 만들어진 것이다.

第 13 講

영웅호걸英雄豪傑의 삶과 죽음

– 빈손으로 왔다가 빈손으로 가는 것이 인생이다

key word

공수래 공수거空手來空手去·인생무상人生無常·참모參謀·장수將帥·와석종신臥席終身·계륵鷄肋·봉추추지 와룡승천鳳雛墜地, 臥龍昇天·부정모혈父精母血

1

공수래 공수거 空手來, 空手去의 의미

빈손으로 왔다가 빈손으로 가는 것이 인생이다

"빈손으로 왔다가 빈손으로 가는 것이 인생."이라 하듯이 적벽대전과 삼국정립 전후로 갑자기 스타급 영웅들이 하나둘씩 죽어간다. 그야말로 급격한 세대교체가 이루어지는 것이다.

스타급 영웅들의 사망 시기를 살펴보면 다음과 같다.
주유(210년) / 순욱(212년) / 방통(214년) / 노숙(217년) / 관우(219년) / 여몽(219년) / 조조(220년) / 황충(220년) / 법정(220년) / 장비(221년) / 마초(222년) / 유비(223년) / 조비(226년) / 조자룡(229년) / 제갈량(234년) / 사마의(251년).

특히 적벽대전 이후에서 이릉대전까지 주유·순욱·관우·조조·황충·장비·마초·유비 등 주요인물이 연이어 죽음을 맞이한다. 급기야 219년 관우의 죽음부터 223년 유비의 죽음까지 불과 4년 사이에 관우·여몽·조조·황충·법정·장비·마초·유비 등 8명의 영웅이 연이어 죽자, 오히려 독자들 관점에서 당혹스럽기조차 하다. 그중에서도 특히 갑자기 죽어버린 관우·장비·유비의 죽음은 향후 소설《삼국지》를 어떻게 읽어야 할지 걱정과 우려가 생길 정도로 급속한 세대교체가 이루어졌다.

특히 촉나라의 급격한 세대교체가 두드러진다.

촉나라는 관우와 장비 그리고 유비에 황충과 마초까지 대부분의 주인공이 사망하였고, 겨우 강유 하나만 신세대의 주인공으로 등장하였다. 위나라 또한 순욱과 조조를 서막으로 하후돈·장료·우금·조인 등도 모두 죽고 겨우 사마의만 새로운 주인공으로 등장하였다. 오나라의 경우는 주유·노숙·여몽 등의 핵심인물들이 대부분 죽었지만 새로운 세대교체가 이루어지지도 못하였다. 상황이 이러하니 소설의 분위기는 크게 가라앉을 수밖에 없었다.

이릉대전 이후로도 살아남은 영웅들은 제갈량과 조자룡 그리고 손권 등에 불과하다. 그나마 사마의와 강유가 혜성처럼 등장하며 다소의 활력을 불어넣기는 하였지만, 육출기산 이후 조자룡과 제갈량마저 죽으면서 소설《삼국지》의 흥미는 그마저도 급격히 반감하게 된다.

영웅호걸의 삶과 죽음!

삶과 죽음 앞에서 영웅호걸들은 어떠한 세상을 꿈꾸고 있었을까?

또 그들은 그 꿈을 이루기 위하여 어떠한 노력을 하였을까?

여기에서는 '군주의 삶과 죽음' 또 '참모의 삶과 죽음' 그리고 '장수의 삶과 죽음'으로 나누어 그들의 발자취와 흔적을 살펴보고자 한다.

2

군주의 삶과 죽음
(조조 / 유비 / 손권 / 원소 / 원술)

《삼국지》에서 창업에 성공한 군주를 뽑는다면 조조와 유비 그리고 손권을 꼽을 수 있다. 그리고 용이 되어 승천할 뻔하다가 추락하여 이무기가 된 원술과 원소가 있다. 본 장에서는 바로 이들의 삶과 죽음을 위주로 살펴보고자 한다.

콤플렉스를 극복한 긍정의 아이콘 조조曹操

조조는 태어날 때부터 왜소한 풍채와 그리고 특히 환관의 집안이라는 콤플렉스를 가지고 있었던 인물이다. 그러함에도 불구하고 그가 당대의 영웅으로 우뚝 설 수 있었던 것은, 항상 검소하고 근면하였으며 또 끊임없는 노력의 결과였다. 그는 내적으로 자기관리에 충실하였고, 외적으로 화끈한 성격과 호탕한 인간적 매력을 가지고 있었다. 특히 인재관리에 특출한 재능을 가지고 있었던 리더였다.

조조는 황건적의 난을 통하여 세상에 자신을 드러냈으나 동탁 제거에 실패하면서 현상범이 되기도 하였다. 그는 고향으로 돌아가 반 동탁 연합을 주도하면서 다시 두각을 나타내기 시작하였다. 그 후 그는 한 헌제가 장안을 탈출하였을 때, 황제를 보호한다는 명분을 내세우며 헌제를 끼고 정국의 주도권을 잡았다.

그리고 조조는 기회를 살피다가 결정적인 기회를 포착하여 승부수를 띄우게 되었는데 이것이 바로 관도대전이다. 조조의 장점 중 하나가 바로 기회포착의 재주이다. 사실 기회포착의 재주는 아무에게나 있는 것은 아니다. 이 재주는 치밀하고 냉정한 판단력 위에 일단 기회를 포착하면 과감하게 밀어붙이는 추진력이 있는 사람만이 가지는 특별한 재주이다.

이렇게 관도대전을 통하여 중국 북부를 장악한 조조는 마침내 승상 자리에 오르게 되었다. 그리고 이러한 기세를 몰아 남쪽의 형주를 점령하면서 조조의 명성은 그야말로 하늘을 찔렀다.

또 조조가 위공魏公으로 책봉되자, 그는 수많은 재산을 가난한 백성들에게 나누어주어 큰 민심을 얻기도 하였다. 이처럼 조조는 때와 시기를 아는 처세의 달인으로 민심을 적절하게 활용하며 창업의 토대를 차근차근 쌓아나갔다.

조조가 창업에 성공할 수 있었던 원인 가운데 하나가 바로 강력한 카리스마와 쇼맨십이다. 조조의 카리스마와 쇼맨십은 그가 창업하는 과정에서 매우 효율적으로 활용되었다. 특히 조조만이 가지고 있는 교활성에 쇼맨십이 적당히 가미되면서 시너지 효과를 낼 수 있었다. 즉, 냉정하고 강력한 카리스마로 인해 경직된 정치적 요소를 적절한 쇼맨십으로 메꾸며 상호 완충작용을 하였다.

이렇게 대망을 꿈꾸며 승승장구하던 조조는 적벽대전에서 손권과 유비 연합군에게 대패하면서 기세가 크게 위축되었다. 그러나 그는 특유의 호방함과 긍정적 기질을 발휘하며 창업에 성공하였다. 이처럼 조조는

213년에 위공으로, 또 216년에는 위왕에 봉해지면서 황제의 권력에 버금가는 위세를 누리다가 220년에 세상을 하직하였다.

조조가 죽자, 그의 아들 조비는 한나라 황제의 지위를 찬탈하고 아버지 조조를 무 황제로 추존하였다. 조조는 훌륭한 정치가이기도 하지만 위대한 문학가이기도 하다. 조조는 어려서부터 책을 좋아하고 총명하였으며 문학 분야에서도 남다른 재능을 보였다. 특히 시부詩賦에 뛰어나 그의 아들 조비 그리고 조식과 함께 '조씨 삼부자'로 명성이 높았던 문학가 집안이다.

돗자리 장사의 야망과 절망, 유비劉備

유비는 몰락한 왕족의 후손으로 짚신과 돗자리를 파는 등 어려운 환경에서 자수성가한 인물이다. 그는 천성이 학문보다는 유협들과 교유하는 협객 기질의 사나이였다. 유비는 도원결의를 통해 천하를 도모하려 하였으나, 초반에는 뜻을 이루지 못하고 공손찬·도겸·조조·원소·유표 등에 의탁하며 전전긍긍하였다.

유비에게 최고의 기회는 삼고초려를 통하여 제갈량이라는 걸출한 책사를 얻은 시기부터 시작된다. 유비는 적벽대전을 통하여 형주를 확보하였고, 그 기세를 몰아 익주와 한중마저 손에 넣으며 삼국의 정립이라는 대업에 성공할 수 있었다. 급기야 한중왕에 오른 유비는 조비가 헌제를 폐하고 황제가 되자, 자신도 촉한의 황제가 되며 창업의 대열에 합류하였다.

그러나 기세등등하게 승천하던 유비에게 관우와 장비의 죽음은 자신은 물론 나라의 흥망까지 흔들어 놓는 변수가 되었다. 즉, 이성보다 감정을 내세우며 일으킨 이릉대전이 화근이 되었다. 결국, 이릉대전에서 오나라의 육손에게 대패하고 급기야 백제성에서 병사하였다.

유비는 후사를 제갈량에게 위탁하고 63세의 나이에 세상을 하직하였다. 항상 이성적이고 관인대도한 삶을 살았던 유비가 형제의 의리를 지킨다고 감정을 앞세워 일으킨 전쟁으로 인하여 그가 꿈꾸던 천하통일의 대업은 순식간에 물거품이 되고 말았다.

좌고우면左顧右眄의 눈치 백단, 손권孫權

손권은 어린 시절부터 총명함과 미래를 보는 혜안을 가졌던 리더였다.

또 손권은 부친 손견과 형 손책에게 배운 정치력과 리더십을 십분 활용하며 최고의 시너지 효과를 끌어낸 군주이다.

손권의 첫 번째 위기는 적벽대전이었으나 그는 지혜롭게 적벽대전을 승리로 이끌면서 상당한 자신감을 얻게 되었다. 그 후 조조의 유수 침공과 합비 공격 또한 지혜롭게 위기를 탈출하였다. 합비전투에는 위나라에 조공을 바친다는 다소 굴욕적인 협상이기는 하나, 위기를 돌파하기 위해서는 어찌할 수 없는 일이었다. 그러기에 손권은 스스로 왕위에 오르지 못하고 위나라 황제 조비의 책봉으로 겨우 왕이 되었다.

그러다가 여몽이 관우를 죽이자 최대의 위기에 봉착하였다. 이것이 바로 이릉대전으로 이어지며 최고의 위기를 자초하였다. 위기 다음에 기회가 온다고 하듯이 이릉대전의 승리는 손권에게 완전한 창업의 토대를 마련해 주었다. 결국, 229년이 되어서야 손권도 다른 나라 황제처럼 정식으로 황제에 즉위하면서 창업에 성공하였다. 사실 손권은 좌고우면左顧右眄하며 이웃의 눈치를 보느라 왕도 가장 늦게 되었고, 황제도 가장 늦게 되었다.

이렇게 상승세를 타던 손권을 파멸의 길로 이끈 것은, 바로 내부의 후계문제에서 비롯되었다. 살아서는 창업과 수성의 명수라는 손권이 말년에 후계자 선정에 결정적인 실수를 범하면서 나라가 기울기 시작하였다. 후계자 문제로 옥신각신하면서 혼돈의 정국으로 이어지는 가운데 손권은 252년 71세의 나이로 세상을 하직하였다. 손권은 조조나 유비처럼 창업에 성공하였으나 말년에 지나친 욕심과 후계자 선정의 실수로 스스로 무너지는 결과를 초래하였다.

승천하지 못하고 이무기가 된 원소袁紹와 원술袁術

원소와 원술은 4대 삼공을 배출한 명문가의 후손이다.

그러기에 당대의 사람들이 원소를 천하통일의 재목이라고 예상할 정도로 높게 평가받던 리더였다. 당시 원소는 황제에 가까운 위세를 떨쳤으나 후계문제에서 장자를 배척한 결과 사후 후계 분쟁으로 이어지면서 몰락을 재촉하였다.

물론 관도대전에서 조조에게 통한의 패배를 당하며 다소 기울기 시작하였으나, 당시 원소는 여전히 조조를 능가하는 세력을 구축하고 있었다. 그러나 지병으로 47세에 급사하면서 문제가 발생하였다. 즉, 후계자 분쟁이 발발하면서 원씨 일가는 결국 조조에게 멸족되었다. 원소는 카리스마가 있고 또 독선적인 독재자 스타일의 인물이나, 우유부단하고 결단력이 부족한 리더로 알려져 있다.

반면 원술은 명문 원씨 가문의 적자였지만, 얼자인 원소와 항시 대립관계에 있었다. 원술은 젊은 시절에 협객의 기질이 있는 군웅으로 알려졌으며, 관직에 있을 때는 청렴하고 유능한 리더로 명성이 높았다고 한다. 특히 원술은 반 동탁 연합군에 가담하여 가장 큰 전공을 세웠으나 원소와 대립이 되면서 결국 양주로 쫓겨나 독립하였다.

양주 일대에서 세력을 확보하자, 원술은 야망이 발동하였다. 손책에게 빼앗은 옥새를 보고는 더욱 이성을 잃고 황제의 꿈을 가지기 시작하였다. 결국, 원술은 스스로 황제를 자칭하며 독립하였으나 그 누구도 그를 정식 황제로 인정하지 않았다. 그 후 원술은 전투에서 여러 번 대패한 데다가 또 실정을 거듭하면서 모든 기반이 무너졌다. 결국, 그는 다시 원소에게 의지하려고 하다가 조조에게 저지당하면서 치명타를 입었다. 이렇게 그는 44살 나이로 세상을 하직하였다.

이상 다양한 군주들의 삶과 죽음을 살펴보았다.

문득 "비울 줄 알아야 채울 수 있고, 버릴 줄 알아야 얻을 수 있다."라는 명언이 떠오른다. 100년도 채우지 못하는 인생을 살면서 마음을 비우고 또 욕심을 버리지 못하여 대업을 망치는 경우가 대부분이다.

때가 되면 어김없이 찾아오는 죽음 앞에 우리는 그 누구라도 자유로울 수가 없다. 그러기에 우리는 영웅들의 삶과 죽음을 통하여 가끔은 자신의 인생역정을 재점검해 볼 필요가 있는 것이다.

3

참모의 삶과 죽음

참모론 參謀論

"나라를 흥성시키는 데는 여러 명의 충신이 필요하지만, 나라를 망하게 하는 데는 간신 하나면 족하다."

참모란 일명 스텝Staff이라고도 하고 또 막료라고도 한다.

사실 참모란 군사 용어로 지휘관 아래에서 작전과 용병 등에 관한 계획과 지도를 맡은 장교의 직책이었다. 현대적 관점에서 참모는 조직관리와 정책자문 등의 기능을 주로 수행하는 사람을 말한다.

중국의 역사 가운데 유명한 참모로는 제 환공 시기의 관중과 포숙아, 한나라의 창업 공신 장량과 소하 그리고 당 태종의 창업을 도왔던 방현령과 위징 같은 명참모가 있었다. 우리나라에도 조선의 창업 공신 정도전과 세종대왕을 도왔던 황희 정승이 대표적인 참모들이다. 한 나라의 흥망성쇠를 좌우지하는 것이 참모이기에 예전이나 지금이나 참모의 역할은 지대한 것이다.

《삼국지》에서 상징적 참모로는 제갈량·순욱·주유·사마의 등이 있지만, 본 장에서는 삶과 죽음이 독특한 참모들을 중심으로 소개하고자 한다.

강직한 참모의 전형을 보여준 장소張昭

장소는 손책을 주군으로 모신 손책의 충신이었다. 손책이 임종에 이르자, 장소를 불러 후사를 손권으로 세워달라고 유언하였다. 그리고는 만약 손권이 대업을 이룰만한 그릇이 못 된다면 장소 자신이 권력을 승계하라고 유언하였다. 이는 마치 유비가 백제성에서 제갈량에게 탁고한 그것과 매우 유사하다.

그러나 장소는 사심이 없는 충신이기에 배신하지 않고 손권을 손씨가문의 대통으로 옹립하며 충성을 다하였다. 그러한 연유에서 손권 역시 장소를 언제나 스승이나 어버이처럼 예우하였다. 사실 장소는 소설《삼국지》에서 그리 주목받는 인물은 아니다. 그러나 그는 보이지 않는 오나라의 창업 공신이며 진정한 충신이기도 하다.

장소는 성격이 강직하고 근엄하였으며 손권 앞에서도 직언을 서슴지 않은 참모로 유명하다. 한번은 손권이 세력을 과시하고자 요동의 공손연을 연왕으로 봉하려 하였다. 이때 장소가 극렬하게 반대하였으나 손권은 장소의 간언을 무시하고 자신의 의지대로 처리하였다. 그러자 장소는 와병을 핑계로 조정에 나가지 않았다.

이에 화가 난 손권은 장소의 집 대문 밖을 흙으로 막아 나오지 못하도록 분풀이하였다. 그러자 이번에는 장소도 이에 굴하지 않고 집 안쪽의 대문을 흙으로 막아 들어오지 못하도록 하였다.

얼마 후 장소의 우려대로 공손연의 사기극이 만천하에 드러나며 손권은 국제적 망신을 당하게 되었다. 손권은 장소에게 사과하며 조정에 출사하도록 하였으나, 장소는 여전히 조정에 나가지 않았다. 결국, 손권은 친히 장소의 집으로 행차하여 장소를 수레로 모시고 궁궐로 데려왔다. 이처럼 장소는 강직하고 근엄하여 황제조차 함부로 하지 못하는 위엄을 가지고 있었다.

장소는 삼사三司에 버금가는 막강한 지위와 권력을 쥐고 있었다. 그러나 그는 권력을 남용하거나 욕심을 부리지 않았다. 그는 81세에 세상을 떠나면서 소박한 평상복으로 자신의 장례를 치르라는 유언을 남기고 죽었다. 이때 손권이 직접 조문에 행차하여 그에게 문후文侯라는 시호를 내리기도 하였다. 그는 시종일관 주군에게 휘둘리지 않은 강직한 참모의 전형을 보여준 충신으로 알려져 있다.

전략적 식견과 통이 큰 참모 노숙魯肅

적벽대전에서 노숙은 지혜가 다소 부족한 것으로 묘사되나 이는 제갈량의 스타 만들기에 희생된 부작용이다. 사실 노숙은 전략적 식견이 높고 지혜로운 책략가이며 걸출한 능력을 겸비한 당대의 영웅이다. 역사에서도 그를 "담론은 물론 문장이 뛰어나고, 생각이 원대하며 현명하여 그를 따를 자가 없었다."라고 평하고 있다.

한번은 노숙이 많은 재물이 있다는 소문을 들은 주유가 생면부지의 노숙을 찾아가 군량을 요청한 일이 있었다. 노숙은 동오를 위해 곡식 창고 둘 중 하나를 통 채로 주유에게 내어주었다. 주유는 그의 배포와 스케일에 깜짝 놀라 그를 주목하기 시작하였다. 그 일이 계기가 되어 주유는 노숙과 친교를 맺으며 절친이 되었다. 그 후 범상치 않은 노숙의 행동을 살펴본 주유는 손권에게 그를 추천하여 오나라의 핵심관료가 되었다.

또 적벽대전에서 노숙은 제갈량의 천하 삼분지계를 지지하며 조조를 견제하였다. 이러한 정책으로 유비와 동맹을 끌어내어 결국 적벽대전을 승리로 이끄는데, 주도적 역할을 한 전략가이다.

주유가 죽으면서 노숙을 대도독으로 지명하였다. 그 후, 노숙은 손권의 둘도 없는 책사로 활약하였다. 특히 외교 전략에 유능하여 오나라의 창업에 많은 기여와 공로가 있었다. 그러나 노숙은 지병으로 오래 살지 못하고, 여몽을 후임으로 지명하고 병사하였다.

자의반 타의반으로 자결을 선택한 순욱荀彧

조조에게 최고의 책사는 단연코 순욱을 꼽을 수 있다.

원래 순욱은 원소의 책사였으나, 원소의 성품에 실망한 순욱은 조조의 휘하로 귀순하였다. 순욱이 조조에게 전향한다는 소식을 들은 조조는 천군만마를 얻은 것처럼 기뻐했다고 한다. 역시 순욱은 기대를 저버리지 않고 최고의 참모 역할을 하였다. 특히 곽사와 이각의 반란으로 궁지에 몰린 한 헌제를 모시도록 조언한 인물이 바로 순욱이다. 그 덕분에 조조는 황제를 끼고 제후들에게 호령하며 창업의 기반을 마련하였다. 또 원소와 벌였던 관도대전에서 원소 군을 기습공격 하라고 제안하여 승리를 거두는데 혁혁한 전공을 세웠다. 그 후에도 순욱은 다양한 전략 전술과 기묘한 책략을 제시하여 최고의 책사가 되었다. 벼슬 또한 고속승진하며 2인자에 버금가는 권력을 잡기도 하였다.

그러나 순욱은 한 왕조를 지지하는 청류파였기에, 조조가 점점 천하를 차지하려 야심을 드러내자 틈이 생기기 시작하였다. 그는 조조의 유능한 책사였지만 주군과의 갈등이 생기면서 상호 간의 불신이 쌓이기 시작하였다. 조조의 야망과 순욱의 가치관에 균열이 생기면서 조조에 대한 충성도가 급격히 떨어졌다. 순욱은 더이상 조조를 위해 계책을 내놓지 않았다.

어느 날 조조는 순욱에게 어찬御饌이라며 궁중음식을 하사하였다. 그런데 그 어찬은 비어있었다. 조조가 빈 반합 통만 보낸 것이다. 빈 반합의 의미를 간파한 순욱은 체념하고 자의반 타의반으로 자결을 선택하였다. 순욱은 비굴하게 사느니 차라리 깨끗한 죽음을 선택한 것이다. 그때 그의 나이 50세였다. 그는 영웅 조조를 이용하여 한나라의 부흥을 꾀하였으나 조조가 영웅에서 간웅으로 변하자 조조를 포기하고 죽음을 선택한 것이다. 이러한 관점에서 순욱은 일편단심一片丹心형 참모라고 할 수 있다.

이상 비교적 성공한 참모의 전형을 살펴보았다. 이들의 공통적인 특징은 강직한 소신으로 일관되게 살아가며 항상 욕심을 버리고 충성을 다한 참모들이다. 또 그들은 뛰어난 재능을 가지고 위기관리 능력과 미래의 비전을 제시하였다는 특징을 가지고 있다.

허풍과 교만으로 신세를 망친 허유許攸

허유는 젊은 시절부터 조조와 원소 등과 함께 분주우교(奔走友交: 서로 마음을 허락해 위기를 만나면 달려와 돕는 막역한 친구 사이)라 할 정도로 막역한 사이였다고 한다.

관도대전 이전에 허유는 원소와의 개인적 친분으로 높은 자리에 있었으나 성격이 교만하고 탐욕스러워 원소 진영에서도 잘 적응하지 못하였다. 그러다가 원소에 괄시를 당하는 신세가 되자, 바로 원소를 배신하고 조조에게 전향하였다. 그의 귀순은 엄청난 파동을 몰고 왔다. 즉, 조조의 관도대전 승리가 바로 허유의 전공으로 이루어졌다고 해도 과언이 아니다. 투항 후 허유는 조조에게 원소 군의 급소인 식량창고 오소를 기습하라고 진언하였다. 조조는 이 책략을 이용하여 불리했던 관도대전을 승리로 반전시켰다.

　허유는 관도대전의 승리 이후 더욱 오만하고 방자해지기 시작하였다. 심지어 조조 앞에서 옛 친구임을 들먹이며 교만한 태도를 보여 주변의 눈살을 찌푸리게 하였다. 이처럼 허유의 오만무도함과 공치사를 참지 못한 조조의 심복 허저가 끝내 허유를 죽여버렸다. 그러나 조조는 허유를 살인한 허저에게 별다른 처벌도 내리지 않았다. 조조는 내심 두통거리를 제거한 허저가 고마웠던 모양이다. 그러기에 참모는 항상 겸손하고 성실하며 꾸준히 자신을 관리하는 것이 기본인데, 허유는 오만과 방자함으로 인하여 스스로 불행을 자초한 것이다.

경거망동한 언행으로 죽음을 자초한 양수楊脩

　양수는 명문세가 출신인 원술의 조카이다.

　그는 박학다식하고 또 언변도 출중하여 특히 인재를 아끼는 조조에 발탁되어 많은 신임을 받았던 참모였다. 당시 조조의 후계자 구도는 조비파와 조식파로 갈라져 있었는데, 이때 양수는 조식을 적극적으로 지지하고 있었다.

　조조의 신임이 두터웠던 양수가 갑자기 몰락한 것은 바로 계륵 사건에서 비롯되었다. 양수가 너무 주군의 뜻을 앞서간 것이다. 양수의 경거망동으로 속마음을 들킨 조조는 몹시 불쾌해하며 양수를 군기 누설죄로 참수하였다.

　사실 조조가 "양수가 아군이기에 망정이지 만일 적군이었다면 더욱 큰 일 날뻔했다."라며 양수를 죽였지만, 거기에는 또 다른 이유도 있었다. 조조가 후계문제로 조비와 조식을 두고 고민하다가 이미 조비 쪽으로 마음을 굳힌 상태였다. 그런데 양수가 조식을 적극 지지하고 있었기 때문에, 후에 혹시 계략에 능한 양수의 농간이 있을지도 몰라 이에 대비하여 미리 제거하였다는 설도 있다. 때마침 계륵 사건이 일어나자 그것을 이유로 양수를 참수하였다는 것이다.

어찌 되었든 지나친 총명함과 지나친 언행이 오히려 양수에게는 재앙을 자초한 셈이 되었다. 이처럼 참모는 매사에 신중하게 처신해야 결코 경거망동해서는 안 된다는 교훈을 주는 대목이다. 왜냐하면, 참모는 항상 남들이 일거수일투족―擧手―投足을 지켜보고 있다는 사실을 명심해야 한다. 그러기에 참모는 매사에 솔선수범으로 본보기가 되어야 하며, 또 분수를 넘는 언행은 간혹 주군의 심기를 건드릴 수 있기에 항상 겸손하고 근신하는 모습을 보여야 하는 것이 기본이다.

직설적인 언행으로 화를 부른 공융孔融

공융은 공자의 후손이며 건안칠자 중의 한 사람으로 어려서부터 명성이 높았던 인재였다. 그러나 그는 당시 황제를 옹립하고 세도를 부리던 조조와 자주 대립하였다. 공융은 학문적 재능이 높았으나 직설적인 성정으로 비리를 보면 참지 못하는 성격이었다. 그로 인하여 조조를 비판하는 상소를 여러 번 올려 조조를 분노케 하였다. 심지어 조조의 면전에서 모욕적인 언사를 구사하여 조조를 당혹스럽게 하기도 하였다. 이러한 연유에서 조조는 공융을 매우 혐오하였으나 당시 공융의 명망이 너무 높아 그를 함부로 하지도 못하였다.

그러던 중 조조가 형주를 점령해 버리자, 공융은 참지 못하고 조조의 만행을 강도 높게 비판하며 조조를 모욕하였다. 이에 화가 난 조조는 결국 인내하지 못하고 공융은 물론 공융의 가족까지 모두 몰살시켰다고 한다.

당시 공융에게는 7살 된 아들과 9살 된 딸이 있었다. 공융이 잡혀가던 날, 공융의 자녀들은 태연하게 바둑을 두고 있었다고 한다. 이웃 사람들이 걱정되어 아이들에게 빨리 도망치라고 알려주었다. 그러나 이들은 "이미 새집이 부서졌는데 어찌 그 알이 온전하겠습니까?"安有巢毁而卵不破乎?라며 의연하게 죽음을 받아들였다는 일화가 전한다.

오만방자하여 미운털 박힌 참모 우번虞翻

경거망동한 양수와 유사한 참모가 바로 오나라의 우번이다.

우번은 처음에 왕랑을 섬겼으나 왕랑이 손책에게 패하자, 다시 손책의 참모로 들어가 많은 공을 세우며 출세 가도를 달렸던 인물이다. 그 후 손책이 죽자, 대를 이어 손권을 주군으로 섬겼다. 그는 당시 최대 군주인 조조의 부름에도 응하지 않았던 제법 강단이 있는 참모로 알려졌다.

그러나 우번은 자기주장이 지나치게 강하고 매우 직설적인 성격이어서, 주군인 손권 앞에서도 불경하게 잘못을 지적하며 따지기도 하였다. 이러한 우번의 돌출적인 언행은 여러 차례 손권의 속을 뒤집어 놓기도 하였다. 한번은 손권이 연회석상에서 신하들에게 술을 따라 주는데, 우번의 차례가 되자 그는 술에 취한 척 주군을 기만하다가 들통나기도 하였다. 이에 화가 난 손권이 그 자리에서 우번을 죽이려 하였다는 일화도 전해진다.

또 한번은 손권과 장소가 신선에 대하여 담론을 벌이고 있었는데, 우번이 어깨너머로 그들의 대화를 듣고는 "신선은 있을 리가 없는데, 죽은 자들이 신선에 대하여 논하고 있네."라며 주군을 조롱하였다. 이렇게 손권 앞에서 방자함이 거듭되자, 성인군자인 손권도 참지 못하고 우번을 교주로 유배시켰다. 그리고 그는 다시는 정계로 복귀하지 못하고 유배지에서 생을 마쳤다.

성공하지 못한 참모의 전형적인 특징을 살펴보면 대부분 자기감정을 잘 다스리지 못하고 오만무도하거나 경솔함에 그 원인이 있었다. 즉, 지나친 언행이나 교만 그리고 돌출적인 행동 등이 출세를 막는 장애가 되었다. 이러한 유형의 참모는 비록 재능이 특출할지라도 언젠가는 주군이나 주변인의 심기를 건드려 제거되기 마련이다. 옛말에 "권력은 남에 의해 얻지만, 자신의 언행에 의해 잃게 된다."라는 명언이 가슴에 와 닿는다.

봉추추지 와룡승천 鳳雛墜地, 臥龍昇天

봉추(방통)는 땅에 떨어지고, 와룡(공명)은 승천한다는 말이 있다.

일찍이 수경 선생 사마휘는 와룡과 봉추 중 하나만 얻어도 천하를 경영할 수 있다고 하였다. 그러나 유비는 두 명의 책사를 모두 얻고도 천하 통일의 꿈을 이루지 못했다. 그 원인 중의 하나가 방통의 요절에 있었다.

이렇게 유능한 방통이 좀처럼 남들의 주목을 받지 못하였던 원인은 바로 못생긴 얼굴과 나쁜 인상 때문이었다. 노숙이 그의 재능을 일찍부터 알아보고 손권에게 추천하였으나 손권은 별 반응을 보이지 않았다. 이에 노숙은 혹시 방통이 조조에게로 가버릴까 우려하여 유비에게 추천하였지만, 유비도 그의 외모를 보고 겨우 뇌양현의 현령으로 임명하였다.

어느 날 장비가 그의 탁월한 재능을 알아보면서 주목받기 시작하였다. 그 후 방통이 뛰어난 책략가로서 두각을 나타내기 시작한 것은 바로 유비가 서천으로 진출하면서부터이다. 그러나 그는 낙성으로 진격하던 중 낙

불운의 참모 방통

봉파落鳳坡에서 장임의 매복에 걸려 화살을 맞고 사망하였다. 사실 방통은 제갈량에 대한 열등감 때문에 하루빨리 전공을 세우려는 조급한 마음이 앞섰다. 그리하여 매사를 너무 서두르다가 겨우 36살 나이로 요절한 것이다. 이처럼 방통은 제갈량과 쌍벽을 이루는 전략전술가였으나 제대로 승천하지도 못하고 땅에 떨어진 비운의 참모로 남게 되었다.

주군을 잘못 선택한 진궁陳宮

진궁은 조조가 동탁을 암살하려다가 실패하고 도망칠 때 만났던 인물이다.

처음에는 조조와 의기투합하여 함께 거사를 도모하였으나 조조가 아버지 친구 여백사와 그의 식솔을 모두 죽이는 비정함을 목격하고는 조조를 포기하고 홀로서기에 나섰던 인물이다. 이처럼 진궁은 강직하고 기품이 있는 인물로 장래가 촉망되는 참모였다.

그러나 진궁은 하필 여포와 의기투합하는 잘못된 선택을 하면서 인생이 꼬이기 시작하였다. 그는 여포를 도와 유비의 서주를 빼앗고 또 조조와는 연주와 서주를 놓고 오랫동안 혈전을 벌이다가 마침내 조조에게 붙잡히는 신세가 되었다. 진궁이 조조에게 생포된 원인은 바로, 주군인 여포와의 불화에 있었다.

조조는 여포를 바로 참수하였지만, 진궁에게는 옛정을 생각하여 귀화를 권하였다. 그러나 진궁은 이를 거절하고 깨끗하게 죽음의 길을 택하였다. 진궁을 참수한 조조는 안타까움에 눈물을 흘리며 진궁의 가족을 끝까지 보살펴 주는 인정을 베풀었다.

주군을 잘못 만난 전풍田豊

전풍은 처음에 한복을 섬기다가 원소의 참모가 된 인재였다.

그는 어려서부터 박학다식하고 뛰어난 계략으로 명성이 높았던 참모였다. 사실 조조에 앞서 한 헌제를 끼고 국정을 운영하자고 원소에게 진언하였던 인물이 바로 전풍이었다.

또 전풍은 원소에게 조조의 후방을 급습하자고 계책을 올렸으나 우유부단한 원소는 아들의 병을 핑계로 이마저도 거부하여 절호의 기회를 놓쳤다. 전풍은 이를 애석해하면서 원소의 무능함을 한탄하였다. 이처럼 전풍은 결정적인 계책을 올렸으나 번번이 거부되자 크게 낙담하였다. 급기

주군을 잘못 만난 전풍

야 입바른 소리로 원소의 심기를 건드려 옥에 갇히는 신세가 되었다.

전풍의 계책을 무시하고 출전한 원소는 결국에는 조조와 싸우다가 관도대전에서 대패하였다. 원소가 패하고 돌아오자, 전풍은 스스로 "원소가 이겼다면 나를 살려두었겠지만 졌으니 홧김에 나를 죽일 것"이라고 예언하였다. 과연 그의 말대로 비극적인 최후를 맞이하였다.

사실 전풍의 계책대로 한 헌제를 모셔와 황제를 끼고 정치를 하였다면 원소의 위상은 크게 달라졌을 것이다. 또 전풍이 여러 차례 진언한 계책대로 조조 군을 급습하였다면 역사는 또 다른 방향으로 전개되었을 가능성도 있었다. 그러나 원소는 이를 무시하고 채택하지 않았다. 결국, 전풍은 주군을 잘못 만나 자신의 재능을 펼치지 못하고 쓸쓸하게 생을 마감하였다.

　세상에는 운이 좋은 사람이 있는가 하면, 운이 없는 사람도 있기 마련이다. 그런데 세상의 이치는 항상 운 좋은 사람보다는 운 없는 사람들이 더 많았다. 그러기에 수많은 참모 가운데는 꽃 한번 피워보지도 못하고 시들어버린 꽃들이 부지기수로 많은 것이기도 하다.
　이처럼 여러 참모 중에는 요절하여 일찍 세상을 등진 경우가 있는가 하면, 주군을 잘못 만나 능력을 펼치지도 못한 경우, 또 주군과의 대립으로 출세는커녕 목숨까지 잃은 참모들이 부지기수였다. 그 외에도 자신의 오만한 언행과 경거망동으로 스스로 신세를 망치는 경우도 허다하다.

　결론적으로 성공한 참모가 되기 위해서는 나 자신을 명확히 파악하고, 주군의 심리를 꿰뚫어 봐야 하며, 또 주군과의 충돌을 피해야 한다. 그리고 마음과 욕심을 비워야 하며, 항시 물러날 때를 알아야 한다. 이것이 바로 참모의 기본자세이다.
　또 이 시대가 요구하는 진정한 참모의 요건은 첫째가 뛰어난 지혜와 지략을 가지고 있어야 하며, 둘째는 미래를 바라보는 혜안을 가지고 비전을 제시해야 한다. 그리고 셋째는 뛰어난 위기관리 능력이 있어야 하며, 넷째는 기회포착 능력을 겸비해야 한다는 것이다. 그리고 참모가 항상 명심해야 할 점으로 절제된 언행과 겸손한 마음 그리고 부단한 자기관리만이 살아남을 수 있다는 사실을 가슴속 깊이 새겨야 한다.

4

장수의 삶과 죽음

장수의 유형과 삼국의 명장

장수란 군사를 거느리는 우두머리로 일반적으로 용장勇將과 지장智將 그리고 덕장德將으로 분류한다.

용장勇將이란?
강직함과 용감함을 겸비한 용맹한 장수를 의미한다.
어떠한 강적을 만나도 기세가 꺾이지 않고 항상 진두지휘하는 지휘관을 말한다. 상징적으로 용맹한 이미지가 특히 강조된 장수를 의미하는데, 이런 부류의 장수로는 여포·장비·황충·마초·하후돈·하후연·조인·방덕·태사자·서황·장합·장료·우금·악진 등 무수히 많다.

지장智將이란?
기묘한 전략과 전술을 마음대로 응용할 줄 아는 지혜로운 장수를 말한다.

그렇다고 단순히 지혜로운 장수만을 의미하지는 않는다. 용기와 용맹이 전제되어 전략과 전술을 마음대로 펼칠 수 있는 장수가 바로 지장이다. 특히 어떠한 위기에서도 지혜를 발휘하여 승리로 이끌며 매사에 공평무사와 신상필벌을 잘하는 장수를 의미한다. 지장에 해당하는 장수로는 조자룡·장합·여몽·강유·등애 등을 꼽을 수 있다.

덕장德將이란?

용기와 지혜와 인덕을 갖춘 장수를 덕장이라 한다.

일반적으로 힘을 이용하여 승리하는 장수를 용장이라 하고, 두뇌를 이용하여 승리하는 장수는 지장이라 하며, 가슴을 이용하여 승리하는 장수를 덕장이라 한다. 즉, 전투에서 무력武力으로 승리하는 장수는 용장이며, 지략智略으로 승리하는 장수는 지장이고, 덕망德望으로 승리하는 장수는 덕장이라는 의미이다. 덕장의 대표적인 인물로 문무를 겸비한 관우를 꼽는다.

먼저 삼국 각국의 유명한 장수들을 살펴보면 다음과 같다.

또 그들은 자신의 처신에 따라 충신이 되기도 하고 역신이 되기도 하였다.

나라 명	장수 명
위나라	조인·조진·하후돈·하후연·허저·방덕·서황·악진·우금·이전·장합·장료·전위·조창·조홍·조휴·손례·전예·가규·등애 등
촉나라	관우·장비·조운·마초·황충·강유·유봉·관평·관흥·장포·뇌동·마대·주창·엄안·왕평·요화·위연·이엄·황권·장익·하후패 등
오나라	태사자·여몽·감녕·능통·반장·서성·육항·정보·정봉·주태·한당·황개·마충·미방·장흠·전종·제갈정·주연·주환·진무 등

와석종신臥席終身한 용장 조인曹仁

와석종신臥席終身이란?

제 수명대로 천수를 다하고 편안히 이부자리에 누워서 죽는 사람을 의미한다. 특히 일반적으로 전쟁터에서 최후를 다하는 군인에게 있어서 와석종신은 매우 명예로운 죽음을 의미하는데 바로 조인이 그러한 장수였다.

조인은 조조의 핵심이 되는 장수로 원술·도겸·여포·주유·마초 등을 무찌르며 명성을 떨쳤던 최고의 용장이다. 젊은 시절에 조인은 성격이 거칠고 난폭한 인물이었다고 한다. 그 후 조조의 휘하로 들어오면서 조조에게 충고를 들은 후에는 마음을 잡고 개과천선한 장수로 알려져 있다.

와석종신의 복을 누린 조인

第13講 영웅호걸英雄豪傑의 삶과 죽음 363

조인은 조조의 휘하에서 수많은 전공을 세웠을 뿐만 아니라, 또 솔선수범으로 수많은 사람의 존경과 신임을 받으며 그야말로 위나라 장수의 본보기가 되었다고 한다. 그는 조조 사후에도 조비의 두터운 신임을 받으며 대장군과 대사마까지 올라가며 출세 가도를 달렸다.

후대에 《위서魏書》의 편찬에 참여했던 부현은 위나라에서 가장 용감했던 장수로 조인이 으뜸이고 그다음이 장료라고 꼽을 정도로 대단한 장수였다. 이처럼 조인은 와석종신으로 천수를 다하며 매우 명예롭게 죽음을 맞이하였다. 죽어서는 충후忠侯라는 시호가 내려졌다.

자신의 눈알을 집어삼킨 하후돈夏侯惇

하후돈은 한나라의 개국공신 하후영의 후손으로 조조 휘하의 장수이다.

조조의 친인척 장수 4인방인 조인·조홍·하후돈·하후연 중 한 사람으로 특히 조인과 더불어 조조 군의 대표적인 명장이다.

하후돈은 어려서부터 의협심과 용기로 이름을 떨쳤던 인물이다. 조조의 휘하에 들어와 수많은 전공을 세웠으며 특히 하북 평정 때에 전공을 세워 복파장군으로 승진하였다. 그 후에도 조조의 깊은 신임을 받으며 탄탄대로를 걸었던 장수이다. 급기야 조비가 위나라 왕이 된 뒤 후에는 대장군으로 임명되었다. 하후돈은 평생 큰 욕심을 버리고 청렴하고 검소하게 살았으며 한평생 조조와 조비의 창업을 도왔던 충신이다.

특히 하후돈은 여포를 토벌하다가 여포의 부하 조성이 쏜 화살이 왼쪽 눈에 꽂히자, 그는 "내 몸은 아버지의 정기와 어머니의 피로 만들어졌으므로 아무것도 버릴 것이 없다."父精母血, 不可棄也라고 하며 자신의 눈알을 집어삼킨 것으로 유명하다. 그리고는 적장 조성을 끝까지 추격해 죽인 장

자신의 눈알을 집어삼킨 하후돈

본인이 바로 하후돈이다. 후대에 이 일화로 더 높은 명성을 얻었으며 용맹의 아이콘이 되었다.

우는 아이 울음도 그치게 한 장료張遼

장료는 정원과 하진을 거쳐 동탁과 여포를 주군으로 모셨던 장수이다.
 여포가 조조에게 토벌당하자 마침내 조조의 휘하로 들어왔다. 장료는 조조에게 귀순하면서부터 맹장으로서의 맹위를 떨치기 시작하였다.
 특히 관도대전과 백랑산 전투 등에서 상당한 전공을 세우며 맹장의 면모를 드러냈다. 또 진란과 매성이 반기를 들자, 그는 험난한 산세를 무릅쓰고 산속 깊숙이 진격하여 반군을 소탕하는 용맹으로 인하여 조조의 절대적 신임을 얻게 되었다. 그를 최고의 맹장으로 올려놓은 전투가 바로 합비전투이다.

합비전투에서 손권의 10만 대군을 맞이한 장료는 오직 7천의 군사로 기습하여 손권 군의 예봉을 꺾고 대승을 이끌었다. 급기야 손권의 지휘 막사까지 돌진하여 손권의 간담을 서늘하게 하였다. 그리하여 오나라에서는 "울던 아이도 장료가 온다는 소리에 울음을 그친다."라는 속담까지 생겨날 정도로 혁혁한 전공을 세웠다.

또 조조가 한 헌제에게 표를 올릴 때, "악진은 선봉대장으로 적진에 나아가 적장의 목을 베는 장수이고, 우금은 지모와 지략을 겸비해 군을 잘 통솔하는 장수이며, 장료는 문무를 겸비한 장수로 전투에서 패배를 모르는 용감한 장수입니다."라고 언급된 장수이기도 하다.

후일 유비가 촉나라를 창업하여 삼국이 정립되었을 당시 대촉對蜀 전선의 수장이 장합이고, 대오對吳 전선의 수장이 바로 장료였다. 그러나 장료는 오나라 친정에 실패하고 퇴각하는 조비를 호위하다가 정봉丁奉의 화살에 맞아 죽은 아까운 용장이었다.

유비와 제갈량도 경계한 명장 장합張郃

장합은 한복의 휘하에 있다가 원소를 주군으로 섬긴 장수이다. 관도대전 이후에는 조조에 귀순하였는데, 귀순한 장합을 두고 조조는 "한신이 드디어 한나라로 들어왔다."라고 하며 크게 기뻐하였다고 한다. 그 후 그는 여러 전투에서 선봉을 맡아 두각을 나타내며 수많은 전공을 세웠던 장수이다.

장합은 한중 쟁탈전에서 파동과 파서 일대를 평정하였으며, 유비의 야습에 대항해서도 전혀 굴하지 않고 활약을 펼치는 바람에 유비는 하후연보다도 장합을 더욱 두려워하였다고 한다.

하후연이 촉나라 황충에게 죽자, 위나라 군대는 대혼란에 빠지게 되었다. 그때 곽회가 나타나 "본래 장합은 적군인 유비도 두려워하는 명장입니다. 장합이 없으면 이 난국을 타개하기 어렵습니다."라고 상주하여 장합이 총대장이 되었다. 결국, 장합이 출중한 리더십을 발휘하여 위나라 군대는 위기에서 벗어날 수 있었다.

이처럼 장합은 용맹한 장수이면서 통솔력도 출중하였고 또 지형지물을 이용한 전략 전술에 일가견이 있었다고 한다. 그는 대자연의 변화나 상황 등을 잘 이용하고 주변 여건을 잘 활용하는 지략가이기에 제갈량도 늘 경계를 하였다고 한다.

특히 가정전투에서 촉나라의 선봉장인 마속이 산 정상에 포진하는 착오를 범하자, 장합은 재빨리 산을 포위하여 식수를 끊고 화공으로 대응하는 민첩함을 보였다. 결국, 이 전투로 촉나라는 치명타를 입고 철수할 수밖에 없었다.

또 231년 제갈량이 군대를 이끌고 기산으로 출병했다가 다시 철수할 때, 이 정보를 접한 사마의는 장합에게 무리한 추격 명령을 내렸다. 장합은 무리한 추격을 반대하였으나 상관의 명령을 거절하지 못하고 추격하다가 결국 복병의 기습공격으로 사망하였다. 황제 조예는 장합의 죽음을 크게 애도하며 장후壯侯라는 시호를 하사하였다.

양다리를 걸치다 역신이 된 맹달孟達

맹달은 익주 유장의 장수였다. 장송이 유장에게 유비와 결탁하여 한중을 취하자고 건의할 때, 맹달은 법정 등과 함께 주군 유장을 배신하고 유비에게 귀순하였다. 그 후 유비는 맹달을 높이 평가해 의성태수에 임명하였다. 후에 맹달은 수많은 전공을 세우며 승진을 거듭하였다.

그러나 그는 유봉과 사이가 틀어지면서 더 큰 문제를 야기시켰다. 즉, 관우가 형주에서 여몽의 공격을 받고 위험에 빠져있을 때도 그는 원군을 보내지 않았다. 결국, 관우가 여몽에게 대패하여 죽게 되자, 유비의 분노는 극에 달하였다. 이때 맹달은 관우를 구원하지 않은 죄로 추궁당할까 두려워 위나라로 투항하였다.

이때 사마의가 맹달은 충성심이 없는 위인이라 중용을 반대하였으나 조비는 맹달의 재능을 좋아하여 중용하였다. 그 후 맹달은 위나라 장수가 되어서도 많은 전공을 세웠다. 조비 역시 맹달을 매우 총애하고 신임하였다.

그러나 조비가 죽고 조예가 즉위하자, 조예는 맹달을 그다지 신임하지 않았다. 그러자 맹달은 다시 불안해지기 시작하였다. 그때 제갈량이 북벌을 준비한다는 소식을 듣고, 맹달은 은밀히 제갈량과 내통하며 다시 모반을 준비하였다. 그러나 불행하게 평소 맹달과 사이가 좋지 않았던 위흥태수 신의가 그 사실을 알아채고 사마의에게 보고하였다. 이 사실을 보고받은 사마의는 신속하게 맹달을 진압하려 출병하였다. 갑자기 사마의 대군이 밀어닥치자, 맹달은 제대로 대응 한번 못하고 그대로 무너졌다. 이렇게 맹달은 거듭된 배신으로 위나라는 물론 촉나라 어디에서도 환영받지 못하는 역신으로 남게 되었다.

관우를 죽인 불경죄로 고통받는 여몽 呂蒙

여몽은 처음에 손책의 수하였으나 손책이 죽은 후 손권을 섬겼던 장수이다. 여몽은 용맹한 장수로 수많은 전투에서 전공을 세우며 두각을 나타내기 시작하였다. 그러나 여몽은 빈천한 집안 출신이라서 출중한 무예와는 달리 학식이 크게 부족하였다. 어느 날 손권이 여몽에게 "사람이 큰일을 하려면 학문을 알아야 한다."라고 하자, 여몽은 크게 각성하여 학문에 정진하였다. 여몽의 학문의 발전속도가 얼마나 빨랐던지 노숙마저 혀를 내두를 정도였다.

여기에서 나온 고사성어가 바로 "오하아몽吳下阿蒙"과 "괄목상대刮目相對"이다. 오하아몽은 "오나라의 바보 여몽"이라는 뜻으로 학문하기 이전의 무식한 여몽을 일컫는 것이고, 괄목상대는 유식해진 여몽을 일컫는 말로 지금도 종종 사용하는 고사성어가 되었다.

얼마 후 노숙이 죽자, 여몽이 후계자로 지목되어 대도독이 되었다. 병권을 맡은 손권과 여몽은 위나라를 정벌하기 위해서는 촉나라가 장악하고 있는 형주를 빼앗아야 한다는 결론을 내고 은밀히 관우를 치기 위한 준비에 들어간다.

여몽은 우선 형주를 지키고 있는 관우를 제거하기 위해서, 관우를 방심하게 만드는 전략을 전개하였다. 즉, 후임으로 서생 스타일의 육손을 임명하여 관우를 안심시키고 급기야 방심하게 만든 다음, 은밀히 촉나라의 남군 태수와 내통하여 관우의 뒤통수를 치는 계략이었다.

이 작전은 유효하여 잠시 자만에 빠져있던 관우가 황급히 사태를 수습하려 할 때는 이미 퇴로가 끊긴 속수무책 상태였다. 여몽이 친 덫에 관우가 제대로 걸려 들은 상황이 되었다. 이로써 여몽은 천하무적의 관우를 잡고 형주를 되찾은 전공을 세우며 그의 명성은 만천하를 진동시켰다. 그러나 얼마 후 여몽은 관우의 망령이 나타나 혼절하다가 병사하였는데 그때 나이 향년 42세였다.

이처럼 여몽은 지략과 용병술이 출중한 장수임에도 불구하고, 후대에 그에 대한 평가는 의외로 인색한 편이다. 여기에는 중국 최고의 명장 관우를 죽인 불경죄도 한몫하였다.

第 14 講

【에필로그 Epilogue】

천하대세란
분열이 오래되면
반드시 통합되고,
통합이 오래되면
반드시 분열되기 마련이다
(分久必合, 合久必分)

1

삼국지 영웅에게
리더의 길을 묻다

《삼국지》에는 주요 등장인물만 400여 명이 넘지만, 그중 주연급 영웅호걸만도 100여 명이나 된다. 이러한 영웅호걸들 가운데는 승천하여 스타가 되는 영웅도 있지만, 물거품처럼 사라진 호걸들도 있었다. 그러나 그들의 성공과 실패 뒤에는 그들이 남기고 간 흔적이 있었다. 그 흔적은 이제 교훈으로 남아, 지금 우리는 그 영웅의 삶과 지혜를 배우고 있다.

특히 삼국 영웅들의 리더십은 1,800여 년이 지난 지금까지 독자들의 마음을 훔치며 우리에게 삶의 지혜와 용기 그리고 다양한 도전정신을 가르쳐준다. 조조를 통하여 포용과 화통의 리더십을 배우고, 유비를 통하여 감성과 의리의 리더십을, 그리고 손권을 통하여 인화와 배려의 리더십을 배울 수 있다.

그 외에도 필자는《삼국지》의 영웅들을 통하여, 현대를 살아가는 리더가 꼭 갖춰야 할 필수조건으로 10가지를 뽑아 보았다.

그것은 바로 (1) 인간미, (2) 카리스마적 추진력, (3) 관인대도의 포용력, (4) 겸허한 처세술, (5) 기회포착 능력, (6) 위기관리 능력, (7) 자기관리 능력, (8) 용인술, (9) 책임감, (10) 미래 비전 등이다.

훌륭한 리더가 갖춰야 할 10가지 조건

훌륭한 리더로 성공하고자 하는 사람은 반드시 다음의 10가지 조건을 갖춰야 한다.

(1) 인간미: 유비처럼 사람을 끌어당기는 인간적인 매력이 있어야 하고, 조조처럼 사람을 울리고 웃기는 쇼맨십이 있어야 하며, 손권처럼 사람을 감싸며 포용하는 인간미가 있어야 한다.

(2) 카리스마적 추진력: 조조처럼 카리스마적 리더십과 강력한 추진력으로 밀어붙이는 힘이 있어야 한다.

(3) 관인대도의 포용력: 백성을 근본으로 삼는 유비의 관인대도한 정신, 그리고 인재에 대한 아낌없는 사랑과 원수조차 끌어안는 포용력을 가진 조조가 그 대표적인 표본이다.

(4) 겸허한 처세술: 비록 수없이 많은 주군을 섬긴 철새형 참모 가후이지만 항상 겸허하고 절제하는 처세로 천수와 부귀영화를 누렸다.

(5) 기회포착 능력: 조조는 관도대전에서 원소의 식량창고 오소를 급습하며 대세를 전환하는 절호의 기회를 포착하였고, 황제를 끼고 중원을 장악하는 최고의 기회포착 능력을 보였다.

(6) 위기관리 능력: 전투 중 식량이 떨어지자, 군량 담당 책임자를 희생양으로 삼아 위기를 돌파하였고, 또 행군 중 물이 떨어지자 "저 산을 넘으면 매실 밭이 있다."라고 행군을 독려하며 위기를 탈출한 조조에게서 최고의 위기관리 능력을 배울 수 있다.

(7) 자기관리 능력: 제갈량은 항상 계획성과 성실성을 가지고 자기관리를 하였다. 치밀한 계획이 있었기에 실수가 별로 없었다. 간혹 작은 실수가 있으면 바로 분석하여 반복되는 우를 범하지 않으며 끊임없이 자기관리를 하였다.

(8) 용인술: 인재를 활용하는 방법과 인재 양성이 핵심이다. 빈천불문과 청탁불문 그리고 적재적소에 인재를 기용하는 조조와 그리고 끊임없이 최고의 인재를 양성하는 손권의 능력이 대표적이다.

(9) 책임감: 유비의 식솔까지 책임지며 지켜내는 관우의 책임감과 그리고 진태의 실수를 자기의 책임으로 돌리며 책임을 감수한 사마염이 대표적이다.

(10) 미래 비전: 천하 삼분지계를 제시한 제갈량처럼 미래를 바라보는 혜안을 가지고 미래에 대한 비전을 제시할 줄 알아야 한다.

리더십에 대한 모범적인 케이스 하나를 더 소개하면 다음과 같다.
경희대학교 전 학원장을 지내신 고 조영식 이사장의 일화이다.
S교수의 연구실은 항상 많은 교수가 차를 마시려 들리는 사랑방이었다. 그 연구실에서는 종종 교수들이 모여 학교의 행정이나 정책에 대하여 비판하거나 불평불만 등을 토로하였다. 그러던 어느 날 모모 교수가 이러

한 사실을 학원장에게 고해바쳤다. 사실을 보고받은 학원장은 그 교수를 은밀히 호출하여 "S교수는 연구는 안하고, 연구실에 모여 학교의 불평불만만 한다지?..." 라고 하였다. 학원장에 불의의 일격을 당한 S교수는 기겁하여, 구차한 변명만 잔뜩 늘어놓고 나왔다고 한다.

그 후 몇 개월 지나 학원장은 S교수를 다시 호출하였다. S교수가 잔뜩 겁을 먹고 들어가자, 학원장은 "학교에 불평불만만 하지 말고 자네가 직접 앞장서서 문제점을 개선해 보게."라고 하며 S교수에게 학생처장의 보직을 주었다. 그 후 S교수는 약 4년여간 헌신적으로 직무를 수행하며 학원장의 두터운 신임을 받았다는 일화가 있다.

이처럼 내 편이 아닌 상대를 포용으로 끌어들여 내 사람으로 활용하는 것은 놀라운 용병술이고 훌륭한 리더십이다. 즉, 이것이 바로 부드러움으로 강함을 제압한다는 '이유극강'以柔克强의 리더십이라 할 수 있다.

샐러리맨이 명심해야 할 5가지 필수조건

요즘은 평생직장이란 말이 거의 사라져가고 있다.
부단한 노력으로 자신의 스펙을 쌓은 후, 능력에 따라 이 직장 저 직장으로 이직하며 몸값을 올리는 것이 일반화되었기 때문이다. 그러나 개중에는 직장에서 대인관계의 미숙이나 어리석은 처신으로 실직되거나 밀려나는 케이스도 상당하다. 어찌 보면 샐러리맨의 비애이기도 하다. 현대사회를 살아가는 샐러리맨에게 꼭 명심해야 할 필수요건 5가지를 소개하고자 한다.

첫째: 너 자신을 알라.
가후는 자신의 분수를 알고 겸손하였기에 부귀영화와 천수를 누렸지

만, 허유는 분수도 모르고 허풍을 떨다가 죽음을 자초하였다.

둘째: 오너의 심리를 명확히 파악하라.

곽가는 오너의 심리를 명확하게 파악하고 처신하였지만, 양수와 마속은 주군의 마음을 잘못 읽어 죽음을 초래하였다.

셋째: 오너와의 충돌을 피하라.

사마의는 조조와 조비와의 충돌을 피하려 납작 엎드려 처신하였으나, 우번과 공융은 입바른 소리를 남발하여 재앙을 자초하였다.

넷째: 마음과 욕심을 비우고 오너에게 모든 것을 주어라.

제갈량과 주유는 욕심을 버리고 충성을 다하였으나, 여포는 사사로운 욕심을 부려 대업을 망쳤다.

다섯째: 물러날 때를 알라.

순욱은 조조의 신임이 끊기자, 때를 알고 깨끗하게 자결하였으나, 우금과 맹달은 처신의 때를 알지 못하여 불명예를 자초하였다.

최근에 필자는 가슴으로 와 닿는 명언을 하나 발견하였다.

바로 "비울 줄 알아야 채울 수 있고, 버릴 줄 알아야 얻을 수 있다."라는 명언이다. '비우다'라는 것은 "마음을 비운다."라는 의미로 자신의 감정을 이성으로 제어할 수 있음을 말하며, '버리다'라는 것은 "욕심을 버린다."라는 의미로 마음을 비우고 욕심을 버리라는 의미이다. 비우고 또 버려야만 더 채우고 또 얻을 수 있기 때문이다.

《삼국지》에 나오는 수많은 영웅호걸의 삶과 죽음을 살펴보면 많은 아쉬움이 남기도 한다. 영웅호걸들의 운명을 결정지었던 대부분 원인은 바로 욕심에서 시작되었다. 그러기에 비워야 할 때는 비워야 새로운 것으로 채울 수 있고, 버려야 할 때는 버릴 줄도 알아야만 또 얻을 수 있는 것이기 때문이다.

필자는 ROTC 장교 출신이다.

3,600여 명의 임관 동기 중에 7명의 스타가 탄생하였다. 그런데 그 스타가 된 동기를 보고 깜짝 놀랐다. 동기들 대부분이 예상했던 장군감들은 대부분 중령이나 대령에서 끝났고, 예상하지 못했던 동기들이 스타를 단 것이다. 그 원인을 살펴보니 초반에 두각을 나타내던 동기들은 일찍부터 여러 경쟁자의 견제를 받으며 하차하였고, 오히려 조용히 자기관리에 충실하며 결정적 기회를 준비하였던 동기들이 스타가 되었다는 결론이다.

평생《삼국지》를 탐독하고 연구하면서 문득 깨달은 삶의 지혜가 하나 있다. 필자는 이것을 지금까지 나의 좌우명으로 삼고 있다.

초반에는 절대 나서지 말고 차분히 준비하라.
준비된 후에 기회다 싶으면 그때부터 전력투구하라.
일단 기회를 잡으면 끊임없이 자기관리에 철저해라.
항상 대의명분을 생각하고, 명분이 있는 일만 행하라.

이 4가지 중에서 가장 중요한 것은 바로 대의명분이다. 세상에는 대의명분이 없는 일에 집착하다가 신세를 망치는 경우가 허다하기 때문이다. 그러기에 현대를 살아가는 우리는 항상 미래를 보는 혜안을 가지고 지혜롭게 처신해야만 성공적인 삶을 보장받을 수 있는 것이다.

2

어떻게 살 것인가?

세상을 살아가는 방법은 사람마다 다양하지만 크게는 3가지로 분류된다.

나를 위해 살 것인가?
남을 위해 살 것인가?
아니면 더불어 살 것인가?

소설《삼국지》의 내용을 분석해 보면 "차라리 내가 세상을 버릴지언정 세상이 나를 버리게 하진 하겠다."寧敎我負天下人, 休敎天下人負我 라고 한 조조는 인생을 오직 자신을 위주로 살겠다는 의미이고, "대업을 준비하는 자는 항상 백성을 근본으로 삼아야 한다."擧大事者, 必以人爲本 라고 한 유비는 남을 위해 살겠다는 의미가 듬뿍 묻어나 있다. 또 평생 인화와 단결을 제창하며 살다 간 손권에게서는 더불어 살겠다는 의지를 발견할 수 있다.

어떻게 처신할 것인가?

처세술이란?
인간의 사회생활 속에서 남과 더불어 가장 효율적이고 인간답게 살아가는 방법론을 배우는 것이 곧 처세술이다. 사람들과 더불어 살아가는 방법을 배우는 것이기에 어찌 보면 인성교육처럼 매우 중요한 분야이기도 하다. 왜냐하면, 어떤 처신을 하였는가에 따라 삶의 질과 성패가 바뀌고 또 결정되기 때문이다. 특히 개인주의와 이기주의가 만연하는 현대사회에서 처세술이야말로 가장 필요한 인생의 교과서이기 때문이다.

일반적으로 처세술이라 하면 긍정적 이미지보다는 부정적 이미지가 더 강하다. 왜냐하면, "처세술에 밝다."라고 하면 선입관에서 아부를 잘하거나, 눈치 빠르게 행동하여 윗사람의 환심을 산다거나, 혹은 손바닥을 잘 비비어 출세하는 아부꾼을 연상시키기 때문이다. 그러기에 처세술이란 개념정리부터 다시 해야 할 필요가 있다.

노자老子는 난세의 처세술에 대하여 이렇게 말하였다. "자기 몸을 위태롭게 하는 자는 남의 잘못을 발설하는 자요, 남의 신하로 있는 자는 자기를 내세우지 않아야 한다."라고 하였다. 이 말의 의미는 경솔하게 남의 잘못을 공격하여 원수를 만들지 말아야 하며, 신하 된 자는 매사에 자기의 공로를 내세우지 말고 겸손해야 한다는 뜻이다. 그러기에 노자는 '상선약수'上善若水라는 최상의 처세술을 제시하였는데 의미는 "최상의 선은 물과 같은 것이다."라는 뜻이다. "물은 세상 만물에게 이로움을 주지만 결코 다투는 일이 없고, 사람들이 싫어하는 낮은 곳에만 항상 머무른다. 그러므로 물이야말로 도에 가장 가깝다."上善若水. 水善利萬物而不爭, 處衆人之所惡. 故幾於道.라고 하는 불후의 명언을 남겼다.

우리는 주변에서 인기 절정의 연예인이나 천재적 재능을 가진 운동선수가 갑자기 이상한 언행이나 기이한 처신으로 인하여 꽃을 피워보지도 못하고 사라져 버리는 경우를 종종 본다. 모두가 인성교육과 자기 수양이 부족하기에 나타나는 현상들이다. 그러기에 올바른 인격 수양과 올바른 인성교육이 필요한 이유가 바로 여기에 있는 것이다. 이것이 바로 우리가 인문학을 해야만 하는 이유이기도 하다.

"순간의 선택이 영원을 좌우한다."라는 말이 있다. 방덕과 우금이라는 장수의 처세를 살펴보면 그 답이 나온다. 그들은 순간의 처신으로 인하여 충신과 역신의 승패를 갈랐기 때문이다.

관우가 형주 일대를 점령하고 양양의 번성을 포위하자, 조인은 위기에 빠지게 된다. 이때 조조는 급히 총대장을 우금으로 하고 선봉장을 방덕으로 삼아 구원군을 급파하려고 하였다. 그러나 조조 주변의 참모들은 방덕의 충성심을 의심하여 출전에 반대하였다. 그러자 방덕은 자신이 죽으면 넣을 관을 메어 들어와 충성을 맹세하며 출전을 간청하였다. 이 용기에 감동한 조조는 흔쾌히 그를 선봉장으로 파견하였다.

우금과 방덕은 조인과 합류하며 연합전선을 구축하였다. 방덕은 번성 북쪽에 주둔하였으나 계속된 비로 인하여 한수가 범람하여 번성이 수몰되었다. 방덕은 관우가 수공으로 공격할 가능성에 대비하여 우금에게 대피할 것을 권하였으나 우금이 이를 무시하는 바람에 사태는 점점 악화되었다. 이때 정말 관우가 배를 타고 공격해 오는 바람에 결국, 두 장수는 싸움 한번 제대로 하지도 못하고 포로가 되었다. 관우는 방덕에게 항복을 권하였으나 방덕은 이를 거부하고 깨끗한 죽음을 선택하였다. 관우는 그가 가지고 온 관에 그의 시신을 담아 조조에게 보내주었다.

그러나 우금은 방덕과 정반대의 처신을 하였다.

우금은 용맹하고 영민하여 조조에게 두터운 신임을 받았던 장수였다. 특히 장수張繡의 반란 때에는 우금의 반격으로 조조가 승리하는 데 결정적인 전공을 세운 맹장이다. 또 관도대전에서도 우금은 반란군 매성과 진

관우에게 생포된 우금과 방덕

란을 진압하는 등 용맹을 떨쳐 좌장군에 오른 명장 중의 명장이다. 이러한 저력으로 조조는 번성의 지원군으로 총대장을 우금으로 삼고 선봉에는 방덕으로 구원군을 보낸 것이다.

방덕과 함께 포로가 된 우금은 방덕과 전혀 다른 길을 택하였다. 방덕은 당당한 죽음을 택하였지만, 우금은 살고자 하는 욕심이 강해 관우에게 투항한 것이다. 우금의 투항 소식을 전해 들은 조조는 "내가 우금을 안 지 30년이 지났지만, 그가 방덕보다도 못한 인간일 줄은 어찌 짐작이나 했겠는가!"라며 탄식하였다고 한다.

그러나 여몽의 기습으로 관우가 죽고 손권이 형주를 점령하자, 우금은 다시 손권에게 인계되었다. 촉나라의 포로에서 오나라의 포로로 전락한 우금은 오나라에서 온갖 수모와 모욕을 당하며 살았다. 그 후 위나라의 조조가 죽고 조비가 즉위한 다음 해에 손권은 위나라와 외교적 조약을 맺으며 우호적 차원에서 우금을 다시 위나라로 보내주었다.

위나라에 돌아온 우금은 조비를 접견하며 또한번의 곤욕을 치러야 했다. 조비는 한심한 우금에게 먼저 조조의 무덤에 가서 속죄하라고 보냈다. 그런데 조조의 무덤에는 방덕이 관우와의 전투에서 분노하는 모습과 우금이 관우에게 항복하는 벽화가 그려져 있었다. 이를 본 우금은 충격을 받아 화병으로 급사하였다.

이처럼 동시대를 살았던 두 장수의 최후는 순간의 처세에 따라서 극명하게 달랐다. 사람의 처세가 얼마나 중요한지를 보여주는 한 단면이기도 하다. 그러기에 우리가 인문학을 강조하는 이유가 여기에 있는 것이기도 하다.

처세술이란 무엇인가?

《삼국지》에는 독특한 삶을 살다 간 인물이 하나 있다. 그가 바로 가후이다.

가후는 시대를 보는 정확한 판단력과 겸허한 처신으로 당시 77세라는 천수를 다하였고, 또 부귀와 영화까지 누리며 살다 간 인물이다. 그가 죽는 날까지 평탄하게 살다 간 배경에는 바로 탁월한 처세술이 있었기 때문이다.

가후는 본래 동탁의 부하이며 사위였던 우보의 참모였다. 잘나가던 동탁이 여포에게 죽자, 그는 이각과 곽사의 참모로 들어갔다. 그러나 이각과 곽사가 포악무도해지자, 다시 동향 출신인 단외의 참모가 되었다. 처음에 단외는 가후를 매우 신임하였으나 가후의 범상치 않은 지략과 지모

처세술의 달인 가후

에 점차 그가 두려워 거리를 두기 시작하였다. 그러자 가후는 다시 장수라는 인물의 휘하로 들어갔다.

얼마 후 정치적으로 궁지에 몰린 장수는 원소에게 귀순하려고 하였다. 이때 가후는 "원소는 세력은 강하나 그릇이 작아 우리를 포용하지 않을 것이며, 조조는 현재 세력이 약하나 천자를 받들고 또 인재를 좋아하므로 우리를 중용할 것"이라며 조조에게 투항하자고 하였다. 이렇게 가후는 조조에 귀순하였다. 이처럼 가후는 5번이나 주군을 바꾼 그야말로 철새 정치인이다.

이렇게 조조의 참모가 된 가후는 그 후 수많은 계책으로 혁혁한 전공을 세우며 조조의 두터운 신임을 받았다. 특히 관도대전에서의 전공은 물론 서량전투에서도 마초와 한수 사이를 이간책으로 제압하는 등 수많은 전공을 세우며 출세 가도를 달렸다.

그러나 가후는 벼슬이 올라갈수록 주변의 사람들이 자신에게 시기와 경계심을 품지 않도록 항상 겸손하고 겸허한 처신을 하였다. 사사로운 로비나 교류를 자제하였으며 또 부당한 이권에 개입하지 않았다. 심지어는 자녀들의 혼인 상대도 명문가 출신을 고르지 않고 분수에 맞는 상대를 고르는 신중함을 보이기도 하였다. 이처럼 가후는 철저히 몸을 낮추며 신중하고 또 겸손하게 처신하였다. 이러한 결과 누구도 그를 견제하거나 탄핵하는 사람이 없었다.

조조가 죽고 그의 아들 조비가 즉위해서도 가후는 계속해서 부귀영화를 누렸다. 그는 77세라는 천수를 누렸으며 죽어서는 숙후肅侯라는 시호까지 받았다.

현대적 관점에서 보면, 가후는 전형적인 철새형 정치가이다. 그러함에도 불구하고 그는 부귀영화와 천수를 누렸다. 이러한 원동력은 바로 처세술에 있었다. 그러기에 1,800년 전에 살았던 가후라는 한 인물의 처세술을 살펴보면서 21세기를 살아가고 있는 우리는 "어떻게 살 것인가?" 하는 문제를 되새겨 볼 필요가 있다.

어떻게 살 것인가?

시대가 급변하여 이제 100세 시대를 맞이하고 있다.
우리가 사는 한평생의 인생을 살펴보면 크게는 3등분을 할 수 있다. 즉, 1라운드 성장기, 2라운드 개화기, 그리고 3라운드 결실기로 나눌 수 있다.

인생의 1라운드는 바로 성장기이다.

이 시기는 태어나서 대략 30살까지를 말한다. 성장기는 두 발을 딛고 일어나 배우고 또 결혼하여 부모의 둥지에서 이소하는 시기까지이다. 그러기에 이 시기는 자신의 팔자로 살기보다는 부모의 팔자에 따라 그 후광을 업고 행복과 불행이 결정되는 시기이기도 하다. 금수저와 은수저 등으로 분류되어 이것에 영향을 많이 받는 시기이기도 하다.

인생의 2라운드는 개화기를 말한다.

이 시기는 대략 30살부터 60살까지를 말한다. 이때부터는 본격적인 자기의 운명과 팔자대로 살아가는 시기이다. 즉, 자기의 능력에 따라 혹은 자신의 노력에 따라 빈부와 귀천이 정해지며 삶의 질이 결정되기도 한다. 자신의 능력과 노력의 여부에 따라 부모로부터 받은 금수저와 은수저의 약발이 떨어지는 경우도 비일비재하다.

인생의 3라운드는 바로 결실기이다.

이 시기는 대략 60살 이후부터 90여 살까지를 말한다. 이 시기는 인생 2라운드 개화기의 여파가 이어지는 경우가 많다. 많은 꽃을 피우고 풍성한 수확을 한 사람과 그렇지 못한 사람과의 차이는 천양지차이다.

한편 이 시기는 결실의 결과와 상관없이 먼 길을 떠날 준비를 해야 하는 시기이다. 다시 말해, 인생의 마무리를 해야 하는 시기이기 때문이다. 그러기에 우리는 어떻게 살 것이며, 또 어떻게 죽을 것인가를 심도 있게 고민해야 하는 시기이기도 하다.

여기에서 필자는 심금을 울리는 이야기 하나를 소개하고자 한다.

바로 95살에 쓴 호서대 강석규 총장의 참회록이다.

그는 대학교수의 길을 걸으며 말년에는 총장까지 하다가 65세에 명예롭게 정년퇴직을 한 교육자이다. 그는 지나간 65년의 삶을 돌아보며 행복했고 흡족하여, 나머지 인생은 그냥 덤이라고 생각하며 별생각 없이 살았다고 회고한다. 그렇게 10년 또 10년을 허송세월하다가 문득 30년이 지난 95살이 되어서야 화들짝 놀라 후회의 참회록을 쓴 것이다.

"만일 내가 30년을 더 살 줄 알았다면 나는 결코 이렇게 무의미하게 여생을 살지 않았을 것이다. 너무 늦었다고 일찍 포기한 나의 잘못을 참회한다."라는 회한의 참회록이다. 그리고 그는 그때부터 평소 하고 싶었던 어학 공부 등을 다시 시작하며 열심히 살다가 103세에 타계하였다.

그가 95살에 참회록을 쓴 이유가 우리의 가슴을 또한번 뭉클하게 한다. 그 이유는…

"10년이 지난 105살에 내가 또 후회하지 않기 위해서…"

백 년 남짓한 짧은 인생을 살면서 성공적인 삶을 산다는 것은 그리 쉬운 일이 아니다. 하나의 목표를 가지고 일관된 삶을 산다는 것은 더더욱 어려운 일이다. 얼마 전에 타계한 김수환 추기경의 묘지명에는 "주님은 나의 목자 아쉬울 게 없도다."라고 되어 있다. 여기에서 "아쉬울 게 없도다."라는 문구가 필자의 가슴에 크게 와 닿는다. 한평생을 살면서 아쉬울 게 없이 살았으니 이 얼마나 멋진 인생이며 또 얼마나 행복한 삶이 아니던가!

독일의 철학자 임마누엘 칸트 역시 인생을 계획한 대로 치밀하게 살다 간 인물로 유명하다. 특히 마을 사람들이 그의 산책 시간을 보고 시계를 맞출 정도로 일관성 있고 또 알차게 인생을 살다 간 철학자로 알려져 있다. 또 칸트는 임종에 이르러서 자신의 인생을 회고하고는 '좋다'라는 마지막 한마디를 남기고 죽었다고 한다. 이 얼마나 만족스럽고 행복한 삶이 아니겠는가? 그야말로 신의 축복이라 할 수 있다.

그리하여 칸트를 일컬어 "많은 사람이 웃는 가운데 울면서 태어나, 많은 사람이 우는 가운데 웃으며 세상을 마친 사람"이라고 평가하였다. 사실 누구나 많은 사람이 웃는 가운데 울면서 태어나기에 절반의 성공은 할 수 있다. 하지만 많은 사람이 우는 가운데 웃으며 세상을 마치기란 그리 쉬운 일이 아니다. 그렇게 살려면 알차고 또 보람된 삶을 살아야만 한다.

 어느 날 필자는 아들에게 칸트에 대해 언급한 "많은 사람이 웃는 가운데 울면서 태어나, 많은 사람이 우는 가운데 웃으며 세상을 마친 사람이 여기에 잠들다."라는 문구를 나의 묘지명으로 하고 싶다고 하였다. 그러자 아들이 나에게 "아빠! 묘지명에 그렇게 쓰려면 실제로 그러한 인생을 살아야만 하는데, 그렇게 살 자신 있어요?"라고 되물었다. 갑자기 어려운 숙제를 하나 부여받은 느낌이었다.

 사실 요즘은 어떻게 사느냐도 중요하지만, 이제는 어떻게 죽느냐도 중요한 시대가 되었다. 그러기에 우리는 이처럼 일관된 인생을 살기 위하여 수많은 영웅의 삶과 죽음을 되돌아보고 또 그들의 삶과 죽음을 통하여 우리는 제대로 살고 있는지 다시 한번 성찰해 보아야 한다.

부록

|삼국지 문화상식|

1. 왜 삼국지인가?

"小不讀水滸(소부독수호), 老不看三國(노불간삼국)"

"어릴 때《수호전》을 읽게 해서는 안 되고, 늙어서《삼국지》를 보아서는 안 된다."라는 뜻이다. 이 말의 의미는 아직 인성과 수양이 완성되지 않은 젊은 나이에《수호전》과 같은 반정부 영웅소설을 읽으면 젊은 혈기에 역심이 발동하여 사고를 칠 수 있으며, 또 평온한 여생을 보내야 할 인생 말년에《삼국지》를 읽으면 공연한 영웅 심리가 발동되어 패가망신을 당하기 쉽다는 데서 기인한 말이다. 즉, 모두가 경거망동을 경계하여 만들어진 말이다.

이러한 경계의 말에도 불구하고《삼국지》와《수호전》은 여전히 수백 년간 중국은 물론 세상 사람들의 주목을 받으며 중국 4대 기서로서 지위를 굳건히 지키고 있다. 그 원인은 어디에 있었을까?

우리는 왜 《삼국지》에 열광하는가?

《삼국지》에는 기발한 발상과 지혜 그리고 곳곳에 재미가 숨어있어, 한 번 읽기 시작하면 좀처럼 책에서 손을 뗄 수 없는 매력을 가지고 있다. 이러한 이유에서 수백 년 동안 독자의 사랑을 받아온 원동력이 되었다.

또 《삼국지》는 흥미와 재미는 물론 많은 교훈과 상상력을 얻을 수 있는 소설이다. 그러기에 《삼국지》는 인문학적 갈증과 인성교육의 일환으로 응용된 〈인문학 특강〉 등의 다양한 강좌가 속출하는 것이다. 그리고 독자들의 애호와 관심은 최근 들어 연극과 영화는 물론 게임과 애니메이션 등 다방면의 문화콘텐츠로 활용범위가 확장되고 있다. 이는 단순한 인문학 강좌에서 얻어지는 상상력과 창의력이 산업사회에 광범위하게 응용될 수 있음을 보여주는 실례이기도 하다.

특히 요즘에는 《삼국지》를 활용한 애니메이션·영상·유튜브·그림·포스터·광고·드라마·영화·연극·노래·테마파크·공예 등의 제작에 다양하게 활용되고 또 응용되고 있다. 이처럼 《삼국지》를 응용하여 만들어진 다양한 문화콘텐츠 제작은 인성교육은 물론 스마트 교육까지도 그 영역을 확대하고 있다. 이러한 연유에서 《삼국지》가 과거와 현재라는 시간과 공간을 뛰어넘어 지금까지도 열광하는 이유가 되고 있다.

왜 우리는 《삼국지》를 읽어야 하는가?

"《삼국지》를 세 번 이상 읽은 자 와는 논쟁을 하지 마라!"

"《삼국지》를 읽지 않은 자 와는 상종도 하지 마라."

이는 《삼국지》를 여러 번 읽은 사람과 논쟁이 붙으면 해박하고 논리적인 화법에 아무도 당해내지 못함을 나타내는 말로 《삼국지》가 꾸준히 논술의 권장도서로 추천되는 이유도 여기에 있다. 그러기에 《삼국지》는 인생을 살면서 꼭 한번은 읽어야 할 필독서임에 틀림이 없다. 왜냐하면, 《삼국지》에는 우리가 꼭 배워야 할 삶의 지혜와 처세술 그리고 재미있는 고사성어와 명언 및 명구가 무궁무진하게 담겨 있기 때문이다.

또 《삼국지》는 인간의 생사고락과 부귀영화 및 삶의 철학이 녹아있는 인문학의 교과서이다. 특히 《삼국지》에는 인생에 대한 수많은 지혜와 교훈이 담겨 있으며 또 세상을 바라보는 넓은 시야와 처세술 및 통솔력 그리고 인간관계 및 경영관리 등이 함축되어 녹아있다. 그러기에 인문학 필독서 100선에도 늘 빠짐없이 선정되는 이유도 여기에 있다.

2. 삼국지인가? 삼국지연의인가?

《삼국지=國志》와 《삼국지연의=國志演義》는 어떻게 다른가?

한마디로 단언하자면 "사실과 허구의 차이"이고, 또 "역사와 소설의 차이"이다.

사실 《삼국지》는 위진남북조 시기 특히 진晉나라의 진수陳壽가 쓴 역사서를 의미하며, 그리고 《삼국지연의》는 원말명초元末明初의 문인 나관중羅貫中에 의하여 편찬된 소설작품을 의미한다. 사실 정사 《삼국지》와 소설 《삼국지》는 엄격히 구별된다. 그러기에 소설 《삼국지》는 반드시 《삼국지

연의》혹은《삼국연의》로 불러야 한다. 그러함에도 불구하고 우리는 습관상《삼국지》라는 이름으로 대중화시켜 버렸다.

그러면《삼국지연의》에서 연의演義란 무슨 의미일까?

연의는 역사적인 사실에 근거해 그 사건 위에 허구를 부연하여 흥미롭게 꾸민 소설을 의미한다. 연의의 기원은 각종 경·사·자·집 서적을 쉽고 명확하게 풀어 설명하는 일종의 서술 방식의 문체로 시작하였다.

특히 송대 진덕수眞德秀의《대학연의大學衍義》(한자 演義와 衍義는 동의어)에서 시작되었다. 처음에는《주역연의周易衍義》·《상서연의尙書衍義》·《논어연의論語衍義》등의 경서들을 해제하는 개념으로 출현하였으나, 후에는 제자백가 및 시문집에도 적용되어《손자연의孫子衍義》·《시연의詩衍義》·《두율연의杜律衍義》와 같은 서적들이 출현하였다.

그 후 연의는 역사적 사건에서 스토리의 재료를 얻고 여기에 흥미로움을 가미하여 역사 연의라는 새로운 장르를 만들어 냈다. 이러한 요소들을 통해 만들어진 역사 연의는 경전 연의나 시문집 연의와는 비교할 수 없는 독자층의 애호와 환영을 받으며 발전하였다. 연의소설이라는 명칭이 처음으로 등장하는 소설이 바로 나관중의《삼국지통속연의三國志通俗演義》이다.

명나라 때에 나관중의《삼국지통속연의》가 큰 인기를 끌게 되자, 속서 형태로《서한연의》·《동한연의》·《수당연의》·《잔당오대사연의》·《북송연의》·《남송연의》등의 소설이 출현하면서 일대 연의류 소설의 붐을 이루게 되었다.

소설《삼국지》의 진짜 저자는 누구인가?

현존하는 소설《삼국지》의 최초판본은 원나라 건안우씨建安虞氏가 간행한《전상삼국지평화全相三國志平話》이다. 그 후 본격적인 판본은 나관중의《삼국지통속연의》부터라고 할 수 있다. 대략 원말명초에서 명말까지의 소설《삼국지》판본은 크게 연의 계열과 지전 계열로 분류되기에 이 시기를 일명 지전·연의시대志傳·演義時代라고 부른다.

그리고 명말청초에는《이탁오선생비평삼국지》·《종백경선생비평삼국지》·《이립옹비열삼국지》 등이 대거 출현하여 비평본 시대를 이루었다. 특히 이 시기는 회목이 240칙에서 120회로 재정비되었으며 서명도 비교적 간략화되었다.

그 후 청나라 초기, 모종강이 취경당에서《사대기서제일종》을 출간한 (약 1679년) 시기부터 청나라 말기까지를 일명 통행본 시대로 분류한다. 이처럼 후대에 이탁오와 모종강 부자 같은 대 문장가들이 등장하여 첨삭을 가했기 때문에, 소설《삼국지》는 더욱 내용이 충실하고 구성이 짜임새 있는 소설로 탈바꿈할 수 있었다. 특히 모종강은 작품의 치밀성과 예술성까지도 크게 제고시켜 놓았다. 그리하여 청대 중후기는 대부분 모종강의 서명에 근거한《제일재자서》·《사대기서》·《삼국지》·《삼국연의》·《삼국지연의》 등으로 서명이 단순화되면서 전국적으로 유통되었다.

소설《삼국지》의 탄생에 최고의 공헌자는 역시 나관중이다. 그러나 엄밀히 말해 나관중이 저자는 아니다. 그가 당시 여러 자료를 가지고 재편집 및 창작한 것이기에 오히려 편저자라고 하는 것이 더 정확한 표현이다. 사실 위진남북조와 당나라 때부터 삼국의 이야기가 야담으로 전해진 기록이 있었으며, 송대에도 당시 설강인(說講人 혹은 설화인)들의 이야기 대본으로 사용되었던 화본話本에 삼국의 이야기가 들어있었다.

이처럼 나관중은 설강인들이 이야기 대본으로 활용하였던 곽사구霍四究

의《설삼분》등과 같은 화본이나, 삼국의 이야기를 연극으로 공연한《피영희皮影戲》등의 희곡자료, 그리고 원대 지치년간(1321년~1323년)에 건안 우씨가 출간한《전상삼국지평화》등의 자료들을 총괄하여 다시 편찬하였다.

그러나 소설《삼국지》의 편저자로 알려진 나관중에 대한 기록은 의외로 적어 잘 알려지지 않았다. 일반적으로 나관중은 명말청초 사람으로 자字가 관중貫中이고 호는 호해산인湖海散人으로 알려져 있다. 그의 본적은 산동성 동원이라는 설(東原說 / 지금의 동평)과 산서성 태원이라는 설太原說 그리고 항주라는 설錢塘說 등 아직도 이론이 분분하다.

종합해보면 대략 나관중 부모는 산서성 태원 사람으로, 나관중이 태어나기 직전이나 혹은 태어난 직후에 산동성 동평으로 이주한 것으로 보인다. 그리고 동원에서 유년 시절을 보낸 나관중은 성인이 되어서 항주의 전당 지방으로 거처를 옮겨 본격적인 문학 활동을 한 것으로 보는 것이 통설이다.

원말명초의 젊은 시절, 나관중은 정치적 야망을 품고 반원운동 등에 참여하며 왕성한 정치 활동을 한 것으로 전해진다. 그러나 그는 정치 활동에 큰 실망을 하고는 소설과 희곡의 창작에 전념하였다. 말년에 그는 통속문학에 대단한 열정을 가지고 창작활동에 전념하였다. 특히 대표적 작품으로《삼국지통속연의》외에도《수당양조지전隋唐兩朝志傳》과《잔당오대사연의殘唐五代史演義》및《삼수평요전三遂平妖傳》등의 소설이 있고, 잡극雜劇에는《풍운회風雲會》와《비호자蜚虎子》등이 있다. 또 그는《수호전》에도 깊숙하게 관여하여《수호전》의 경우 시내암과 나관중의 공동 창작설이 대세가 되고 있다.

소설《삼국지》가 나관중에 의해 창작이 아닌 편찬이 되었다고 해서 나관중의 공로를 절대로 무시할 수는 없다. 사실 나관중의 탁월한 문학적 감성과 문장력이 있었기에 연의체 소설이란 새로운 소설 장르가 만들어졌고, 또 소설《삼국지》가 오늘날 중국 4대기서 중 하나로 우뚝 설 수 있었던 것은 위대한 소설가 나관중이 있었기에 가능한 것이었다.

3. 어디까지 사실이고 어디까지 허구인가?

사실 소설에서 허구와 진실을 논한다는 그 자체가 아이러니한 일이다. 왜냐하면, 소설 자체가 허구fiction이기에, 허구에서 진실을 논하는 자체가 모순이기 때문이다. 그렇지만 정사《삼국지》와 소설《삼국지》의 구분은 명확히 해야 할 필요가 있다. 특히 명대에 소설《삼국지》가 나온 이래 수백 년 동안《삼국지》는 역사와 소설 사이에서 그 정체성이 불분명하였다. 심지어 역사가 소설이 되기도 하였고, 또 소설이 역사가 되는 경우가 종종 발생하였다. 급기야 이러한 현상은 역사의 왜곡으로 이어지기도 하였다. 이러한 현상은 아직도 중국에 '역사적 유적지'와 '소설적 유적지'가 마구 뒤섞여 혼선을 빚고 있다.

《삼국지》의 내용은 후한 말 '황건적의 난'부터 시작하여 위나라와 오나라 및 촉나라의 삼국정립을 거쳐 사마염의 진晉나라로 통일되는 과정 약 80여 년간의 흥망성쇠를 기록한 역사 연의소설이다. 사실 역사소설이라고는 하지만 그렇다고 오로지 역사적 사실에 근거하여 충실하게 기술하지도 않았다. 즉 일부분은 허구를 가미하여 창작을 가하였다. 그러기에 청대 문인인 장학성章學成은 "이 작품 중 7할은 사실이고 3할은 허구여서 보는 사람을 어지럽게 한다."라고 지적하며 '칠실삼허론'七實三虛論을 주장하였다.

소설《삼국지》와 정사《삼국지》가 크게 다르게 허구화된 부분을 간추려 보면 다음과 같다.

1) 도원결의는 대부분 허구이다.
2) 안희현에서 탐관오리를 매질한 것은 장비가 아니라 유비이다.
3) 화웅의 목을 벤 장수는 관우가 아니라 손견이다.
4) 호뢰관에서 여포와 유비 삼형제의 싸움도 허구이다.
5) 조조가 아버지 친구인 여백사와 가족을 죽이는 부분도 허구이다.
6) 미인계를 쓴 초선의 이야기도 허구이다.
7) 관우가 조조에게 투항하는 부분과 오관참육장은 대부분 허구이다.
8) 박망파 전투는 제갈량의 전공이 아니라 유비의 전공이다.
9) 유비와 조조가 벌인 신야의 전투는 허구이다.
10) 공명이 적벽대전에 앞서 동오 신하와 벌인 설전군유도 허구이다.
11) 적벽대전은 대부분 허구이다. 국지전만 있었지 전면전은 없었다.
12) 적벽대전에서 동남풍을 불러오는 내용과 초선차전도 허구이다.
13) 화용도에서 조조가 관우에게 목숨을 구걸한 사건 역시 허구이다.
14) 유비가 죽자, 손부인이 따라 죽었다는 것도 허구이다.
15) 방통이 낙봉파에서 매복군의 화살에 죽은 것은 사실이 아니다.
16) 관우의 독화살 수술을 화타가 치료하였다는 것도 허구이다.
17) 조조가 죽으며 자신의 무덤 72개를 만들었다는 것도 허구이다.
18) 제갈량이 맹획을 칠종칠금하였다는 것도 다수가 허구이다.
19) 제갈량의 공성계空城計와 육출기산도 실제와 차이가 있다.
20) 강유의 구벌중원九伐中原도 상당 부분이 허구이다.

소설 《삼국지》에서 허구가 가장 많이 들어간 부분이 적벽대전이다.
적벽대전의 80%는 허구라고 볼 수 있다. 특히 제갈량의 위상을 높이는 부분은 대부분 허구이다. 또 조조를 간악하고 잔인하게 묘사한 부분이나 조조가 체통을 구기는 부분 또한 상당수가 허구이다. 그 외 주유를 시기심 많고 비겁하게 묘사한 부분과 노숙을 어리석고 아둔하게 묘사된 부분 역시 허구이다. 이는 제갈량을 최고의 지략가로 만들려다 보니 어쩔 수 없이 적군인 조조를 왜곡하여 폄하를 한 것이고, 심지어 연합군인 주유와 노숙까지도 제갈량의 들러리로 만들어 버린 것이다.

이처럼 많은 부분에서 허구와 왜곡 현상이 들어간 원인은 어디에 있는가?

이것은 바로 정통론의 논쟁에 있었다.

4. 역사 정통론인가? 문학 정통론인가?

역사 정통론과 문학 정통론 사이에서 파생된 옹유폄조

일반적으로 역사가들은 한나라 다음에 위진남북조로 시대분류를 한다. 이는 조조의 위나라를 정통으로 보았기 때문에 가능한 것이었다. 그러나 일부 역사가들은 한나라 다음에 위진남북조가 아닌 촉진남북조로 시대를 분류하기도 한다. 이는 유비의 촉한을 역사의 정통으로 본 결과이기 때문이다.

정사 《삼국지》는 진나라 역사가 진수(233년~297년)가 편찬한 책으로, 위·촉·오 삼국의 정립 시기인 60여 년의 역사를 기술한 역사서이다. 정사 《삼국지》는 《위서魏書》30권, 《촉서蜀書》15권, 《오서吳書》20권 등 총 65권으로 꾸미어졌으며 표表나 지志는 삭제하였다.

정사 《삼국지》의 편찬자 진수는 촉한 사람으로 처음에는 촉한에서 벼슬을 하였다. 그러다가 촉한이 멸망하자, 그는 진나라로 들어가서 저작랑이란 벼슬을 하였다. 진나라가 위나라를 계승한 나라이기에 그는 자연히 위나라의 역사와 진나라의 역사를 정통으로 삼아 역사를 기술하였다. 이처럼 진수는 위나라를 정통 왕조로 보았기 때문에《위서》에서만〈제기帝紀〉를 수록하였고,《촉서》와《오서》에서는〈제기帝紀〉를 빼고〈열전列傳〉으로 대체하였다.

진수가 찬술한《삼국지》는 '위진'을 정통으로 하는 역사기술로 인하여 후세 역사가들에게 비판의 대상이 되었다. 즉, 그의 역사관으로 인하여 급기야 후대에는 '촉한'을 정통으로 하는 사서가 나타나기도 하였다.

일반적으로 진수가 찬술한《삼국지》는 내용이 매우 근엄하고 간결하여 정사 중의 명저로 꼽힌다. 그러나 다만 내용의 묘사가 간략하고 인용한 사료도 부족하여 간혹 누락 된 부분이 많이 발견되기에 남북조시대의 송宋 문제는 배송지裵松之에게 각주(429년)를 달도록 명하였다. 각주의 특징은 본문의 이야기를 주해하기보다는 누락 된 사실을 보충하여 수록하는 데에 주안점을 두었다. 그러기에 후대에는 당시의 사실을 고증하는 데에 귀중한 사료로 활용되고 있다.

삼국 가운데 위나라를 정통으로 놓고 촉나라와 오나라를 지방 정권으로 설정하여 기술한 진수의《삼국지》와는 반대로, 소설《삼국지》에서는 유비를 한나라의 정통으로 삼아 묘사하여 후대에 많은 논란의 불씨를 만들었다. 소설《삼국지》에서 촉나라를 정통으로 삼은 근거는 동진東晉의 습착치習鑿齒가 지은 편년체 역사책인《한진춘추漢晉春秋》와 그 관점을 계승한 남송의 주희朱熹가 간행한《통감강목通鑑綱目》의 영향이 절대적이다.

이처럼 정사《삼국지》와 소설《삼국지》에서 벌어진 정통론의 시비는 급기야 소설의 내용을 왜곡하는 방향으로 발전하였다. 다시 말해 유비를 한나라의 정통으로 놓고 조조를 교활하고 간사한 통치자로 왜곡시키기 시작한 것이다. 이것이 곧 유비를 옹호하고 조조를 폄하시키는 옹유폄조(擁劉貶曹 혹은 擁劉反曹라고 함)이다.

사실 역사적 누명을 쓴 조조 패밀리와 주유 패밀리의 문제보다도 더 큰 문제는 소설로 인한 역사의 왜곡이다. 바로 소설이 역사가 되어가고 있다는 문제이다. 특히 중국의《삼국지》관련 유적지를 답사해 보면 소설적 사건이 어느새 역사적 사실로 고착화되어가고 있다는 사실이다. 그러기에 소설《삼국지》를 감상하면서 꼭 명심해야 할 점은 소설은 소설일 뿐 역사가 아니라는 점이다. 즉, 역사는 역사적 관점에서 접근해야 하고, 문학은 문학적 관점에서 접근해야 한다는 점을 명심해야 한다.

수혜자는 누구이고 피해자는 누구인가?

사실 역사적 사실에 비추어 볼 때 조조는 걸출한 정치가이며, 지략과 지모가 뛰어난 군사전문가이고 또 출중한 문학가이다. 그러함에도 불구하고 교활한 간웅의 이미지로 이천여 년이 지난 지금까지도 억울한 누명을 쓰고 있다. 이는 옹유폄조에 근거하여 유비를 선의 아이콘으로, 조조는 악의 아이콘으로 부각시켰기 때문이다. 다시 말해 유비를 옹호하기 위하여 조조를 희생시킬 수밖에 없었다. 그러다 보니 자연스레 유비와 제갈량·관우·장비·조자룡 등 유비 패밀리까지 선의 이미지가 확대되었다.

그러나 피해자가 조조 하나만으로 그친 것은 아니다. 제갈량을 스타로 만들기 위해서는 사마의나 오나라의 주유와 노숙까지도 그 불똥이 튀어 제갈량의 희생양이 되어야 했다. 결국, 조조를 비롯한 주유와 노숙까지 악의 이미지나 부정적 이미지로 정착되었다. 사실 오나라를 반석에 올려놓은 인물이 바로 주유이며, 적벽대전을 승리로 이끈 주역도 주유이다. 또 노숙의 경우도 마찬가지이다. 노숙은 외교 전문가로 제갈량과 함께 천하 삼분론을 주창하였던 인물로 오나라의 걸출한 참모 중의 참모였다. 그러나 제갈량을 부각시키기 위해서 주유와 노숙은 다소 지략이 부족한 또는 아둔한 인물로 묘사한 것이다.

옹유폄조의 후유증으로 인하여 수혜자와 피해자가 극명하게 양분되었다. 소설《삼국지》에 등장하는 인물은 대략 400여 명이고 그중 비교적 무게가 있는 인물만도 300여 명이나 나온다. 옹유폄조로 인한 다양한 인물 형상이 재부각되며 인물마다 특유의 이미지를 정착시켰다. 즉, 유비를 인의의 상징으로, 관우를 의리의 상징으로, 장비를 용맹의 상징으로, 제갈공명을 지략과 지모의 상징으로, 또 조조를 간웅의 상징으로 크게 부각하는 결과를 만들어 냈다.

이처럼 소설《삼국지》는 다양한 인물의 형상과 개성을 창출하여 생동감 있고 박진감 넘치는 소설로 재단장되었다. 그러나 이러한 인물묘사가 모두 성공적인 것만은 아니다. 지나친 인물형상의 묘사는 오히려 이미지 왜곡이라는 부작용을 만들었다. 유비를 지나치게 중후한 인물로 표현하다 보니 위군자(僞君子)가 되어 버렸고, 제갈공명의 지략과 지모는 너무 지나쳐 요괴에 가깝게 묘사된 것이, 오히려 '옥의 티'가 되기도 하였다.

조조를 위한 변명

중국 학술의 근간인 문·사·철의 발전 과정을 살펴보면, 춘추전국시대는 유가와 도가를 포함한 제자백가의 출현으로 철학 사상이 주목을 받았고, 한나라 때에는 사마천의《사기》와 반고의《한서》등이 출현하면서 역사 분야가 크게 주목받으며 발전하였다. 그리고 위진남북조 시기에는 유협의《문심조룡》등이 출현하면서 문학이 주목을 받았다. 이 시기는 중국의 문학·사학·철학이 학문적 뿌리를 내린 중요한 시기이며, 중국 인문학의 토대가 마련된 시기이기도 하다.

그리고 삼국 가운데 경제적 그리고 정치적으로 가장 안정된 나라가 조조의 위나라였다. 이는 당시 다양한 정치와 경제정책을 펼친 조조의 치적이라 할 수 있다. 또 조조가 권력을 장악했던 시기에는 시가 문학이 크게 발전하는데 이것을 바로 '건안문학建安文學'이라 한다.

건안문학은 중국 문학사상 최초로 문단을 형성하여 본격적인 문학 활동을 하였던 시기로 중국 문학사에서 매우 중요한 상징적 의미를 지닌다. 이 건안문학을 주도한 문인을 '건안칠자'라고 하는데 바로 공융·왕찬·유정·완우·서간·진림·응창 등의 문인을 지칭한다. 또 이 시기에는 중국의 시가 가운데 오언시의 형식이 크게 발전하였던 시기이기도 하다.

그리고 중국 문학사에서 뺄 수 없는 중요한 인물이 바로 조씨 삼부자인데, 조씨 삼부자란 조조와 조조의 아들 조비와 조식을 지칭한다. 조조는 악부시樂府詩를 공식 문학의 한 장르로 정착시켰던 인물이다. 그의 작품에는 〈단가행短歌行〉과 〈구수수龜雖壽〉 등이 있으며 당시의 최고 시인으로 명성이 높았다.

조조의 아들 조비曹丕는 중국 최초 문학 전문비평서인 《전론典論》을 저술한 인물이다. 현재 《전론》은 전하지 않고 일부분인 〈논문論文〉만 전해지고 있다. 현재 우리가 사용하는 '논문'이라는 어휘도 여기에서 기원하였다. 사실 〈논문〉은 비록 600여 자에 불과하지만, 내용은 매우 광범위하여 문학불후론文學不朽論·감상론鑑賞論·비평론批評論·문체론文體論·문기론文氣論 등의 이론을 제시한 책이다.

그리고 조비의 동생 조식曹植은 문학의 천재로 알려진 인물이다. 그러기에 조조는 총명한 조식을 후계자로 고려하기도 하였다. 태자 책봉 문제로 인하여 형 조비의 마음고생이 대단했음은 가히 짐작하고도 남음이 있다. 조조가 죽고 조비가 왕위에 오르자, 조비는 드디어 분노가 폭발하였다. 그리고 조비는 조식을 체포하여 일곱 발짝 걸음을 떼기 전에 시를 지어보라고 추궁하였다. 여기에서 유래된 시가 바로 칠보시이다.

- 칠보시七步詩 -

콩깍지를 태워 콩을 삶는데,　　　　　　　　　　煮豆燃豆萁

콩은 솥 가운데서 슬피 우는구나.	豆在釜中泣
본래가 한 뿌리에서 나왔건만,	本是同根生
어찌 이다지도 급히 볶아대는가!	相煎何太急

일곱 발짝 걸음을 떼기 전에 이 시가 나오자, 조비는 결국 조식을 죽이지 못하고 낙향시켜 유배하였다는 일화가 있다.

이렇듯 조씨 삼부자는 당시 문단을 주도하였던 문인이며, 정치와 경제 및 문학에서도 명성을 떨쳤던 인물이었으나 소설《삼국지》로 인하여 많은 불명예를 뒤집어쓰기도 하였다. 조씨 삼부자 중에서도 가장 억울한 누명을 쓴 사람이 바로 조조였다. 사실 역사적 사실에 비추어 보면 조조는 비록 비겁하거나 간사한 일면이 없지 않으나 강력한 카리스마를 지닌 유능하고 출중한 영웅이었다.

조식이 조비 앞에서 칠보시를 짓다

5. 삼국지는 언제 우리나라에 유입되었나?

소설《삼국지》의 국내 유입은 고려 말기로 추정된다. 고려 말기에 편찬된 것으로 추정되는《노걸대老乞大》의 말미 부분에 고려 상인이 책을 사는 장면이 나오는데, 그가 구매한 서적목록 가운데《삼국지평화三國志平話》가 언급되어 있기 때문이다. 그리고 나관중본《삼국지통속연의》는 대략 1522년~1560년 사이에는 유입된 것이 확실해 보인다.

국내에 유입된 소설《삼국지》는 대략 1560년대 초·중기에 처음으로 출판되었는데 이것이 곧 금속활자본《삼국지통속연의三國志通俗演義》이다. 이 책은 가정본(嘉靖本, 1522년)과 주왈교본周曰校本 사이에 출간된 책을 복각한 것으로 추정한다. 특히 이 책은 금속활자로 출간되어 더욱 학계의 주목을 받기도 하였다.

그 후 주왈교본《신간교정고본대자음석삼국지전통속연의新刊校正古本大字音釋三國志傳通俗演義》가 간행되었는데, 이 책의 국내 간행은 약 1627년경으로 추정한다. 그 외 현재 한국의 각 도서관에 가장 많이 소장된《삼국

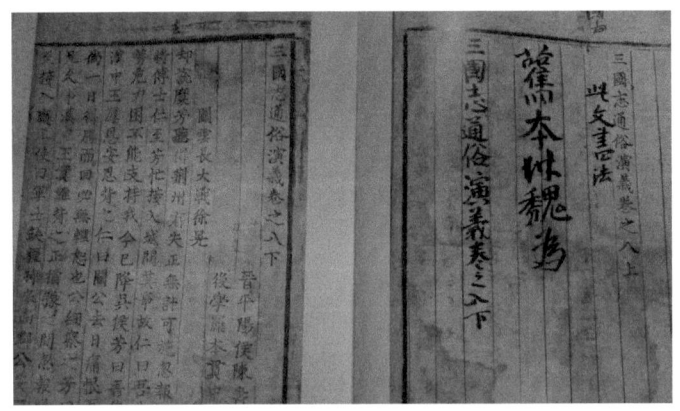

1560년대 초·중기에 금속활자로 출간된《삼국지통속연의》판본

지》판본은 대부분이 김성탄 원평, 모종강 평점의《사대기서제일종四大奇書第一種 혹은 관화당제일재자서貫華堂第一才子書》판본이다.

이 판본은 현재 국내 도서관에 광범위하게 분포되어 있는데, 이 책은 대략 숙종 연간(1675년~1720년)에 유입되어 늦어도 영·정조 연간(1725년~1800년)에는 출간된 것으로 추정한다. 그 후 1800년대 중기로 들어와 번역 및 번안 출판된 방각본(경판본·완판본·안성판본)이 출현하여 폭넓은 독자층을 형성하였다.

이처럼 소설《삼국지》는 조선시대 이래 최고의 베스트셀러로 환영받으며 저변을 확대하였다. 이 책은 충효와 인의를 강조하는 소설이기에 임진왜란과 병자호란 이후 영웅의 출현을 갈망하는 시대적 요구에 부합되면서 더욱 인기를 누리며 정착하였다.

광복 이후에는 주로 번역본이 출간되었는데, 특이한 현상은 일본인 작가 요시가와 에이지吉川英治의 번역본《삼국지》가 크게 유행하였다는 점이다. 이 책은 원본과는 약간 차이가 있는 판본이지만 그러함에도 불구하고 이용호(1965년)·이인광(1968년)·박종진(1976년) 등이 몇 차례에 걸쳐 번역 출판하여 1960년대와 1970년대에 상당한 독자층을 형성하였다.

《삼국지》가운데 비교적 완역에 가까운 번역본으로는 김동성본·정음사본·김광주본·방기환본·이용호본·박종화본·김용제본·김구용본·정비석본·성원규본·고성의본·이문열본·황병국본·연변대학 번역조본·김광렬본·정원기본 등이 있다. 그중에서도 정비석본·이문열본·이용호본 등은 소설가로서 수식과 필치를 가미해 재편성해 놓았고, 김구용본과 정원기본은 거의 대독이 가능할 만큼 충실하게 모종강 통행본을 따랐다.

1980년대에 들어 이문열 평역의《삼국지》가 크게 주목을 받으며 많은 독자층을 형성하였다. 이 책은 완전한 번역이 아닌 평역이라는 이름으로 출간하였는데도 불구하고, 소설가로서의 빼어난 필체로 인하여 많은 독자층을 확보하였다.

1990년대에 들어와서는 중국과의 수교와 함께 만주지구 조선족들에 의해 번역되었던 소설들이 국내에 유입되어 출판되었다. 번역은 원문을 충실하게 옮겨놓은 것은 장점이나 간혹 우리가 자주 사용하지 않는 어휘가 눈에 보이는 것이 문제점이다. 이러한 부류가 곧 김광렬 등이 번역한 (삼성출판사, 1993년) 《삼국지》와 연변대학 번역조가 번역한(청년사, 1990년) 《삼국지》 등이다.

2000년대에 들어서는 원문에 충실한 번역보다는 흥미 위주의 축약본이 여러 종 출판되는 특이한 현상이 나타났는데, 이는 바쁜 현대인의 독서 취향을 대변해주고 있다. 2000년 대에도 여전히 이문열의 《삼국지》가 독주를 하자, 여러 명의 번역가와 소설가들이 출판시장에 도전장을 냈다. 중견작가 김홍신과 황석영까지 자신만의 필체로 이문열의 아성에 도전하였으나 다소 힘에 부치는 상황이다.

최근의 통계에 의하면, 1980년대부터 출간된 이문열의 《삼국지》는 총 180만 질이(한 질이 10권) 판매되었다고 하여 세상 사람들을 놀라게 하였다. 조선시대 이래 최고의 베스트셀러로 자리를 잡은 《삼국지》는 현대로 들어와 애니메이션과 삼국지 게임 등의 문화콘텐츠와 결합하면서 그 위상과 열기는 식을 줄 모르고 진화하고 있다.

근래 중국에서 TV 드라마로 1994년에 《삼국연의》라는 84부작이 나와 크게 호평을 받았다. 그 후 2010년에는 《삼국》이라는 제목의 95부작이 나왔다. 후에 나온 것은 리메이크 작품이기에 일반적으로 《신삼국지》라 부른다. 후에 나온 작품은 전작과 차별을 주기 위하여 여러 곳에서 첨삭을 가하는 바람에 원작과 다소 다르게 구성하였다. 그러기에 원작에 대한 충실도는 전작이 더 뛰어난 것으로 평가되고 있다.

집필을 끝내며

회자정리 거자필반會者定離, 去者必返

소설《삼국지》제1회에 "천하대세란 분열이 오래되면 반드시 통합되고, 통합이 오래되면 반드시 분열되기 마련이다."天下大勢, 分久必合, 合久必分라는 명언이 나온다. 여기에서 '分久必合'은 초楚·한漢에서 한漢나라로 통일됨을 의미하고, '合久必分'은 한나라에서 다시 삼국시대로 분열됨을 암시하는 것이다.

또 소설《삼국지》마지막 제120회에는 반대로 "천하대세란 통합이 오래되면 반드시 분열되기 마련이고, 분열이 오래되면 반드시 통합되기 마련이다."天下大勢, 合久必分, 分久必合라고 되어 있다. 여기에서 '合久必分'은 한나라에서 삼국시대로 분열됨을 암시하는 것이고, '分久必合'은 삼국에서 다시 진晉나라로 통일됨을 암시하는 것이다. 이 명언의 의미는 무엇이든 영원한 것이 없다는 뜻이다. 이처럼 처음과 끝이 서로 상응하며 관련이 있는 문학적 구성을 수미상관법首尾相關法 혹은 수미상응법首尾相應法이라

한다.

또 소설《삼국지》의 시작 부분에 〈임강선臨江仙〉이라는 서시序詩가 나온다. 이 서시는 소설《삼국지》나관중의 초기판본에는 보이지 않다가 청대 모종강 비평 120회본《삼국연의》에 삽입되면서 널리 알려지게 되었다. 그 후 TV드라마《삼국연의》에서 주제곡으로 나오면서 노래로 크게 히트하였다.

이 서시는 본래 명나라 문인 양신楊愼이 지은 작품이다. 1524년 관직에 있던 양신이 운남성으로 유배를 떠나게 되었다. 그가 호북성 강릉에 이르렀을 때, 강변에서 어부와 나무꾼이 술을 마시며 담소하는 것을 보고는 문득 감개무량하여 지은 작품이다. 〈임강선〉은 본래《이십일사탄사廿一史彈詞》제3단《설진한說秦漢》의 개장사開場詞였는데, 모종강이《삼국연의》서두에 처음으로 삽입시킨 것이다.

필자는 지금까지 소설《삼국지》를 10여 차례 읽었다. 읽고 난 후 공통으로 느끼는 감정은 예전이나 지금이나 인생의 허무함과 쓸쓸함이었다. 그 느낌은 서시序詩 〈임강선臨江仙〉에 그대로 녹아있다. 마지막으로 〈임강선〉을 감상하면서 마무리하고자 한다.

【임강선臨江仙】

장강은 넘실넘실 동해로 흘러가고,	滾滾長江東逝水,
물거품 거품마다 영웅의 자취로다.	浪花淘盡英雄.
돌아보니 시비성패가 허사일 뿐이었네	是非成敗轉頭空：
청산은 옛 그대로 변함이 없건만,	靑山依舊在,
석양은 그 얼마나 붉게 붉게 물들었던가?	幾度夕陽紅.

백발 어부와 나무꾼이 강가를 서성이고,	白髮漁樵江渚上,
가을 달 봄바람만 무심코 바라보네.	慣看秋月春風.
탁주 한 병으로 서로 만나 희희낙락하며.	一壺濁酒喜相逢:
수많은 古今의 이야기들을,	古今多少事,
환담 속으로 날려 보낸다.	都付笑談中.

불경에 "회자정리, 거자필반"會者定離, 去者必返이라는 말이 있다.

의미는 "만남에는 헤어짐이 정해져 있고, 헤어짐이 있으면 반드시 돌아옴이 있다."라는 뜻이다. 의미는 인연으로 이루어진 세상만사가 덧없다는 뜻이다.

돌고 도는 것이 인생이라 하듯,

통일에서 분열로, 분열에서 다시 통일로…

《삼국지》에는 수많은 영웅호걸이 혜성처럼 나타났다가 물거품처럼 사라졌다. 그러나 거기에는 그들이 남기고 간 흔적이 있다. 우리는 그들이 남긴 역사의 흔적을 따라 현재와 미래를 바라보는 혜안을 배우고 또 삶의 지혜를 배울 수 있다. 그러기에 우리는 지금까지 살아왔던 인생길을 다시 한번 뒤돌아보며 "어떻게 살아왔으며 그리고 또 어떻게 살 것인가?" 하는 문제를 되새겨볼 필요가 있다.

| 저자 소개 |

민관동(閔寬東, kdmin@khu.ac.kr)

- 忠南 天安 出生.
- 慶熙大 중국어학과 졸업.
- 대만 文化大學 文學博士.
- 前: 경희대 외국어대 학장. 韓國中國小說學會 會長. 경희대 比較文化硏究所 所長.
- 現: 慶熙大 중국어학과 敎授. 경희대 동아시아 서지문헌연구소 소장

著作
- 《中國古典小說在韓國之傳播》, 中國 上海學林出版社, 1998年.
- 《中國古典小說史料叢考》, 亞細亞文化社, 2001年.
- 《中國古典小說批評資料叢考》(共著), 學古房, 2003年.
- 《中國古典小說의 出版과 硏究資料 集成》, 亞細亞文化社, 2008年.
- 《中國古典小說在韓國的硏究》, 中國 上海學林出版社, 2010年.
- 《韓國所見中國古代小說史料》(共著), 中國 武漢大學校出版社, 2011年.
- 《韓國 所藏 中國古典戲曲(彈詞·鼓詞) 版本과 解題》(共著), 학고방, 2013年.
- 《韓國 所藏 中國通俗小說 版本과 解題》(共著), 학고방, 2013年.
- 《朝鮮時代 中國古典小說 出版本과 飜譯本 硏究》(共著), 학고방, 2013年.
- 《중국 통속소설의 유입과 수용》(共著), 학고방, 2014年.
- 《韓國 所藏 中國文言小說 版本目錄》(共著), 中國 武漢大學出版社, 2015年.
- 《韓國 所藏 中國通俗小說 版本目錄》(共著), 中國 武漢大學出版社, 2015年.
- 《中國古代小說在韓國硏究之綜考》, 中國 武漢大學出版社, 2016年.
- 《삼국지 인문학》, 학고방, 2018年.
- 《초한지 인문학》, 학고방, 2024年.
- 《열국지 인문학》, 디페랑스, 2024年. 외 50여 권.

论文
- 〈在韓國的中國古典小說翻譯情況硏究〉, 《明清小說硏究》(中國) 2009年 4期, 總第94期.
- 〈中國古典小說의 出版文化 硏究〉, 《中國語文論譯叢刊》第30輯, 2012.1.
- 〈朝鮮出版本 中國古典小說의 서지학적 고찰〉, 《中國小說論叢》第39輯, 2013.
- 〈한·일 양국 중국고전소설 및 문화특징〉, 《河北學刊》, 중국 하북성 사회과학원, 2016.
- 〈삼국연의의 병법 연구〉, 《중국소설논총》제66집, 2022. 외 100여 편.

경희대학교 동아시아 서지문헌 연구소 서지문헌 연구총서 11

삼국지 영웅에게 리더의 길을 묻다

초판 인쇄 2025년 6월 10일
초판 발행 2025년 6월 20일

저　　자 | 민관동閔寬東
펴 낸 이 | 하운근
펴 낸 곳 | 學古房

주　　소 | 경기도 고양시 덕양구 통일로 140 삼송테크노밸리 A동 B224
전　　화 | (02)353-9908 편집부(02)356-9903
팩　　스 | (02)6959-8234
홈페이지 | www.hakgobang.co.kr
전자우편 | www.hakgobang@naver.com
등록번호 | 제311-1994-000001호

ISBN 979-11-6995-685-7　94820
　　　 979-89-6071-904-0 （세트）

값 30,000원

파본은 교환해 드립니다.